教科書の公式ガイドブック

教科書ガイド

東京書籍 版

ニューホライズン

完全準拠

中学英語

3年

教科書の内容がよくわかる

編集発行 あすとろ出版

●二次元コード（英語）

本書の教科書紙面掲載ページには，それぞれ教科書と同じ動画等が見られる二次元コードが入っています。Preview の動画や語句，本文の音声を聞くことで，内容の理解が深まります。

※二次元コードに関するコンテンツの使用料はかかりませんが，通信費は自己負担となります。

●教科書のリスニング問題の英文や訳，ヒントや解答例は，本書に掲載されていません。リスニング問題の音声の一部は「教科書ガイド CD」（別売）に収録されています。

本書の展開と内容

本書の展開は教科書にそって，主に Unit の学習，Stage Activity の学習，定期テスト対策の３つに分けられます。それぞれで扱っている内容を簡単に紹介しておきましょう。

１．Unit の学習

ここでは，教科書本文の内容，語句の解説，教科書本文の解説(「スタディ」)，文法(Key Sentence の「ビジュアルスタディ」)が中心です。Practice，Mini Activity，Round，Unit Activity についても，ヒントや解答例を掲載しています。

※一部のペア活動等の設問は，ヒントや解答例を省略しています。

２．Stage Activity の学習

Unit で学習したことを活用して，英語を使って自己表現できる力を養います。教科書本文の内容，教科書本文の解説(「スタディ」)，語句の解説のほか，STEP のヒントや解答例を掲載しています。

３．定期テスト対策

Unit や下記の Let's Write / Talk / Read の学習内容を，問題演習を通して確認します。

☆**学び方コーナー** …… 英語学習のコツを，練習を通して学びます。

☆ **Grammar for Communication** ……… それまでに習った文法の整理と復習をします。「Let's Try!」のヒントや解答例を掲載しています。

☆ **Let's Write** ……… テーマにそって「書く力」を養います。教科書本文の内容，語句の解説，STEP のヒントや解答例を掲載しています。

☆ **Let's Talk** ……… テーマにそって「話す力」を養います。教科書本文の内容，語句の解説，STEP のヒントや解答例を掲載しています。

☆ **Let's Read** ……… 長めの読み物に触れることにより，「読む力」を養います。教科書本文の内容，語句の解説，教科書本文の解説(「スタディ」)，設問のヒントや解答例を掲載しています。

☆ **Learning ... in English** ………… 他教科の内容を英語の視点で学びます。設問のヒントや解答例を掲載しています。

本書の使い方① ▶ Unit のページ

●教科書と同じ本文を掲載

・1，2，…の番号は**「本文の内容」**の番号と対応しています。

・本文を読む手助けになるように，単語には「発音がな」がつけてあります。

Scene ❶　教科書 → p.9

授業でパラリンピックについて調べて発表することになりました。
はじめに戸田先生がクラスでアンケートをとっています。以下はジョシュの回答です。

? What Paralympic sports is Josh interested in?

1 Which applies to you?
2 ☑ I have seen a Paralympic sport somewhere before.
3 ☐ I have never seen a Paralympic sport before.

4 What Paralympic sports are you interested in?
5 Choose from the list below.

6 ☑ sitting volleyball　7 ☐ wheelchair basketball
8 ☐ wheelchair rugby　9 ☑ wheelchair tennis
10 ☑ athletics　11 ☐ swimming
12 ☐ triathlon　13 ☑ other (judo)

[45 words]

New Words (side): apply, applies [əplái(z)] / Paralympic [pæ̀rəlímpik] / somewhere [sʌ́mhwèər] / below [bilóu] ⇔ above [əbʌ́v] / sitting volleyball [sítiŋ válibɔ̀ːl] シッティングバレーボール / triathlon [traiǽθlən] トライアスロン

小学校の単語: athletics [æθlétiks]

New Words

apply, applies	[əplái(z) アプらイ(ズ)]	動 当てはまる
Paralympic	[pæ̀rəlímpik パぁラリンピック]	形 パラリンピック競技の
somewhere	[sʌ́mhwèər サム(ホ)ウェア]	副 どこかに[へ，で]
below	[bilóu ビろウ]	副 下に，下記に[の]
above	[əbʌ́v アバヴ]	副 上に，上記に[の]
*have	[hǽv ハぁヴ；(弱く言うとき) həv ハヴ，v ヴ]	助 [現在完了形を作る]
*list	[líst リスト]	名 表，リスト

小学校の単語

athletics	[æθlétiks あすれティックス]	名 陸上競技

20 twenty

> **注**　カタカナの中の「ひらがな」は，日本語にはない英語独特の発音を表しています。「発音がな」は参考程度にして，正しい読み方は先生や二次元コード内の音声，CD の発音などを聞いて覚えるようにしましょう。

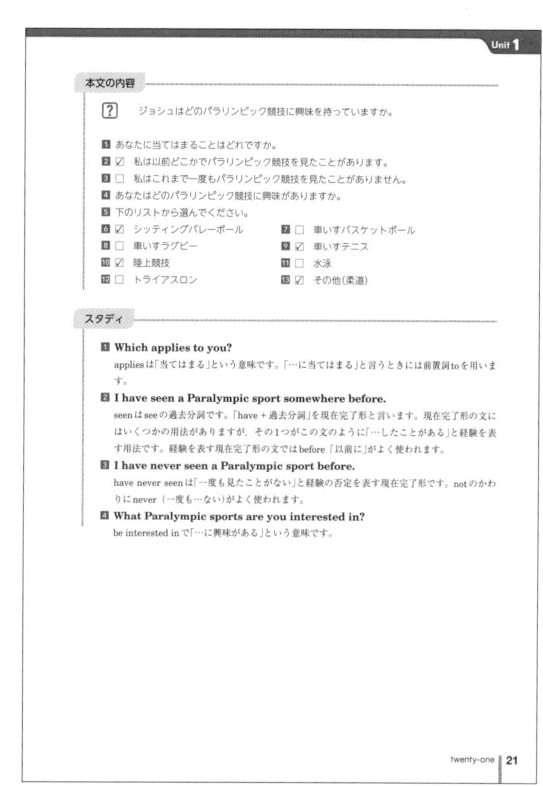

Unit 1

本文の内容

? ジョシュはどのパラリンピック競技に興味を持っていますか。

1 あなたに当てはまることはどれですか。
2 ☑ 私は以前どこかでパラリンピック競技を見たことがあります。
3 ☐ 私はこれまで一度もパラリンピック競技を見たことがありません。
4 あなたはどのパラリンピック競技に興味がありますか。
5 下のリストから選んでください。
6 ☑ シッティングバレーボール　7 ☐ 車いすバスケットボール
8 ☐ 車いすラグビー　9 ☑ 車いすテニス
10 ☑ 陸上競技　11 ☐ 水泳
12 ☐ トライアスロン　13 ☑ その他(柔道)

スタディ

1 **Which applies to you?**
applies は「当てはまる」という意味です。「…に当てはまる」と言うときには前置詞 to を用います。

2 **I have seen a Paralympic sport somewhere before.**
seen は see の過去分詞です。「have＋過去分詞」を現在完了形と言います。現在完了形の文にはいくつかの用法がありますが，その1つがこの文のように「…したことがある」と経験を表す用法です。経験を表す現在完了形の文では before「以前に」がよく使われます。

3 **I have never seen a Paralympic sport before.**
have never seen は「一度も見たことがない」と経験の否定を表す現在完了形です。not のかわりに never（一度も…ない）がよく使われます。

4 **What Paralympic sports are you interested in?**
be interested in で「…に興味がある」という意味です。

twenty-one 21

●「本文の内容」

・**「本文の内容」**には教科書本文の意味が掲載されています。自然な日本語で訳してあるので，本文の理解がスムーズにできます。

●「スタディ」

・**「スタディ」**では，教科書本文をわかりやすく解説しています。

・1，2，…の番号は**「本文の内容」**の番号と対応しています。

・本文には，Key Sentence 以外にも既習の重要文法がたくさん出てきます。それらもくり返し解説しているので，確認と復習ができます。

●「New Words」と「小学校の単語」

・語句は**「New Words」**の☐つきの語，短縮形，および**「小学校の単語」**を掲載しています。

・語句は既習の語句でも意味の上で新出のもの・新出語句で同一のページ内で意味を補足しているものは＊マークをつけて取り上げています。

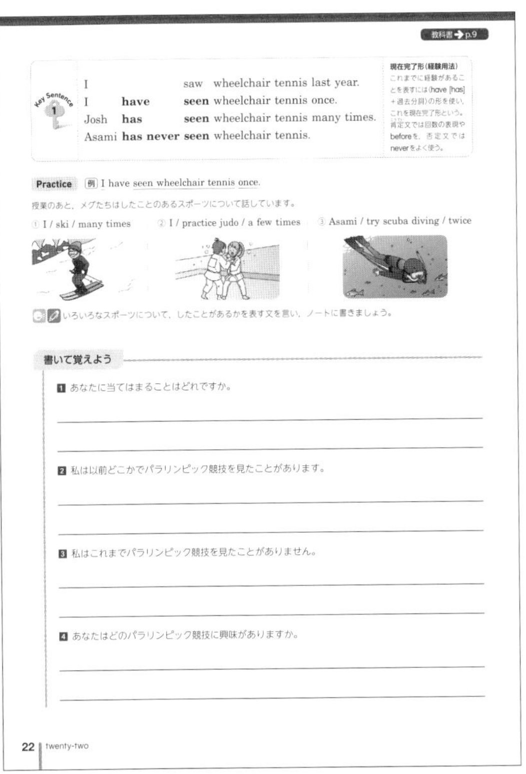

教科書→p.9

Key Sentence 1

I saw wheelchair tennis last year.
I **have** **seen** wheelchair tennis once.
Josh **has** **seen** wheelchair tennis many times.
Asami **has never seen** wheelchair tennis.

現在完了形（経験用法）
これまでに経験があることを表すには〈have [has]＋過去分詞〉の形を使い，これを現在完了形という。肯定文では回数の表現やbeforeを，否定文ではneverをよく使う。

Practice 例 I have seen wheelchair tennis once.

授業のあと，メグたちはしたことのあるスポーツについて話しています。

① I / ski / many times　② I / practice judo / a few times　③ Asami / try scuba diving / twice

いろいろなスポーツについて，したことがあるかを表す文を言い，ノートに書きましょう。

書いて覚えよう

1 あなたに当てはまることはどれですか。

2 私は以前どこかでパラリンピック競技を見たことがあります。

3 私はこれまでパラリンピック競技を見たことがありません。

4 あなたはどのパラリンピック競技に興味がありますか。

22 twenty-two

●「書いて覚えよう」

・**「書いて覚えよう」**では，教科書本文の中で文法や表現のうえで重要なものを取り上げており，実際に英文を書くことで定着を図ります。

・**1**などの番号と日本文は**「本文の内容」**と対応しています。

・日本文は自然な日本語で訳してあるので，文脈によっては主語などをあえて明記していない部分もあります。日本文は参考程度にとどめ，教科書本文の英文を書き写すことによって理解を深めましょう。

● Key Sentence の「ビジュアルスタディ」

・教科書の Key Sentence の要点がわかるように解説されています。**「ビジュアルスタディ」**という図解コーナーで視覚的に理解を深めることができます。

●「Practice」

・Key Sentence を使って書く練習を行います。それぞれヒントと解答例で着目点がわかります。

本書では，品詞を次のように示してあります。

名	名詞	代	代名詞	動	動詞
助	助動詞	形	形容詞	副	副詞
前	前置詞	接	接続詞	冠	冠詞
間	間投詞				

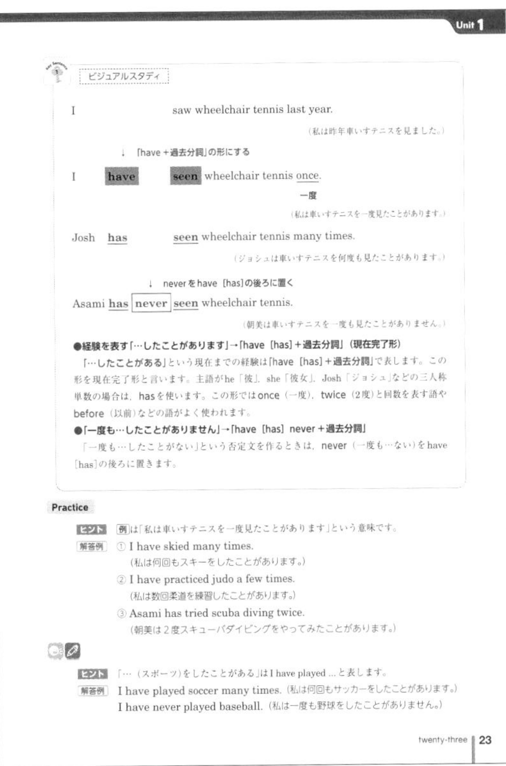

Unit 1

ビジュアルスタディ

I saw wheelchair tennis last year.
（私は昨年車いすテニスを見ました。）

↓「have＋過去分詞」の形にする

I **have** **seen** wheelchair tennis once.
一度
（私は車いすテニスを一度見たことがあります。）

Josh has seen wheelchair tennis many times.
（ジョシュは車いすテニスを何度も見たことがあります。）

↓ neverをhave［has］の後ろに置く

Asami has never seen wheelchair tennis.
（朝美は車いすテニスを一度も見たことがありません。）

●経験を表す「…したことがあります」→「have［has］＋過去分詞」（現在完了形）
「**…したことがある**」という現在までの経験は「**have［has］＋過去分詞**」で表します。この形を現在完了形と言います。主語がhe「彼」，she「彼女」，Josh「ジョシュ」などの三人称単数の場合は，hasを使います。この形ではonce（一度），twice（2度）と回数を表す語やbefore（以前）などの語がよく使われます。

●「一度も…したことがありません」→「have［has］never＋過去分詞」
「一度も…したことがない」という否定文を作るときは，never（一度も…ない）をhave［has］の後ろに置きます。

Practice

ヒント 例は「私は車いすテニスを一度見たことがあります」という意味です。
解答例 ① I have skied many times.
（私は何回もスキーをしたことがあります。）
② I have practiced judo a few times.
（私は数回柔道を練習したことがあります。）
③ Asami has tried scuba diving twice.
（朝美は２度スキューバダイビングをやってみたことがあります。）

ヒント「…（スポーツ）をしたことがある」はI have played ... と表します。
解答例 I have played soccer many times.（私は何回もサッカーをしたことがあります。）
I have never played baseball.（私は一度も野球をしたことがありません。）

twenty-three 23

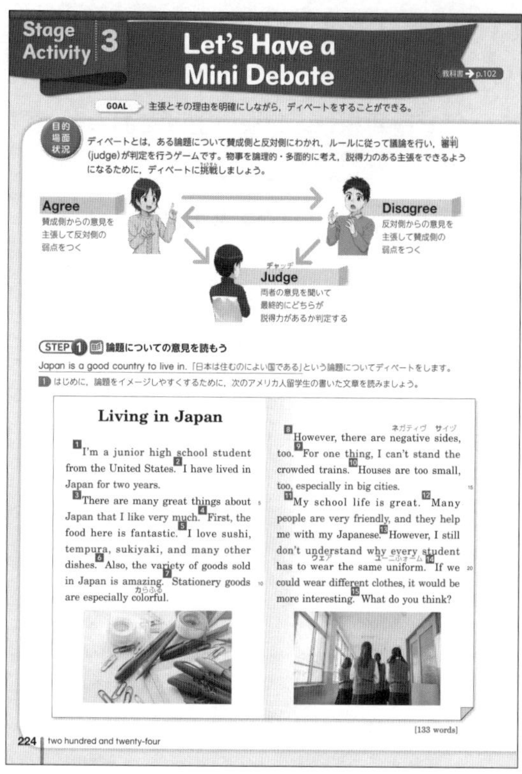

Stage Activity 3

Let's Have a Mini Debate

教科書 ➔ p.102

GOAL 主張とその理由を明確にしながら，ディベートをすることができる。

目的 場面 状況 ディベートとは，ある論題について賛成側と反対側にわかれ，ルールに従って議論を行い，審判(judge)が判定を行うゲームです。物事を論理的・多面的に考え，説得力のある主張をできるようになるために，ディベートに挑戦しましょう。

STEP 1 論題についての意見を読もう

Japan is a good country to live in.「日本は住むのによい国である」という論題についてディベートをします。

1 はじめに，論題をイメージしやすくするために，次のアメリカ人留学生の書いた文章を読みましょう。

Living in Japan

[1] I'm a junior high school student from the United States. [2] I have lived in Japan for two years.
[3] There are many great things about Japan that I like very much. [4] First, the food here is fantastic. [5] I love sushi, tempura, sukiyaki, and many other dishes. [6] Also, the variety of goods sold in Japan is amazing. [7] Stationery goods are especially colorful.

[8] However, there are negative sides, too. [9] For one thing, I can't stand the crowded trains. [10] Houses are too small, too, especially in big cities.
[11] My school life is great. [12] Many people are very friendly, and they help me with my Japanese. [13] However, I still don't understand why every student has to wear the same uniform. [14] If we could wear different clothes, it would be more interesting. [15] What do you think?

[133 words]

224 two hundred and twenty-four

●Stage Activity

「教科書と同じ本文」，「本文の内容」，「語句」，STEP に対するヒントや解答例を掲載しています。

●定期テスト対策

・Unit や Let's Write / Talk / Read の学習内容について，さまざまな問題形式で演習します。

・Unitの最後に定期テスト対策ページがあるので，学校の授業進度にあわせて定期テスト対策ができます。

定期テスト対策 1 (Unit 0・1)

1 次の日本語は英語に，英語は日本語にしなさい。

(1) 事実 ______　(2) 試合 ______
(3) インターネット ______　(4) 意見 ______
(5) increase (　　)　(6) believe (　　)
(7) apply (　　)　(8) bright (　　)

2 次の日本文に合う英文になるように，___ に適する語を書きなさい。

(1) 今日ますます多くの人々がペットを飼っています。
______ and ______ people have pets today.
(2) 私の父は彼の新しい車に満足しています。
My father is ______ ______ his new car.
(3) あなたはどのようにその問題を乗りこえましたか。
How did you ______ ______ the problem?
(4) 私はテレビでそのニュースを見ました。
I watched the news ______ ______.

3 次の文を，(　)内の指示に従って書きかえなさい。

(1) Ken painted this picture. (this pictureを主語にして，「〜された」という文に)
This picture ______ ______ by Ken.
(2) I read the book last night. (「以前…したことがある」という文に)
I ______ ______ the book before.
(3) My grandmother has used a computer. (「一度も…したことがありません」という文に)
My grandmother ______ ______ ______ a computer.
(4) Did Ms. Yamada visit Hokkaido last year?
(「これまでに…したことがありますか」という文に)
______ Ms. Yamada ______ ______ Hokkaido?
(5) When Shota watches this movie, he is sad. (ほぼ同じ意味の文に)
This movie ______ ______ ______.

4 次の英文を日本文になおしなさい。

(1) This event made Sam famous.
(　　)
(2) Taro told me that he wants to be a soccer player.
(　　)
(3) I have been to Italy twice.
(　　)

5 日本文に合う英文になるように，(　)内の語(句)を並べかえなさい。

(1) 私たちはパーティーに招待されていません。
(not / the party / are / to / we / invited / .)
______
(2) これらのクッキーはケイコによって作られたのですか。
(cookies / made / Keiko / by / were / these / ?)
______
(3) 彼の歌は将来，人々を幸せにするでしょう。
(his / will / people / songs / make / happy) in the future.
______ in the future.

6 次の英文を読んで，あとの問いに答えなさい。

Wheelchair tennis is an exciting Paralympic sport. Japan has some really famous players.

One example is Kunieda Shingo. He has won many world championships. I watched some videos of his matches. I was amazed at his power and speed. However, Mr. Kunieda says, "Sometimes people say playing tennis in a wheelchair is amazing. ①It makes me uncomfortable. We're playing tennis just like other people."

Another well-known player is Kamiji Yui. She became the youngest Grand Slam winner in 2014. She once said, "I want to keep smiling when I play. Smiles keep me positive." Her smiles keep us positive, too.

These two players remind us of the power of sports. Everyone can enjoy sports, and ②playing and watching them makes people happy and positive.

(1) 下線部①のItは何を指しますか。英語で答えなさい。
______
(2) 下線部②の英文を日本文になおしなさい。
(　　)
(3) 本文の内容に合うものを次のア〜エから2つ選び，記号で答えなさい。
ア 日本には有名なパラリンピック選手があまりいない。
イ 国枝慎吾さんは一度も優勝したことがない。
ウ 上地結衣さんは有名な車いすテニスの選手の1人だ。
エ 上地結衣さんは笑顔が彼女を前向きでいさせてくれると言っている。
(　)(　)
(4) 本文の内容に合うように，次の問いに英語で答えなさい。
What do the two players remind us of? ______

48 forty-eight　　forty-nine 49

※解答は巻末にあります。

●学び方コーナー

解説のほか，「Let's Try!」のヒントや解答例を掲載しています。

● Grammar for Communication

解説のほか，「Let's Try!」のヒントや解答例を掲載しています。

● Let's Write

「本文の内容」，「語句」のほか，STEP のヒントや解答例を掲載しています。

● Let's Talk

「本文の内容」，「語句」のほか，STEP のヒントや解答例を掲載しています。

● Let's Read

「本文の内容」，「語句」，「スタディ」のほか，設問のヒントや解答例を掲載しています。

● Learning ... in English

設問のヒントや解答例を掲載しています。

目次 ▶▶▶ contents

(教科書のページ)

※著作権等の関係により，一部の写真およびイラストは掲載を省略しました。
※「資料編」等，一部のページは掲載を省略しました。

教科書 ➔ p.4

Three Interesting Facts about Languages

Scene

これまでに学んだことを使って，あるテーマについて書かれたクイズ形式のレポートを読んでみよう。

春休みの宿題で，興味のあることや人について，クラスメートにクイズ形式で伝えることになりました。翻訳家になりたい朝美は，世界の言語について調べて書いています。

? How many languages are spoken in the world?

1 **Three Interesting Facts about Languages**

2 **1. How many languages are there?**

3 - It is said that about 7,000 different languages are spoken in the world.

4 - About 80 percent of them are used by fewer than 100,000 people.

5 **2. What is the most common first language?**

6 - Chinese is used as a first language by the greatest number of people.

7 - English is used by the third greatest number.

8 **3. Should we learn another language?**

9 - Many researchers believe that knowledge of another language can increase our brain power.

10 - If we use more than one language, we can choose from a wider variety of jobs.

[97 words]

New Words

- **fact(s)** [fǽkt(s)]
- spoken [spóukən] (⇐ speak)
- researcher(s) [risə́:rtʃər(z)]
- **believe** [bilí:v]
- **increase** [inkrí:s]
- **brain** [bréin]
- **wide(r)** [wáid(ər)]
- variety [vəráiəti]
- Chinese [tʃàiní:z] 中国語

- *It is said that ....*
- *a ... variety of ～*

100,000 = one hundred thousand

New Words

fact(s)	[fǽkt(s) ふぁクト(ふぁクツ)]	名 事実，現実
spoken	[spóukən スポウクン]	動 [speakの過去分詞]
researcher(s)	[risə́:rtʃər(z) リサ～チャ（ズ）]	名 研究者
believe	[bilí:v ビリーヴ]	動 …だと思う，信じる
increase	[inkrí:s インクリース]	動 …を増やす，増大させる
brain	[bréin ブレイン]	名 頭脳
wide(r)	[wáid(ər) ワイド（ワイダ）]	形 幅の広い，（範囲などが）広い
variety	[vəráiəti ヴァライエティ]	名 [a (...) variety of ～で] さまざまな～，いろいろな～，…な種類の～

本文の内容

? 世界ではどれくらいの数の言語が話されていますか。

1 言語についての3つの興味深い事実
2 1. いくつの言語があるのでしょうか。
3 ―世界中で約7,000の異なる言語が話されているといわれています。
4 ―それらのうち約80パーセントは10万人に満たない人々によって使われています。
5 2. 最も一般的な第1言語は何でしょうか。
6 ―中国語が第1言語として最も多くの人々によって使われています。
7 ―英語は3番めに多い人々によって使われています。
8 3. 私たちはほかの言語を学ぶべきでしょうか。
9 ―多くの研究者たちが，ほかの言語の知識は私たちの脳の力を増大させることができると考えています。
10 ―複数の言語を使えば，より広い種類の仕事から選ぶことができます。

スタディ

3 **- It is said that about 7,000 different languages are spoken in the world.**

It is said that .... は「…であるといわれている。」という意味です。このitは形式主語で，that以下が真主語です。spokenはspeak（…を話す）の過去分詞で，are spokenは「be動詞＋過去分詞」の受け身で「話されている」という意味です。

4 **- About 80 percent of them are used by fewer than 100,000 people.**

are usedは受け身で「使われている」という意味です。by ... は「…によって」と動作主を示しています。100,000は，one hundred thousandと読みます。コンマ〈,〉のところで区切って読みます。

6 **- Chinese is used as a first language by the greatest number of people.**

is usedは「be動詞＋過去分詞」の受け身で「使われている」という意味です。

7 **- English is used by the third greatest number.**

the third greatestは「3番めに多い」という意味の最上級の表現です。

10 **- If we use more than one language, we can choose from a wider variety of jobs.**

文頭のifは「もし…ならば」という意味の接続詞です。a ... variety of ～は「…な種類の～」を表します。

It is said that		…であるといわれている。
a ... variety of ～		さまざまな～，いろいろな～，…な種類の～
*said	[séd セッド]	動 [sayの過去分詞]
*third	[θə́ːrd さ～ド]	副 第3に，3番めに
*power	[páuər パウア]	名 力，能力
*more than		…より多い

教科書 ➔ p.4

About 7,000 languages **are spoken** in the world.

受け身(復習)

Practice 例 About 7,000 languages are spoken in the world.

朝美がさらに調べたことをメモしています。

① English / use / by many people

② many Japanese books / translate / into English

③ these books / love / by people around the world

Practice では，例を参考に，
場面や状況に合う文を作ろう。

書いて覚えよう

3 世界中で約7,000の異なる言語が話されているといわれています。

4 それらのうち約80パーセントは10万人に満たない人々によって使われています。

6 中国語が第1言語として最も多くの人々によって使われています。

7 英語は3番めに多い人々によって使われています。

10 複数の言語を使えば，より広い種類の仕事から選ぶことができます。

ビジュアルスタディ

About 7,000 languages are **spoken** in the world.

「am [are, is]＋過去分詞」の形「…される」

（世界中で約7,000の言語が話されています。）

●受け身（復習）

「…されます」，**「…されています」**と受け身を表すには，**「am [are, is]＋過去分詞」**で表します。am, are, is は主語に合わせてかえます。

「…されていますか」を表す受け身の疑問文は，**be動詞を主語の前**に出して作り，答えるときにも**be動詞**を使います。**「…されていません」**を表す受け身の否定文は，**be動詞のあとにnot**を置きます。

Practice

ヒント 例は「世界中で約7,000の言語が話されています」という意味です。

解答例 ① English is used by many people.
（英語は多くの人々によって使われています。）
② Many Japanese books are translated into English.
（多くの日本語の本が英語に翻訳されています。）
③ These books are loved by people around the world.
（これらの本は世界中の人々によって愛されています。）

教科書 → p.5

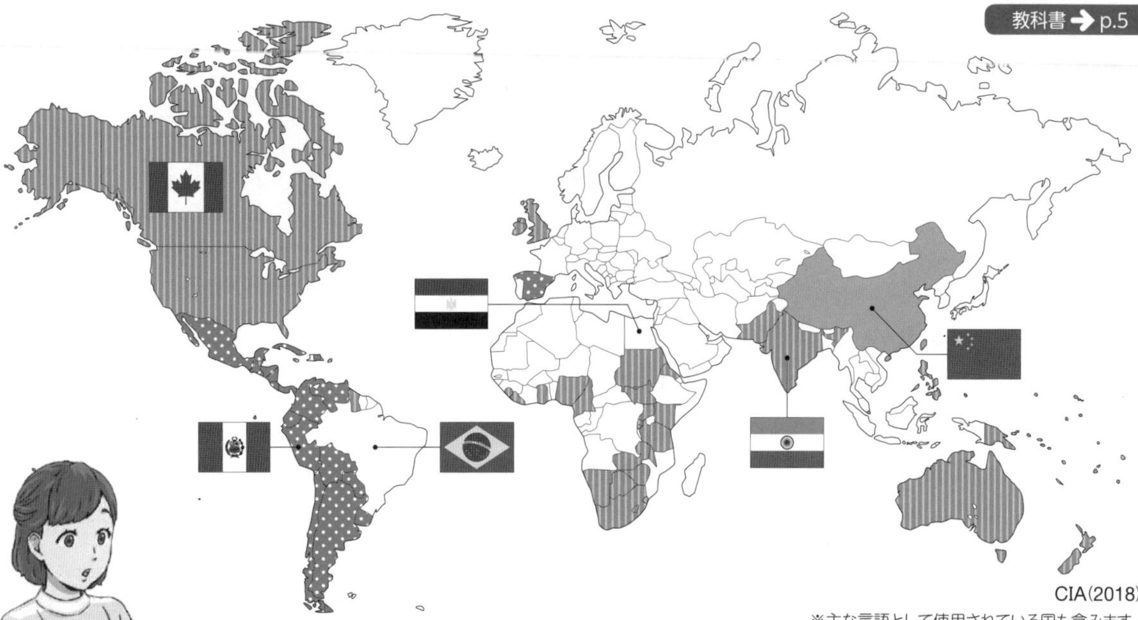

CIA(2018)

※主な言語として使用されている国も含みます。

Chinese is used as an official language here.

English is used as an official language here.（公用語）

(何語か考えよう) is used as an official language here.

Mini Activity

Listen

朝美と，朝美のレポートを読んだジョシュの対話を聞いて，正しいほうを選びましょう。

① ジョシュは朝美のレポートを　[□ おもしろいと思った　□ 難しいと思った]

② 世界で2番めに多くの人が第1言語として話しているのは　[□ フランス語　□ スペイン語]

③ その言語を現在フィリピンで使っている人は　[□ たくさんいる　□ 少ししかいない]

Speak & Write

1 例 にならって行ってみたい国をたずね合い，その国で何語が話されているかを地図やTool Boxを参考に確認(かくにん)し合いましょう。

例 *A:* Which country do you want to visit?
B: I want to visit Brazil.
A: What language is spoken there?
B: Portuguese is spoken there.

Tool Box

●国と公用語(主な使用言語)

1. Brazil ブラジル ―― Portuguese ポルトガル語
2. Canada カナダ ―― English, French フランス語
3. China 中国 ―― Chinese
4. Egypt エジプト ―― Arabic アラビア語
5. India インド ―― Hindi ヒンディー語, English
6. Peru ペルー ―― Spanish スペイン語

2 **1** で話したことをまとめてノートに書きましょう。

例 Eri wants to visit Brazil.
Portuguese is spoken there.

ほかの国についても本やインターネットを使って調べてみよう。

Speak & Write

1 ヒント 地図やTool Boxを有効に活用しましょう。

例の意味は次の通りです。

A: あなたはどの国を訪れたいですか。

B: 私はブラジルを訪れたいです。

A: そこでは何語が話されていますか。

B: そこではポルトガル語が話されています。

解答例 行ってみたい国：China

その国で何語が話されているか：Chinese

A: Which country do you want to visit?

（あなたはどの国を訪れたいですか。）

B: I want to visit China.

（私は中国を訪れたいです。）

A: What language is spoken there?

（そこでは何語が話されていますか。）

B: Chinese is spoken there.

（そこでは中国語が話されています。）

2 ヒント 例の意味は次の通りです。

エリはブラジルを訪れたいと思っています。

そこではポルトガル語が話されています。

解答例 Taro wants to visit China.

（タロウは中国を訪れたいと思っています。）

Chinese is spoken there.

（そこでは中国語が話されています。）

学び方コーナー 1　語い・表現の増やし方

教科書 → p.6

Point of View　英語の語の仕組みや性質を学べば，知っている語をもとに，新しい語や表現を楽に増やしていくことができます。自分で語いを増やすことで，英語を使うのがどんどん楽しくなるでしょう。

Tip 1　語の意味の中心から広げよう

英語の語には，「語根(word root)」と呼ばれる意味の中心になる部分があります。語根を中心に，前後に枝葉のついた語を覚えていきましょう。つけ方の法則がわかれば，知らない語でも意味が推測しやすくなります。

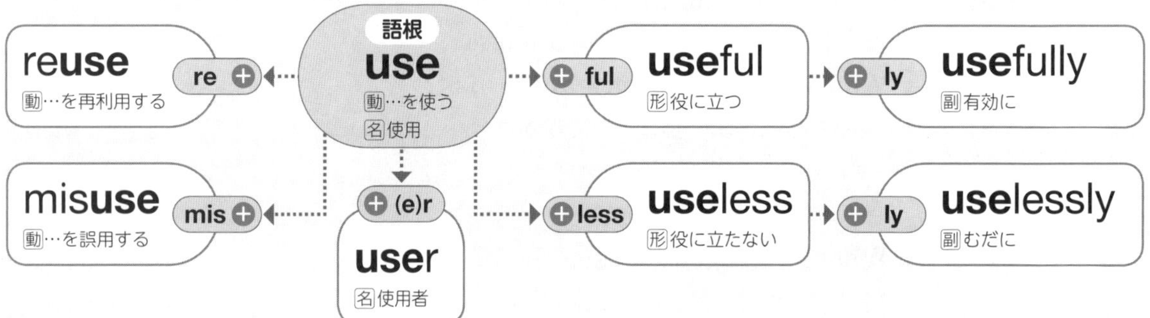

Tip 2　似た意味・反対の意味の語を覚えよう

日本語と同じように，英語にも，似た意味の「類義語」や反対の意味の「対義語」があります。あわせて覚えることで，実際に使うときにも役立ちます。

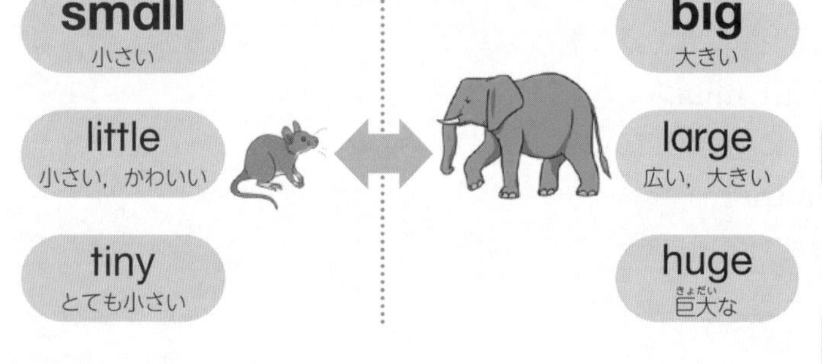

That elephant is so big, isn't it?
(あのゾウはとても大きいよね？)

Oh, yes, it's huge.
(ああ，うん，それは巨大だね。)

英語では，同じ語をくり返さずに類義語で言いかえることが多いよ。

Tip 3　組み合わせて使おう

ある語を覚えるだけでなく，それが文の中でどのように使われるのかを知れば，より自然な英語を話したり書いたりできるようになります。複数の語を組み合わせた「連語」や「熟語」を覚えて，表現の幅を広げましょう。

連語（よくいっしょに使われる組み合わせ）
正しい組み合わせを知ろう。

「タクシーに乗る」
○ take a taxi
× have a taxi

「楽しい時を過ごす」
○ have a good time
× take a good time

熟語（文字通りには訳せない組み合わせ）
意味を想像してみよう。

It's raining cats and dogs.
（raining：雨が降っている）

（土砂ぶりの雨が降っています。）

This homework is a piece of cake.

（この宿題は朝めし前［楽勝］だ。）

Tip 1 語根の前につける語

・re-「再び」

reuse	**re** + use	「再び」	「使う」	=動 …を再利用する
recycle	**re** + cycle	「再び」	「循環する」	=動 …を再生利用する

・mis-「誤って」

misuse	**mis** + use	「誤って」	「使用する」	=動 …を誤用する
misunderstand	**mis** + understand	「誤って」	「…を理解する」	=動 …を誤解する

語根の後ろにつける語

・-(e)r 「人」を表す

use**r**	use + **r**	「使用」	「人」	=名 使用者
make**r**	make + **r**	「…を作る」	「人」	=名 作る人，製造者

・-ful「…に満ちた」

use**ful**	use + **ful**	「使用」	「満ちた」	=形 役に立つ
color**ful**	color + **ful**	「色」	「満ちた」	=形 色彩に富んだ

・-less「〜ない」

use**less**	use + **less**	「使用」	「ない」	=形 役に立たない
help**less**	help + **less**	「助け」	「ない」	=形 無力な

Tip 2 類義語（似た意味）

・happy「幸せな」　pleased「…に喜んでいる」　glad「うれしい」

・sad「悲しい」　sorry「残念に思う」　unhappy「不幸な」

対義語（反対の意味）

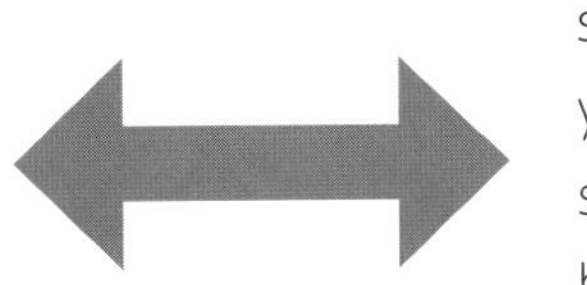

happy「幸せな」	sad「悲しい」
old「年をとった」	young「若い」
long「長い」	short「短い」
cold「寒い」	hot「暑い」

Tip 3 連語（よくいっしょに使われる組み合わせ）

take a picture「写真を撮る」　go for a walk「散歩に出かける」

make a mistake「まちがえる」　have a cold「風邪をひく」

熟語（文字通りには訳せない組み合わせ）

I have to hit the books today.　（今日私は一生懸命勉強しなければなりません。）

The room was packed like sardines.　（その部屋はすし詰め状態でした。）

Unit 1

教科書 ➔ p.7

Sports for Everyone

題材 障がい者スポーツについての理解を深め，人々を結びつけるスポーツの力について考える。
活動 これまでに経験したことにもとづいて，相手に合ったプランを伝えることができる。

1
What are the people in the photographs doing?

equality fun story fairness rules
team Sports the Olympics
playing watching dream
the Paralympics

New Words

☐ title [táitl]

Point of View

2
What does the title（タイトゥる）"Sports for Everyone" mean?

Preview

教科書 ➔ p.8

海斗とメグは，朝美のバドミントンの試合を見に来ています。
対話を聞いて，わかったことを伝え合いましょう。

わかったこと 解答例

海斗はバドミントンの試合を
これまでに見たことがあるのかな。

海斗は初めてバドミントンの試合を見ている。

メグはバドミントンの試合をテレビで見たことがあるが，生では見たことがなかった。

メグはスポーツをするのも見るのも好き。メグはオリンピックとパラリンピックを見るのが好き。

本文の内容

1 写真の中の人々は何をしていますか。

2 題名の「全ての人のためのスポーツ」は何を意味していますか。

New Words

title　[táitl タイトゥる]　名 題名，表題

教科書 ➔ p.9

授業でパラリンピックについて調べて発表することになりました。
はじめに戸田(とだ)先生がクラスでアンケートをとっています。以下はジョシュの回答です。

? What Paralympic sports is Josh interested in?

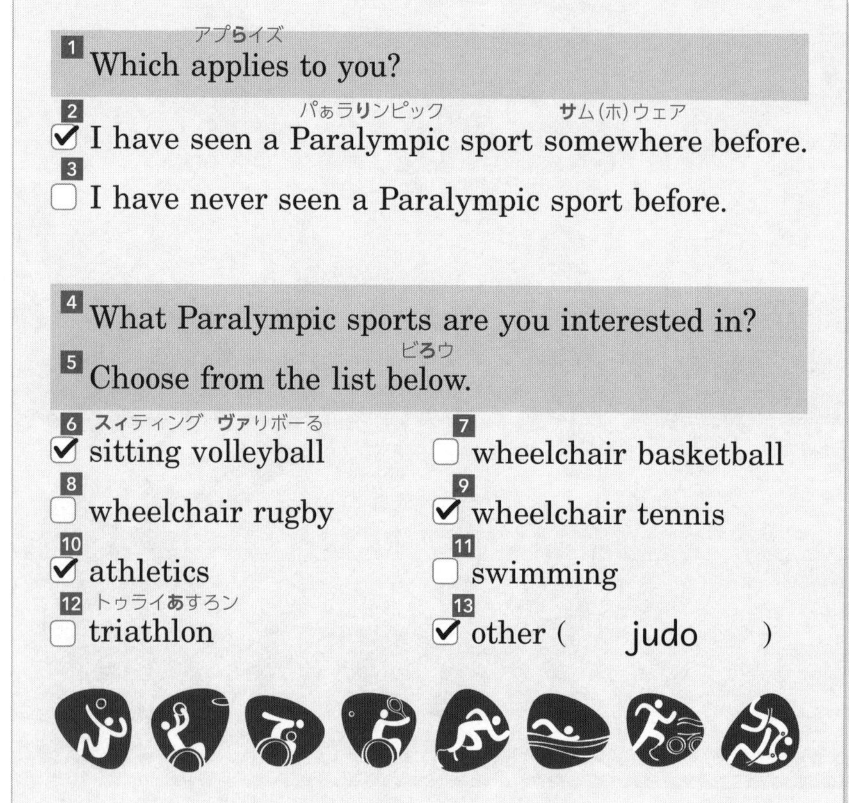

1 Which applies (アプらイズ) to you?

2 ☑ I have seen a Paralympic (パぁラりンピック) sport somewhere (サム(ホ)ウェア) before.

3 ☐ I have never seen a Paralympic sport before.

4 What Paralympic sports are you interested in?

5 Choose from the list below (ビろウ).

6 ☑ sitting volleyball (スィティング ヴァりボーる)	7 ☐ wheelchair basketball
8 ☐ wheelchair rugby	9 ☑ wheelchair tennis
10 ☑ athletics	11 ☐ swimming
12 ☐ triathlon (トゥライあすろン)	13 ☑ other (judo)

[45 words]

New Words

- **apply, applies** [əplái(z)]
- Paralympic [pæ̀rəlímpik]
- somewhere [sʌ́mhwèər]
- **below** [bilóu] ⇔ **above** [əbʌ́v]
- sitting volleyball [sítiŋ válibɔ:l] シッティングバレーボール
- triathlon [traiǽθlɑn] トライアスロン

小学校の単語 小

athletics [æθlétiks]

New Words

apply, applies	[əplái(z) アプらイ(ズ)]	動当てはまる
Paralympic	[pæ̀rəlímpik パぁラりンピック]	形パラリンピック競技の
somewhere	[sʌ́mhwèər サム(ホ)ウェア]	副どこかに[へ，で]
below	[bilóu ビろウ]	副下に，下記に[の]
above	[əbʌ́v アバヴ]	副上に，上記に[の]
*have	[hǽv ハぁヴ；(弱く言うとき) həv ハヴ，v ヴ]	助[現在完了形を作る]
*list	[líst りスト]	名表，リスト

小学校の単語 小

athletics	[æθlétiks あすれティックス]	名陸上競技

本文の内容

? ジョシュはどのパラリンピック競技に興味を持っていますか。

1 あなたに当てはまることはどれですか。
2 ☑ 私は以前どこかでパラリンピック競技を見たことがあります。
3 □ 私はこれまで一度もパラリンピック競技を見たことがありません。
4 あなたはどのパラリンピック競技に興味がありますか。
5 下のリストから選んでください。
6 ☑ シッティングバレーボール
7 □ 車いすバスケットボール
8 □ 車いすラグビー
9 ☑ 車いすテニス
10 ☑ 陸上競技
11 □ 水泳
12 □ トライアスロン
13 ☑ その他(柔道)

スタディ

1 **Which applies to you?**
appliesは「当てはまる」という意味です。「…に当てはまる」と言うときには前置詞toを用います。

2 **I have seen a Paralympic sport somewhere before.**
seenはseeの過去分詞です。「have＋過去分詞」を現在完了形と言います。現在完了形の文にはいくつかの用法がありますが，その1つがこの文のように「…したことがある」と経験を表す用法です。経験を表す現在完了形の文ではbefore「以前に」がよく使われます。

3 **I have never seen a Paralympic sport before.**
have never seenは「一度も見たことがない」と経験の否定を表す現在完了形です。notのかわりにnever（一度も…ない）がよく使われます。

4 **What Paralympic sports are you interested in?**
be interested inで「…に興味がある」という意味です。

教科書 ➔ p.9

I		saw	wheelchair tennis last year.
I	**have**	**seen**	wheelchair tennis once.
Josh	**has**	**seen**	wheelchair tennis many times.
Asami	**has never**	**seen**	wheelchair tennis.

現在完了形(経験用法)
これまでに経験があることを表すには〈have [has]＋過去分詞〉の形を使い，これを現在完了形という。肯定文では回数の表現やbeforeを，否定文ではneverをよく使う。

Practice 例 I have seen wheelchair tennis once.

授業のあと，メグたちはしたことのあるスポーツについて話しています。

① I / ski / many times

② I / practice judo / a few times

③ Asami / try scuba diving / twice

いろいろなスポーツについて，したことがあるかを表す文を言い，ノートに書きましょう。

書いて覚えよう

1 あなたに当てはまることはどれですか。

____

____

2 私は以前どこかでパラリンピック競技を見たことがあります。

____

____

3 私はこれまでパラリンピック競技を見たことがありません。

____

____

4 あなたはどのパラリンピック競技に興味がありますか。

____

____

ビジュアルスタディ

I saw wheelchair tennis last year.

（私は昨年車いすテニスを見ました。）

↓ 「have＋過去分詞」の形にする

I **have** **seen** wheelchair tennis once.

一度

（私は車いすテニスを一度見たことがあります。）

Josh **has** **seen** wheelchair tennis many times.

（ジョシュは車いすテニスを何度も見たことがあります。）

↓ neverをhave［has］の後ろに置く

Asami **has** **never** **seen** wheelchair tennis.

（朝美は車いすテニスを一度も見たことがありません。）

●経験を表す「…したことがあります」→「have［has］＋過去分詞」（現在完了形）

「…したことがある」という現在までの経験は**「have［has］＋過去分詞」**で表します。この形を現在完了形と言います。主語がhe「彼」，she「彼女」，Josh「ジョシュ」などの三人称単数の場合は，**has**を使います。この形では**once**（一度），**twice**（2度）と回数を表す語や**before**（以前）などの語がよく使われます。

●「一度も…したことがありません」→「have［has］never＋過去分詞」

「一度も…したことがない」という否定文を作るときは，**never**（一度も…ない）をhave［has］の後ろに置きます。

Practice

ヒント 例は「私は車いすテニスを一度見たことがあります」という意味です。

解答例 ① I have skied many times.
（私は何回もスキーをしたことがあります。）

② I have practiced judo a few times.
（私は数回柔道を練習したことがあります。）

③ Asami has tried scuba diving twice.
（朝美は２度スキューバダイビングをやってみたことがあります。）

ヒント 「…（スポーツ）をしたことがある」はI have played ... と表します。

解答例 I have played soccer many times.（私は何回もサッカーをしたことがあります。）
I have never played baseball.（私は一度も野球をしたことがありません。）

教科書 → p.10

授業のあと，ジョシュと朝美はパラリンピックについて話しています。

[?] Has Asami ever heard of Josh's favorite athlete?

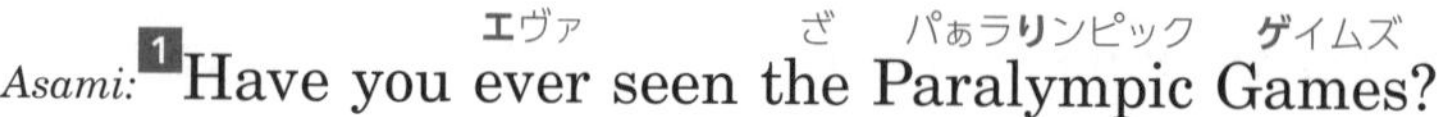

Asami: 1 Have you ever seen the Paralympic Games?

Josh: 2 Yes, I have.

Asami: 3 Have you been to a Paralympic event?

Josh: 4 No, I haven't, but I've watched lots of wheelchair tennis matches on TV. 5 I'm a big fan of Kunieda Shingo.

Asami: 6 Who's Kunieda Shingo?

Josh: 7 He's a great athlete. 8 He's one of the best wheelchair tennis players in the world.

Asami: 9 I've never heard of him.

Josh: 10 Really? 11 You should check him out on the internet. [69 words]

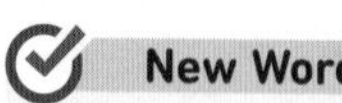

New Words

- **ever** [évər]
- the Paralympic Games [ðə pærəlímpik géimz]
- **been** [bín] (⇐ be)
- **match(es)** [mǽtʃ(iz)]
- athlete [ǽθli:t]
- **internet** [íntərnèt]

- *have been to*
- *on TV [the internet]*
- *check ... out*

- haven't [hǽvnt] ⇐ have not
- I've [áiv] ⇐ I have

Plus One

本文1，3行めの質問を，自分たちのことに置きかえてたずね合いましょう。

New Words

ever	[évər エヴァ]	副 [疑問文で]今まで，かつて
the Paralympic Games	[ðə pærəlímpik géimz ざ パぁラリンピック ゲイムズ]	名 パラリンピック（身体・知的障がい者の国際スポーツ大会）
been	[bín ビン]	動助 [beの過去分詞]
match(es)	[mǽtʃ(iz) マぁッチ(ズ)]	名 試合，競技
athlete	[ǽθli:t あすリート]	名 運動選手，アスリート
internet	[íntərnèt インタネット]	名 インターネット
have been to		…に行ったことがある
on TV [the internet]		テレビで[インターネットで]
check ... out		…を調査する
haven't	[hǽvnt ハぁヴント]	短 = have not
I've	[áiv アイヴ]	短 = I have
*event	[ivént イヴェント]	名 競技，種目
*heard	[hə́:rd ハ～ド]	動 hearの過去分詞

本文の内容

? 朝美はこれまでにジョシュのお気に入りの選手について聞いたことがありますか。

1 朝美：これまでにパラリンピックを見たことがある？
2 ジョシュ：うん，あるよ。
3 朝美：パラリンピックの競技を見に行ったことは？
4 ジョシュ：いや，行ったことはないけど，テレビで車いすテニスの試合をたくさん見たことはあるよ。
5 僕は国枝慎吾の大ファンなんだ。
6 朝美：国枝慎吾ってだれ？
7 ジョシュ：すばらしい選手だよ。
8 世界最高の車いすテニスプレーヤーの１人だよ。
9 朝美：彼について一度も聞いたことがないな。
10 ジョシュ：本当に？
11 インターネットで彼のことを調べてみるべきだよ。

スタディ

1 **Have you ever seen the Paralympic Games?**
seenはseeの過去分詞です。この文は現在完了の疑問文で「…したことがあるか」と経験をたずねています。経験を表す現在完了形の疑問文では，ever（これまでに）がよく使われます。

2 **Yes, I have.**
現在完了形の疑問文に対する「はい」の答えは，Yes, ～ have [has]. と言います。

3 **Have you been to a Paralympic event?**
beenはbe動詞の過去分詞です。「…したことがあるか」と経験をたずねる現在完了形の疑問文です。have been to ... は「…に行ったことがある」という意味です。

4 **No, I haven't, but I've watched lots of wheelchair tennis matches on TV.**
現在完了形の疑問文に対する「いいえ」の答えは，No, ～ have [has] not. と言います。I'veはI haveの短縮形です。I've watchedは現在完了形で「見たことがある」という意味です。

9 **I've never heard of him.**
I've [I have] never heardは「私は一度も聞いたことがない」という意味です。経験を表す現在完了形の否定文では，never（一度も…ない）がよく使われます。hear of ... は「…について聞く」という意味です。

教科書 ➔ p.10

I have seen the Paralympic Games once.
Have you ever **seen** the Paralympic Games?
— Yes, I **have**.
[No, I **have not**. I **have** never **seen** them.]

現在完了形の疑問文
現在完了形の疑問文ではhave [has] が主語の前に出る。疑問文ではeverをよく使う。

Practice 例 Have you ever seen the Paralympic Games?
— Yes, I have. [No, I haven't. I've never seen them.]

ジョシュと朝美はスポーツについて話を続けています。

① visit the Olympic Stadium in Tokyo / visit it

② see a famous athlete on the street / see one

③ buy a ticket for a sports event / buy one

最近した経験について，クラスメートも経験したことがあるかをたずねる文を言い，ノートに書きましょう。

書いて覚えよう

1 これまでにパラリンピックを見たことがある?

3 パラリンピックの競技を見に行ったことは?

4 いや，行ったことはないけど，テレビで車いすテニスの試合をたくさん見たことはあるよ。

9 彼について一度も聞いたことがないな。

ビジュアルスタディ

I **have** seen the Paralympic Games once.

（私はパラリンピックを一度見たことがあります。）

↓ haveを主語の前に出せば疑問文

Have you ever **seen** the Paralympic Games?

（あなたはこれまでにパラリンピックを見たことがありますか。）

── Yes, I **have**. ［No, I **have not**. I **have** never **seen** them.］

（はい，あります。［いいえ，ありません。私は（それらを）一度も見たことがありません。］）

●「…したことがありますか」→「Have ［Has］＋主語＋過去分詞 …?」

「…したことがある」と現在までの経験を表すときは，「have ［has］＋過去分詞」を使います。疑問文にするときは，have ［has］を主語の前に出し，**ever**（これまでに）がよく使われます。答えるときは，**Yes, ～ have ［has］.**，**No, ～ have ［has］ not.** と言います。

Practice

ヒント 例は「あなたはこれまでにパラリンピックを見たことがありますか。―はい，あります。［いいえ，ありません。私はそれらを一度も見たことがありません。］」という意味です。

解答例 ① Have you ever visited the Olympic Stadium in Tokyo?
（あなたはこれまでに東京のオリンピックスタジアムを訪れたことがありますか。）
—Yes, I have. ［No, I haven't. I have never visited it.］
（はい，あります。［いいえ，ありません。私はそこを一度も訪れたことがありません。］）

② Have you ever seen a famous athlete on the street?
（あなたはこれまでに通りで有名なアスリートを見たことがありますか。）
—Yes, I have. ［No, I haven't. I have never seen one.］
（はい，あります。［いいえ，ありません。私は一度も有名なアスリートを見たことがありません。］）

③ Have you ever bought a ticket for a sports event?
（あなたはこれまでにスポーツイベントのチケットを買ったことがありますか。）
—Yes, I have. ［No, I haven't. I have never bought one.］
（はい，あります。［いいえ，ありません。私は一度もそれを買ったことがありません。］）

ヒント 「これまでに…したことがありますか」はHave you ever＋過去分詞 …?で表します。

解答例 Have you ever played the guitar?（あなたはこれまでにギターを弾いたことがありますか。）
—Yes, I have. ［No, I haven't. I have never played it.］
（はい，あります。［いいえ，ありません。私は一度もそれを弾いたことがありません。］）

教科書 ➔ p.11

Listen

メグと海斗(かいと)が今度の連休について話しています。2人の対話を聞いて，次の問いに答えましょう。

① 今度の連休に北海道(ほっかいどう)に行くのはだれですか。表の中から正しい人物を選びましょう。

② それぞれの人物がこれまでに北海道に行った回数を書きましょう。行ったことがない場合は「0」と書きましょう。

	☐ Meg	☐ Kaito	☐ Josh
① 今度，北海道に行くのは			
② 北海道に行った回数は			

Speak & Write

1 クラスメートがこれまでどんな経験をしたことがあるか，たずねてみましょう。まず，下の表に聞きたいことを項目(こうもく)別に整理しましょう。次に，例 にならって質問をして，結果を書きましょう。

	① 行った	② 見た	③ してみた	④ 食べた
例	Hokkaido	a fox キツネ	skiing	Sapporo ramen
聞きたいこと				
名前(　　　)	☐ Yes ☐ No	☐ Yes ☐ No	☐ Yes ☐ No	☐ Yes ☐ No
名前(　　　)	☐ Yes ☐ No	☐ Yes ☐ No	☐ Yes ☐ No	☐ Yes ☐ No

例 ① Have you ever been to Hokkaido? — Yes, I have. [No, I haven't.]
② Have you ever seen a fox? — Yes, I have. [No, I haven't.]
③ Have you ever tried skiing? — Yes, I have. [No, I haven't.]
④ Have you ever eaten Sapporo ramen? — Yes, I have. [No, I haven't.]

● 回数を聞くとき

How many times have you been there? — Once. [Twice.]

● どこでしたかを聞くとき

Where did you eat that? — At Sapporo Station.

したことのある回数なども聞けるといいね。その経験を「どこでしたか」をたずねるときは過去形を使うよ。

2 クラスメートの経験について，1人選んで，例 にならって発表しましょう。
発表し終えたら，確認のために自分が言った内容を書きましょう。

例1 Aki has been to Hokkaido twice. She has tried skiing there.

例2 Hiroki has never been to Hokkaido, but he has eaten Sapporo ramen in Tokyo.

Tool Box

●回数

once　1回

twice　2回

three times　3回

many times　何度も

Speak & Write

1 **ヒント** 表の項目の[例]の意味は次の通りです。
①北海道　②キツネ　③スキー　④札幌ラーメン

質問文の[例]の意味は次の通りです。

① あなたはこれまでに北海道に行ったことがありますか。—はい，あります。[いいえ，ありません。]

② あなたはこれまでにキツネを見たことがありますか。—はい，あります。[いいえ，ありません。]

③ あなたはこれまでにスキーをやってみたことがありますか。—はい，あります。[いいえ，ありません。]

④ あなたはこれまでに札幌ラーメンを食べたことがありますか。—はい，あります。[いいえ，ありません。]

●回数を聞くとき

あなたは何回そこに行ったことがありますか。　—1回[2回]です。

●どこでしたかを聞くとき

あなたはそれをどこで食べましたか。　—札幌駅でです。

[解答例] 表の項目の解答例

①行った：Australia　②見た：a koala　③してみた：scuba diving　④食べた：steak

質問文の解答例

① Have you ever been to Australia?
(あなたはこれまでにオーストラリアに行ったことがありますか。)
—Yes, I have. [No, I haven't.] (はい，あります。[いいえ，ありません。])
How many times have you been there?
(あなたは何回そこへ行ったことがありますか。)
—Three times. (3回です。)

② Have you ever seen a koala?
(あなたはこれまでにコアラを見たことがありますか。)
—Yes, I have. [No, I haven't.] (はい，あります。[いいえ，ありません。])

③ Have you ever tried scuba diving?
(あなたはこれまでにスキューバダイビングをやってみたことがありますか。)
—Yes, I have. [No, I haven't.] (はい，あります。[いいえ，ありません。])

④ Have you ever eaten steak?
(あなたはこれまでにステーキを食べたことがありますか。)
—Yes, I have. [No, I haven't.] (はい，あります。[いいえ，ありません。])

2 **ヒント** [例]の意味は次の通りです。

[例1] 「アキは北海道に2回行ったことがあります。彼女はそこでスキーをやってみたことがあります」

[例2] 「ヒロキは北海道に1回も行ったことがありませんが，彼は東京で札幌ラーメンを食べたことがあります」

[解答例] Yuki has been to Australia three times. She has seen a koala there.
(ユキはオーストラリアに3回行ったことがあります。彼女はそこでコアラを見たことがあります。)

朝美は車いすテニスの選手たちについて調べて，授業で発表しています。

? Who does Asami introduce in her speech?

1 Wheelchair tennis is an exciting Paralympic sport. 2 Japan has some really famous players.

3 One example is Kunieda Shingo. 4 He has won many world championships. 5 I watched some videos of his matches. 6 I was amazed at his power and speed. 7 However, Mr. Kunieda says, "Sometimes people say playing tennis in a wheelchair is amazing. 8 It makes me uncomfortable. 9 We're playing tennis just like other people."

10 Another well-known player is Kamiji Yui. 11 She became the youngest Grand Slam winner in 2014. 12 She once said, "I want to keep smiling when I play. 13 Smiles keep me positive." 14 Her smiles keep us positive, too.

15 These two players remind us of the power of sports. 16 Everyone can enjoy sports, and playing and watching them makes people happy and positive.

[124 words]

New Words

- championship(s) [tʃǽmpiənʃip(s)]
- amaze(d) [əméiz(d)]
- speed [spíːd]
- amazing [əméiziŋ]
- uncomfortable [ʌnkʌ́mfərtəbl]
- well-known [wélnóun]
- winner [wínər]
- positive [pázitiv]
- Grand Slam [grǽnd slǽm] グランドスラム（1シーズン中の主要大会の全てで優勝すること）
- *be amazed at*

SVOCの文

目的語(O) = 補語(C)

- Meg calls me Asami.
- She makes me happy.

New Words

championship(s)	[tʃǽmpiənʃip(s) チャンピオンシップ(ス)]	名 選手権，優勝
amaze(d)	[əméiz(d) アメイズ(ド)]	動 …をびっくりさせる
speed	[spíːd スピード]	名 スピード，速度
amazing	[əméiziŋ アメイズィング]	形 驚くべき
uncomfortable	[ʌnkʌ́mfərtəbl アンカンふァタブる]	形 心地よくない
well-known	[wélnóun ウェるノウン]	形 有名な
winner	[wínər ウィナ]	名 勝者，受賞者
positive	[pázitiv パズィティヴ]	形 肯定の，前向きな
be amazed at		…に驚かされる
*won	[wʌ́n ワン]	動 [winの過去分詞]
*at	[ǽt アット；(弱く言うとき) ət アット]	前 【原因・理由】…によって
*make	[méik メイク]	動 (人・もの)を…の状態にする
*keep	[kíːp キープ]	動 (人・もの)を…の状態にしておく

本文の内容

? 朝美はスピーチでだれを紹介していますか。

1 車いすテニスはわくわくさせるようなパラリンピック競技です。
2 日本にはとても有名な選手たちがいます。

3 その一例が国枝慎吾です。4 彼はたくさんの世界選手権で優勝しています。5 私は彼の試合のビデオをいくつか見ました。6 私は彼の力強さやスピードにびっくりしました。7 ですが国枝さんは「時々，車いすに座ってテニスをするなんてすごいと言う人がいます。8 私はそれを聞いていい気分はしないんです。9 私たちはただほかの人たちと同じようにテニスをしているだけなんですよ」と言うのです。

10 もう一人，有名な選手に上地結衣がいます。11 彼女は2014年に最年少グランドスラム優勝者となりました。12 彼女はかつて「試合中は笑顔を保ち続けたいです。13 笑顔は私を前向きでいさせてくれるんです」と言いました。14 彼女の笑顔は私たちも前向きにさせてくれます。

15 これらの2人の選手は私たちにスポーツの力というものに気づかせてくれます。16 スポーツをだれもが楽しむことができ，スポーツをすることや見ることは人々を幸せに，そして前向きにしてくれるのです。

スタディ

4 **He has won many world championships.**

wonはwinの過去分詞で，「…したことがある」と経験を表す現在完了形の文です。

7 **However, Mr. Kunieda says, "Sometimes people say playing tennis in a wheelchair is amazing.**

文頭のhoweverは「しかしながら」という意味の接続詞です。前の文と逆のことを言うときに使います。people sayのあとには接続詞のthatが省略されています。playing tennis in a wheelchair「車いすに座ってテニスをすること」がthat以下の文の主語になっていることに注意しましょう。

8 **It makes me uncomfortable.**

「make＋(代)名詞＋形容詞」は「(人・もの)を…の状態にする」という意味です。「私を心地よくない気持ちにさせる」となります。文頭のitは前文の「車いすに座ってテニスをするなんてすごいと言う人がいる」という内容を指しています。

13 **Smiles keep me positive.**

「keep＋人・もの＋形容詞[副詞]」は「(人・もの)を…の状態にしておく」を表します。「私を前向きでいさせる」という意味になります。

15 **These two players remind us of the power of sports.**

remind＋人＋of ... は「(人)に…を思い出させる，気づかせる」という意味です。

教科書 ➔ p.12

Playing sports **makes** me happy.

make＋(代)名詞＋形容詞
「…(名詞)を～(形容詞)の状態にする」という意味になる。

Practice 例 Playing sports makes me happy.

朝美はバドミントン部で感じていることについて話しています。

① practice / us / tired

② big matches / me / nervous

③ winning a match / me / very happy

どんなものやどんなことによって自分がうれしい気持ちになるかを表す文を言い，ノートに書きましょう。

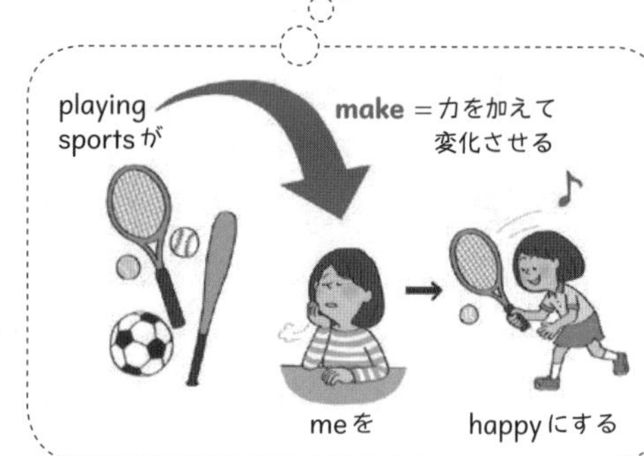

書いて覚えよう

4 彼はたくさんの世界選手権で優勝しています。

8 私はそれを聞いていい気分はしないんです。

13 笑顔は私を前向きでいさせてくれるんです。

15 これらの２人の選手は私たちにスポーツの力というものに気づかせてくれます。

ビジュアルスタディ

Playing sports **makes** me happy. （スポーツをすることは私を幸せにします。）

「する」「…を」「～の状態に」→「スポーツをすることで私は幸せになります」

●「…を～にする」→「 make＋(代)名詞＋形容詞」

make me happyは「私を幸せにする」という意味です。makeはあとに「(代)名詞(meなど)＋形容詞(happyなど)」がくると，「…（名詞）を～（形容詞）の状態にする」という意味になります。

Practice

ヒント 例は「スポーツをすることは私を幸せにします」の意味です。

解答例 ① Practice makes us tired.
(練習は私たちを疲れさせます。)

② Big matches make me nervous.
(大きな試合は私を緊張させます。)

③ Winning a match makes me very happy.
(試合に勝つことは私をとても幸せにします。)

ヒント 動名詞を主語とする場合は，単数扱いなので，動詞に-sをつけましょう。

解答例 Watching soccer matches makes me excited.
(サッカーの試合を見ることは私をわくわくした気分にします。)

教科書 ➔ p.13

Round 1 Get the Gist 概要をつかもう

本文に書かれている順に，（　）に番号を書きましょう。

解答 Ⓐ 国枝慎吾さんの紹介 （ 2 ）　Ⓑ 上地結衣さんの紹介 （ 3 ）
Ⓒ 車いすテニスとは （ 1 ）　Ⓓ スポーツの力 （ 4 ）

Round 2 Focus on the Details 詳細をおさえよう

下の表の＿＿に適切な語句を入れて，情報を整理しましょう。

	Kunieda Shingo	Kamiji Yui
What did they do?	won ＿＿＿＿ ＿＿＿＿	became ＿＿＿＿ ＿＿＿＿
What did they say?	feels ＿＿＿＿ when people say ＿＿＿＿ ＿＿＿＿	wants to ＿＿＿＿ because it keeps her ＿＿＿＿

Round 3 Think and Express Yourself 自分なりの考えを表現しよう

1 本文7行めのIt makes me uncomfortable. について，なぜ国枝さんはこのように感じるのだと思いますか。日本語で説明しましょう。

2 朝美の発表の最後にある ... playing and watching them (= sports) makes people happy and positive. という文について，自分はどう思うか，例 にならって理由を添えて発表しましょう。

例1 I think so, too, because I feel happy when I play soccer.

例2 I don't think so. I feel very sad when I can't play well.

Round 1

ヒント Ⓐは本書p.30の本文**3**，Ⓑは本文**10**，Ⓒは本文**1**，Ⓓは本文**15**を参考にしましょう。

Round 2

ヒント 表の最初の質問は「彼らは何をしましたか」という意味です。「国枝慎吾さんは(　　　　)を勝ち取りました」，「上地結衣さんは(　　　　)になりました」という文の空欄に入る語を問われています。国枝さんの文は，本書p.30の本文**4**を参考にしましょう。上地さんの文は，本文**11**を参考にしましょう。

表の次の質問は「彼らは何を言いましたか」という意味です。「国枝慎吾さんは人々が(　　　　)と言うときに(　　　　)と感じる」，「上地結衣さんはそれは彼女を(　　　　)にするので，(　　　　)したい」という文の空欄に入る語を問われています。国枝さんの文は，本文**7**と**8**を参考にしましょう。上地さんの文は，本文**12**と**13**を参考にしましょう。

解答例

	Kunieda Shingo（国枝慎吾）	Kamiji Yui（上地結衣）
What did they do? (彼らは何をしましたか。)	Kunieda Shingo has won many world championships. (国枝慎吾さんはたくさんの世界選手権で優勝しています。)	Kamiji Yui became the youngest Grand Slam winner in 2014. (上地結衣さんは2014年に最年少グランドスラム優勝者となりました。)
What did they say? (彼らは何を言いましたか。)	Kunieda Shingo feels uncomfortable when people say playing tennis in a wheelchair is amazing. (国枝慎吾さんは人々が車いすに座ってテニスをするなんてすごいと言うときにいい気分がしません。)	Kamiji Yui wants to keep smiling because it keeps her positive. (上地結衣さんは笑顔は彼女を前向きでいさせてくれるので，笑顔を保ち続けたいと思っています。)

Round 3

1 **ヒント** It makes me uncomfortable.は「そのことは私を心地よくない気持ちにさせます」という意味です。この「そのこと」は前の文の「人々が車いすに座ってテニスをするなんてすごいと言うこと」を指しています。本書p.30の本文**9**を参考にしましょう。

解答例 国枝さんはほかの人々と同じようにテニスをしているだけで，特別なことではないと感じているからです。

2 **ヒント** 発表の最後の文は「スポーツはだれもが楽しむことができ，スポーツをすることや見ることは人々を幸せに，そして前向きにしてくれるのです」という意味です。例1は「私はサッカーをするとき幸せだと感じるので，私もそう思います」という意味です。例2は「そうは思いません。私は上手にプレーできないときにとても悲しい気持ちになります」という意味です。

解答例 I think so, too, because I feel happy when I watch baseball games on TV.
(私はテレビで野球を見るときに幸せだと感じるので，私もそう思います。)

教科書 → p.14

発表を終えた朝美に，戸田先生が英字新聞の記事を見せてくれました。

[?] What is supporting athletes around the world?

New Words

- possible [pásəbl]
- establish(ed) [istǽbliʃ(t)]
- user [júːzər]
- satisfy, satisfied [sǽtisfài(d)]
- ordinary [ɔ́ːrdənèri]
- custom-made [kʌ́stəmméid]
- sporty, sportier [spɔ́ːrti, spɔ́ːrtiər]
- functional [fʌ́ŋkʃənl]
- stylish [stáiliʃ]
- **opinion(s)** [əpínjən(z)]
- **support(ing)** [səpɔ́ːrt(iŋ)]
- *be satisfied with*
- *more and more*

1 Technology Makes Sports Possible for Everyone

2 There is a special wheelchair company in Chiba, Japan. 3 It was established by Ishii Shigeyuki. 4 He himself was a wheelchair user, and was not satisfied with ordinary types. 5 So he decided to design custom-made wheelchairs. 6 They were lighter, stronger, and sportier. 7 Kunieda Shingo and Kamiji Yui use his company's wheelchairs in their matches. 8 These athletes show the world that wheelchairs can be functional and stylish.

9 Athletes tell the company that wheelchairs are like part of their bodies. 10 So the staff members listen carefully to their opinions. 11 They use technology to make the best wheelchair for each athlete. 12 Technology is supporting more and more athletes around the world.

[113 words]

New Words

possible	[pásəbl パスィブる]	形 (物事が)可能な，できる
establish(ed)	[istǽbliʃ(t) イスタぁブリッシ(ト)]	動 …を設立する
user	[júːzər ユーザ]	名 使用[利用]者，ユーザー
satisfy, satisfied	[sǽtisfài(d) サぁティスふァイ(ド)]	動 …を満足させる
ordinary	[ɔ́ːrdənèri オーディネリ]	形 ふつうの
custom-made	[kʌ́stəmméid カスタムメイド]	形 注文で作った
sporty, sportier	[spɔ́ːrti(ər) スポーティ(ア)]	形 スポーティーな，走りの軽快な
functional	[fʌ́ŋkʃənl ふァンクショヌる]	形 実用的な
stylish	[stáiliʃ スタイリッシ]	形 おしゃれな，センスのよい
opinion(s)	[əpínjən(z) オピニョン(ズ)]	名 意見，考え
support(ing)	[səpɔ́ːrt(iŋ) サポート(サポーティング)]	動 …を支援する，応援する
be satisfied with		…に満足する

本文の内容

? 世界中の選手たちを支えているのは何ですか。

1 技術はだれもがスポーツをすることを可能にする

2 日本の千葉に特殊な車いすの会社があります。3 会社は石井重行さんにより設立されました。4 彼自身車いす利用者で，通常タイプの車いすには満足していませんでした。5 そこで特注の車いすを設計することにしました。6 それらはより軽く，より強く，そしてよりスポーティーなものでした。7 国枝慎吾や上地結衣は試合で彼の会社の車いすを使っています。8 こうした選手たちは，車いすは実用的でおしゃれでありうるということを世界に示しています。

9 選手たちは，車いすは自分たちの体の一部のようなものであると会社に話しています。10 そのためスタッフたちは彼らの意見にしっかりと耳を傾けます。11 彼らは各選手にとっての最高の車いすを作るために，技術を駆使します。12 技術は世界中のますます多くの選手たちを支えています。

スタディ

4 He himself was a wheelchair user, and was not satisfied with ordinary types.

be satisfied with ... で「…に満足している」という意味です。「通常タイプの車いすに満足していなかった」となります。

8 These athletes show the world that wheelchairs can be functional and stylish.

「show + 人 + that節」で「(人)に…ということを見せる，示す」を表します。この文では「人」にあたるものがthe worldです。the worldは「世界」，「世界中の人々」を表します。functionalは「実用的な」，stylishは「おしゃれな」という意味の形容詞です。

9 Athletes tell the company that wheelchairs are like part of their bodies.

「tell + 人 + that節」で「(人)に…だと話す，教える」を表します。likeは「～のような」という意味の前置詞です。

12 Technology is supporting more and more athletes around the world.

more and moreで「ますます(多くの)」を表します。

more and more		ますます(多くの)
*himself	[himsélf ヒムセるふ]	代 彼自身，自ら
*decide to		…しようと決心する
*design	[dizáin ディザイン]	動 …を設計する
*and	[ǽnd アンド；(弱く言うとき) ənd アン(ド)]	接 [同じ語をandで結んで]ますます

教科書 ➔ p.14

Athletes show us great performances.
Athletes show us **that** anything is possible.

SVOO（that節）
「(人)に(～ということ)を…する」という意味になる。前の動詞は，show, tell, teachなどがよく使われる。

Practice 例 Athletes show us that anything is possible.

朝美はジョシュに戸田先生が見せてくれた記事を紹介しました。(　　)の語句を並べかえて文を完成しましょう。

① Mr. Toda (told / Asami / she should read the article / that).

② Asami (that / told / the article was interesting / Josh).

③ The article (technology is important / that / them / shows).

家族やクラスメート，先生によく言われることを，... often tell(s) me that ～. という形で言い，ノートに書きましょう。

書いて覚えよう

4 彼自身車いす利用者で，通常タイプの車いすには満足していませんでした。

6 それらはより軽く，より強く，そしてよりスポーティーなものでした。

8 こうした選手たちは，車いすは実用的でおしゃれでありうるということを世界に示しています。

9 選手たちは，車いすは自分たちの体の一部のようなものであると会社に話しています。

12 技術は世界中のますます多くの選手たちを支えています。

ビジュアルスタディ

Athletes **show** us great performances .
人 もの

（アスリートたちは私たちにすばらしい演技を見せてくれます。）

Athletes **show** us **that** anything is possible .
人 that節「～ということ」

（アスリートたちはどんなことも可能だと私たちに示してくれます。）

「**show＋人＋もの**」で「**(人)に(もの)を見せる**」という意味になります。この文は「show＋(もの)＋to＋(人)」で書きかえることができます。

「**show＋人＋that節**」で「**(人)に…ということを見せる，示す**」という意味になります。thatは「…ということ」という意味の接続詞で後ろに「主語＋動詞～」が続きます。この接続詞thatは省略されることがあります。

showのほかにも **tell**「**(人)に…だと話す，教える**」, **teach**「**(人)に…だと教える**」などでこの形がよく使われます。

Practice

ヒント 例は「アスリートたちはどんなことも可能だと私たちに示してくれます」の意味です。

解答例 ① Mr. Toda told Asami that she should read the article.
(戸田先生は朝美にその記事を読むべきだと言いました。)

② Asami told Josh that the article was interesting.
(朝美はジョシュにその記事はおもしろいと言いました。)

③ The article shows them that technology is important.
(その記事は彼らに技術は重要だということを示しています。)

ヒント 主語を単数とする場合は動詞tellに-sをつけましょう。

解答例 My mother often tells me that I should clean my room.
(私の母はよく私に部屋をそうじすべきだと言います。)

教科書 ➔ p.15

●レース用車いす

フレーム
軽さと強さを両立するアルミ合金やカーボン製が主流。

シートフレーム
前傾姿勢で乗車。選手の身体状況や好みに合わせて形を変える。

ハンドリム
専用のグローブで押しつけるように回して動かす。

トラックバー
ハンドルを切ったまま固定可能。曲がるときも両手でこぎ続けられる。

後輪
体に当たりにくく腕が動かしやすい「ハの字」形についている。

Round 1 Get the Gist

解答 この記事のテーマをⒶ～Ⓒから1つ選びましょう。 (Ⓑ)

Ⓐ wheelchair tennis

Ⓑ technology for sports

Ⓒ opinions of athletes

Round 2 Focus on the Details

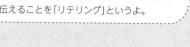

本文を読んで，次の質問に答えましょう。

① Why did Ishii Shigeyuki decide to design custom-made wheelchairs?

② Who uses his company's wheelchairs?

③ What do athletes tell the company?

Round 3 Think and Express Yourself 

1 本文の内容を4文程度でリテリングしましょう。各文の始まりは，以下を参考にしてもかまいません。

① There is ....

② The company's wheelchairs are ....

③ The company listens ....

④ It uses technology to ....

文章の内容などを，もう一度(別の言い方で)伝えることを「リテリング」というよ。

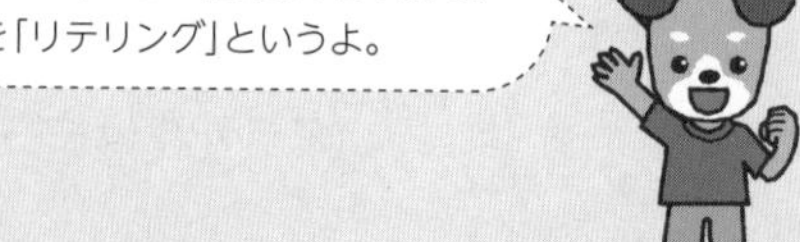

2 この記事から学んだことを，下の文の____にまとめて，発表しましょう。

This article told me that ________________________.

What does the title "Sports for Everyone" mean?
(タイトルの「すべての人のためのスポーツ」は何を意味していますか。)

Do you think this idea is important? If "yes," why?
(あなたはこの意見が重要だと思いますか。もし「はい」なら，なぜですか?)

例 "Sports for Everyone" means that .... I think this idea is important because ....
(「全ての人のためのスポーツ」は…ということを意味しています。私は…なのでこの意見は重要だと思います。)

Round 1

ヒント Ⓐは「車いすテニス」，Ⓑは「スポーツのための技術」，Ⓒは「アスリートたちの意見」という意味です。本文のタイトル Technology Makes Sports Possible for Everyone「技術はだれもがスポーツをすることを可能にする」を参考にしましょう。

Round 2

ヒント ①は「なぜ石井重行さんは特注の車いすを設計することにしたのですか」という意味です。本書p.36の本文**4**を参考にしましょう。②は「だれが彼の会社の車いすを使っていますか」という意味です。本文**7**を参考にしましょう。③は「アスリートたちは会社に何と話していますか」という意味です。本文**9**を参考にしましょう。

解答例 ① Because he was not satisfied with ordinary types.
(なぜなら彼は通常タイプの車いすに満足していなかったからです。)

② Kunieda Shingo and Kamiji Yui do. (国枝慎吾さんや上地結衣さんです。)

③ They tell the company that wheelchairs are like part of their bodies.
(彼らは車いすは彼らの体の一部のようなものであると会社に話しています。)

Round 3

1 ヒント 各文の始まりは，①「…がある」，②「その会社の車いすは…」，③「その会社は…を聞きます」，④「それは…のために技術を使います」という意味です。①は本書p.36の本文**2**，②は本文**7**，③は本文**10**，④は本文**11**を参考にしましょう。

解答例 ① There is a special wheelchair company in Chiba, Japan.
(日本の千葉に特殊な車いすの会社があります。)

② The company's wheelchairs are used by Kunieda Shingo and Kamiji Yui.
(その会社の車いすは国枝慎吾さんや上地結衣さんによって使われています。)

③ The company listens carefully to the athletes' opinions.
(その会社はアスリートたちの意見にしっかり耳を傾けます。)

④ It uses technology to make the best wheelchair for each athlete.
(それは各選手にとっての最高の車いすを作るために技術を駆使しています。)

2 ヒント 英文は，「この記事は私に…ということを教えてくれました」という意味です。

解答例 This article told me that technology is supporting more and more athletes around the world.
(この記事は私に技術が世界中のますます多くの選手たちを支えているということを教えてくれました。)

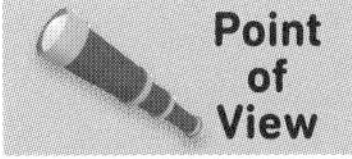

ヒント 英文と例の意味は左ページの通りです。

解答例 "Sports for Everyone" means that everyone can enjoy sports. I think this idea is important because playing and watching them makes people happy.
(「全ての人のためのスポーツ」は，全ての人がスポーツを楽しむことができることを意味しています。私は，スポーツをすることや見ることで人々は幸せになるので，この意見は重要だと思います。)

教科書➔p.16

ぴったりのおもてなしプラン

3人の外国人中学生が夏休みに日本に遊びに来ることになりました。日本滞在(たいざい)中に楽しんでもらうために，どこに案内してあげたらよいでしょうか。彼(かれ)らの話をよく聞いて，ぴったりのプランを考えましょう。

STEP 1 情報を聞き取ろう

3人の自己紹介メッセージを聞いて，下の表に情報をメモしましょう。

名前	① レイチェル (Rachel)	② パウロ (Paulo)	③ バータル (Baatar)
出身国			
来日回数			
してみたいこと・興味のあること			

STEP 2 案内するプランを考えよう

3人のうち1人を選び，その人を案内するプランを考えましょう。まず，その人が「何と言ったか」をまとめ，次に「いっしょにどこへ行きたいか」を考えて，例 にならってグループ内で発表して確認しましょう。

例 Rachel told us that she has never been to .... So I want to go to ... with her. It will make her happy.

STEP 3 プランをメールで知らせよう

STEP 2で考えたプランについて，相手にメールで知らせることにします。発表した内容をもとに，次のメールを完成しましょう。★の空欄(くうらん)には，そのほかに日本でのおすすめのもの・ことや，メッセージなどを自由に入れましょう。

Hello, ____________.

Thank you for your message.

You told us that ____________________.

So I want to ____________________.

How do you like this plan?

★ ____________________

Bye for now,

____

★の例 Have you ever tried *okonomiyaki*? If you like, I can take you to my favorite *okonomiyaki* restaurant.

Unit 1

題材 障がい者スポーツについての理解を深め，人々を結びつけるスポーツの力について考える。

活動 これまでに経験したことにもとづいて，相手に合ったプランを伝えることができる。

STEP 2

ヒント 例は「レイチェルは私たちに…に一度も行ったことがないと話しました。だから私は…に彼女といっしょに行きたいです。それは彼女を幸せにするでしょう」という意味です。

解答例 Rachel told us that she is interested in old Japanese temples or shrines. So I want to visit them with her. It will make her happy.
(レイチェルは私たちに日本の古い寺や神社に興味があると言いました。だから私は彼女といっしょにそれらを訪れたいです。それは彼女を幸せにするでしょう。)
Paulo told us that he has never climbed Mt.Fuji. So I want to climb it with him. It will make him happy.
(パウロは私たちに富士山に一度も登ったことがないと話しました。だから私は彼といっしょにそれに登りたいです。それは彼を幸せにするでしょう。)
Baatar told us that he has never been to Japan. So I want to go and swim in the sea in Japan with him. It will make him happy.
(バータルは私たちに日本に一度も行ったことがないと話しました。だから私は彼といっしょに日本の海に行って泳ぎたいです。それは彼を幸せにするでしょう。)

STEP 3

ヒント 例の意味は次の通りです。
こんにちは，(　　　　　)。メッセージをありがとう。あなたは私たちに(　　　　　)と言いました。だから私は(　　　　　)したいです。この計画はどうですか。(★　　　　　)それじゃあね，(　　　　　)。
★の例は「お好み焼きを試したことはありますか。もしよければ，私がいちばん好きなお好み焼き屋に連れていくことができます」という意味です。

解答例 Hello, Rachel. Thank you for your message. You told us that you are interested in old Japanese temples or shrines. So I want to visit them with you. How do you like this plan? Have you ever tried sushi? If you like, I can take you to my favorite sushi restaurant. Bye for now, Rie
(こんにちは，レイチェル。メッセージをありがとう。あなたは私たちに古い日本の寺や神社に興味があると言いました。だから私はあなたといっしょにそれらを訪れたいです。この計画はどうですか。あなたはすしを試したことはありますか。もしよければ，私がいちばん好きなすし屋に連れていくことができます。それじゃあね，理恵)

教科書 ➔ p.17

Let's Write 1

有名人への手紙 —ファンレター—

CAN-DO 気持ちを伝えるために，表現方法を工夫しながらファンレターを書くことができる。☑

世界中で人気の歌手，ジャスティン・タイム(Justin Thyme)に夢中の朝美は，思いきって彼の事務所にあてて英語のファンレターを書くことにしました。

STEP 1

朝美はファンレターで，特にどんなところが好きだと相手に伝えていますか。

日付	April 30, 2023
はじめのあいさつ	Dear Justin,
Introduction ・自己紹介	My name is Asami. I am a junior high school student in Japan, and I am a big fan of yours.
Body ・感想 ・好きな理由 ・質問	I have not been to any of your concerts, but I always catch your performances on TV. Your last performance was really awesome. I especially love the words of your songs. "Bright Horizons" always makes me hopeful. So, I have a question, Justin. When you face a difficult challenge, how do you get over it? Please write me back if you have time. It will make me super happy!
Conclusion ・最後のメッセージ	When you come to Japan next time, I hope to be in the audience.
終わりのあいさつ	All the best,
名前	Saito Asami

[114 words]

STEP 2

朝美のファンレターを読み直して，次のような表現・文を見つけましょう。

・気持ちなどを強調する表現

例 Your last performance was really awesome.

・ものを主語にした文

例 "Bright Horizons" always makes me hopeful.

I（私）が主語の文ばかり続けずに，ものを主語にした文もまじえると，表現の豊かな文章になるよ。

ヒント　本文のI especially love the words of your songs.の部分に注目しましょう。

解答例　歌の歌詞が特に好きだと伝えている。

英文の意味

2023年4月30日

ジャスティン様

　私の名前は朝美といいます。私は日本の中学生で，あなたの大ファンです。

　あなたのコンサートには行ったことがないのですが，あなたのパフォーマンスはテレビでいつも見ています。この前のパフォーマンスは本当にすばらしかった。私は特にあなたの歌の歌詞が大好きです。「明るい地平線」はいつも私に希望を抱かせてくれます。

　そこでジャスティン，あなたに質問があります。あなたは困難に直面したとき，どのようにしてそれを乗り越えますか。もしお時間があったらどうかお返事をください。お返事をもらえたらものすごく幸せです！

　次に来日するときには，私も観客の中にいたいです。

万事うまくいきますように，

斉藤朝美

STEP 2

ヒント　最初の例は「あなたのこの前のパフォーマンスは本当にすばらしかったです」という意味です。2番めの例は「『明るい地平線』はいつも私に希望を抱かせてくれます」という意味です。

解答例
・気持ちなどを強調する表現

I am a big fan of yours.　(私はあなたの大ファンです。)

I especially love the words of your songs.
(私は特にあなたの歌の歌詞が大好きです。)

It will make me super happy!　(お返事をもらえたらものすごく幸せです！)

・ものを主語にした文

Your last performance was really awesome.
(この前のパフォーマンスは本当にすばらしかったです。)

教科書 ➔ p.17

New Words

- awesome [ɔ́:səm]
- **bright** [bráit]
- horizon(s) [həráizn(z)]
- hopeful [hóupfl]
- challenge [tʃǽlindʒ]
- **super** [sú:pər]
- audience [ɔ́:diəns]

Justin Thyme [dʒʌ́stin táim] ジャスティン・タイム [人名]

- *get over*
- *write ... back*
- *All the best,*

STEP 3

STEP 1にならい，大好きな人やあこがれの有名人にあてて，ファンレターを書きましょう。

●ほめる・感想を伝える

Your songs always make me happy.
あなたの歌を聞くといつもうれしくなります。

I was impressed with your performance.
あなたの演奏[演技，プレー]に感動しました。

I have never heard such a beautiful song before.
こんなに美しい歌は聞いたことがありません。

●質問する

When did you start singing?
いつ歌うことを始めましたか。

How did you feel when you won the award?
賞をとったとき，どう感じましたか。

What is your motto?
あなたのモットーは何ですか。

New Words

awesome	[ɔ́:səm **オーサム**]	形 すばらしい，最高の
bright	[bráit **ブライト**]	形 明るい
horizon(s)	[həráizn(z) **ホライズン(ズ)**]	名 地平線，水平線
hopeful	[hóupfl **ホウプふる**]	形 希望を持っている
challenge	[tʃǽlindʒ **チぁれンヂ**]	名 難問
super	[sú:pər **スーパ**]	副 とても，すごく
audience	[ɔ́:diəns **オーディエンス**]	名 聴衆，観客
get over		…を乗りこえる
write ... back		…に手紙の返事を書く
All the best,		万事うまくいきますように[手紙などの結びの言葉]
*yours	[júərz **ユアズ**]	代 [... of yoursで]あなた(たち)の
*any	[éni **エニ**]	代 どれも(…ない)
*catch	[kǽtʃ **キぁッチ**]	動 …を見逃さずに見る[聞く]
*over	[óuvər **オウヴァ**]	前 …をこえて，…の向こう側に
*hope to		…したいと思う

ヒント Tool Boxを有効に活用しましょう。

解答例

April 27, 2023

Dear Mikel,

My name is Rie. I am a junior high school student in Japan, and I am a big fan of yours.

I watched your performance on TV last night. I was really impressed with it. I have never heard such a beautiful song before. I especially love the words of your songs. They always make me happy.

So, I have a question, Mikel. When did you start singing? I'm practicing it but I cannot sing well. Please write me back if you have time. It will make me super happy!

When you come to Japan next time, I hope to be in the audience.

All the best,
Tanaka Rie

英文の意味

2023年4月27日

マイケル様

私の名前は理恵といいます。私は日本の中学生で，あなたの大ファンです。

昨夜私はテレビであなたの演奏を見ました。私はそれにとても感動しました。こんなに美しい歌は一度も聞いたことがありません。私は特にあなたの歌の歌詞が大好きです。あなたの歌を聞くといつもうれしくなります。

そこでマイケル，あなたに質問があります。いつ歌うことを始めましたか。私は歌を練習していますが，上手に歌えません。もしお時間があったらどうかお返事をください。お返事をもらえたらものすごく幸せです！

次に来日するときには，私も観客の中にいたいです。

万事うまくいきますように，
田中理恵

定期テスト対策 ❶ （Unit 0・1）

1　次の日本語は英語に，英語は日本語にしなさい。

(1) 事実 ＿＿＿＿＿＿　(2) 試合 ＿＿＿＿＿＿

(3) インターネット ＿＿＿＿＿＿　(4) 意見 ＿＿＿＿＿＿

(5) increase (　　　　)　(6) believe (　　　　)

(7) apply (　　　　)　(8) bright (　　　　)

2　次の日本文に合う英文になるように，＿＿に適する語を書きなさい。

(1) 今日ますます多くの人々がペットを飼っています。
＿＿＿＿ and ＿＿＿＿ people have pets today.

(2) 私の父は彼の新しい車に満足しています。
My father is ＿＿＿＿ ＿＿＿＿ his new car.

(3) あなたはどのようにその問題を乗りこえましたか。
How did you ＿＿＿＿ ＿＿＿＿ the problem?

(4) 私はテレビでそのニュースを見ました。
I watched the news ＿＿＿＿ ＿＿＿＿.

3　次の文を，(　　)内の指示に従って書きかえなさい。

(1) Ken painted this picture.（this pictureを主語にして，「～された」という文に）
This picture ＿＿＿＿ ＿＿＿＿ by Ken.

(2) I read the book last night.（「以前…したことがある」という文に）
I ＿＿＿＿ ＿＿＿＿ the book before.

(3) My grandmother has used a computer.（「一度も…したことがありません」という文に）
My grandmother ＿＿＿＿ ＿＿＿＿ ＿＿＿＿ a computer.

(4) Did Ms. Yamada visit Hokkaido last year?
（「これまでに…したことがありますか」という文に）
＿＿＿＿ Ms. Yamada ＿＿＿＿ ＿＿＿＿ Hokkaido?

(5) When Shota watches this movie, he is sad.（ほぼ同じ意味の文に）
This movie ＿＿＿＿ ＿＿＿＿ ＿＿＿＿.

4　次の英文を日本文になおしなさい。

(1) This event made Sam famous.
(　　　　　　　　　　)

(2) Taro told me that he wants to be a soccer player.
(　　　　　　　　　　)

(3) I have been to Italy twice.
(　　　　　　　　　　)

5　日本文に合う英文になるように，(　　)内の語(句)を並べかえなさい。

(1)　私たちはパーティーに招待されていません。
(not / the party / are / to / we / invited / .)

____

(2)　これらのクッキーはケイコによって作られたのですか。
(cookies / made / Keiko / by / were / these / ?)

____

(3)　彼の歌は将来，人々を幸せにするでしょう。
(his / will / people / songs / make / happy) in the future.

__________________________________ in the future.

6　次の英文を読んで，あとの問いに答えなさい。

Wheelchair tennis is an exciting Paralympic sport. Japan has some really famous players.

One example is Kunieda Shingo. He has won many world championships. I watched some videos of his matches. I was amazed at his power and speed. However, Mr. Kunieda says, "Sometimes people say playing tennis in a wheelchair is amazing. ①It makes me uncomfortable. We're playing tennis just like other people."

Another well-known player is Kamiji Yui. She became the youngest Grand Slam winner in 2014. She once said, "I want to keep smiling when I play. Smiles keep me positive." Her smiles keep us positive, too.

These two players remind us of the power of sports. Everyone can enjoy sports, and ②playing and watching them makes people happy and positive.

(1)　下線部①のItは何を指しますか。英語で答えなさい。

____

(2)　下線部②の英文を日本文になおしなさい。
(　　　　　　　　　　　　　　　　　　　　　　　　　　)

(3)　本文の内容に合うものを次の**ア**～**エ**から2つ選び，記号で答えなさい。　(　　　)(　　　)

ア　日本には有名なパラリンピック選手があまりいない。
イ　国枝慎吾さんは一度も優勝したことがない。
ウ　上地結衣さんは有名な車いすテニスの選手の1人だ。
エ　上地結衣さんは笑顔が彼女を前向きでいさせてくれると言っている。

(4)　本文の内容に合うように，次の問いに英語で答えなさい。
What do the two players remind us of? ____________________

教科書 → p.19

Unit 2

Haiku in English

国語

題材 海外でも愛される日本の伝統文化の魅力を知り，言語や文化のちがいについて考える。
活動 ずっと好きなことや，これまで取り組んできたことについて伝え合うことができる。

1 These are translations of two famous haiku. Do you know the original haiku in Japanese?

2 The old pond
A frog jumps in
The sound of water

3 Late autumn
What is my neighbor doing?
I wonder

4 **What makes haiku attractive to people around the world?**

Preview

教科書 ➔ p.20

目的 場面 状況

土曜日，図書館のフリースペースにいる朝美(あさみ)のところに，ジョシュがやってきます。対話を聞いて，わかったことを伝え合いましょう。

わかったこと 解答例

朝美はどのくらいの間
ここにいるのかな。

朝美は英語の宿題をしている。朝美はまだ宿題を終えていない。

朝美は図書館に3時間いる。朝美は英語で俳句を書いている。

朝美は俳句を15句作った。朝美は俳句を書くのがとても好きだ。

本文の内容

1 これらは2つの有名な俳句の翻訳です。あなたは日本語のもとの俳句を知っていますか。

2 古い池／カエルが飛びこむ／水の音

3 晩秋／隣人は何をしている／のかなあ

4 何が俳句を世界中の人々にとって魅力的なものとしているのでしょうか。

教科書 ➜ p.21

週末，英語の授業の宿題について，メグと海斗（かいと）がメッセージをおくり合っています。

? Has Kaito finished his English homework yet?

[1] From Meg, on Saturday evening

[2] Hey. [3] I've finished my English homework. [4] Have you finished yours yet（イエット）? [5] I can't wait to read everyone's haiku.

- yet [jét]
- read [réd] (⇐ read)
- sleep(ing) [slíːp(iŋ)]
- already [ɔːlrédi]

[e] yet read

[6] From Kaito, on Sunday morning

[7] Hi. [8] I've just read（レッド） your message. [9] I was sleeping（スリーピング） when it came. [10] I haven't finished my homework yet. [11] I tried last night, but it's difficult to write haiku in English.

[58 words]

New Words

yet	[jét **イエット**]	副 [疑問文で] もう，すでに
read	[réd **レッド**]	動 [readの過去分詞]
sleep(ing)	[slíːp(iŋ) **スリープ**(**スリーピング**)]	動 眠る，寝ている
already	[ɔːlrédi オーる**レ**ディ]	副 すでに，もう
*just	[dʒʌ́st **チャスト**; (弱く言うとき) dʒəst チャスト]	副 たった今
*yet	[jét **イエット**]	副 [否定文で] まだ，今のところは

本文の内容

? 海斗はもう英語の宿題を終えていますか。

1 土曜日の夜，メグより

2 ねえ。3 英語の宿題が終わったんだけど。
4 あなたはもう終わった？
5 みんなの俳句を読むのが待ちきれないな。

6 日曜日の朝，海斗より

7 やあ。8 君からのメッセージを今読んだところなんだ。
9 それが届いたときには寝ていたから。
10 僕の宿題はまだ終わってないよ。
11 昨夜挑戦してみたけど，英語で俳句を書くのは難しいよ。

スタディ

3 I've finished my English homework.

I'veはI haveの短縮形です。「have＋過去分詞」を現在完了形といいます。現在完了形にはいくつかの用法がありますが，その1つがこの文のように「…したところです」という完了を表す用法です。

4 Have you finished yours yet?

文頭がhaveで始まっており，文の最後にyetがあることから，「もう…しましたか」という現在完了の完了用法の疑問文です。現在完了の疑問文のyetは「もう」を表します。

8 I've just read your message.

read [réd]はread [riːd]（…を読む）の過去分詞です。この文は，「have＋過去分詞」の現在完了形の文です。just（たった今）があることから，「…したところです」という完了を表す用法です。過去分詞read [réd]は，yet [jét]のeと同じ発音です。

10 I haven't finished my homework yet.

haven'tはhave notの短縮形です。「have not＋過去分詞」の現在完了形の否定文です。文末にyetがあることから，「まだ…していません」という現在完了形の完了用法です。現在完了の否定文のyetは「まだ」を表します。

11 I tried last night, but it's difficult to write haiku in English.

itは形式上の主語で，to write haiku in English「英語で俳句を書くこと」を指しています。

教科書 ➔ p.21

I have just **finished** my homework.

Have you **finished** your homework yet?

— Yes, I **have**. I **have** already **finished** it.

(already: オーるレディ)

現在完了形(完了用法)
「…したところです」という意味。肯定文では just や already, 疑問・否定文では yet をよく使う。

Practice 例 Have you finished your homework yet?
— Yes, I have. [No, I haven't. I haven't finished it yet.]

下のリストは，メグの「今週末にやることリスト」です。終わったことには✔がついています。メグと母になったつもりで対話をしましょう。

To do this weekend

- 例 ☑ finish my homework
- ① ☑ wash my shoes
- ② ☑ clean my room
- ③ ☐ buy a new notebook

今週の予定を整理するために，まだ終わっていないことを言い，ノートに書きましょう。

書いて覚えよう

3 英語の宿題が終わったんだけど。

____

____

4 あなたはもう終わった？

____

____

8 君からのメッセージを今読んだところなんだ。

____

____

ビジュアルスタディ

I **have** just finished my homework.
have 過去分詞 (私はちょうど宿題を終えたところです。)

Have you **finished** your homework yet?

(あなたはもう宿題を終えましたか。)

── Yes, I **have**. I **have** already **finished** it.

(―はい。私はすでにそれを終えました。)

●「(今) …し(終わっ)たところです」→「have [has] +過去分詞」

「…したところです」と過去に始まった動作が今終わったことを表すときは, **「have [has]+過去分詞」**の形を使います。これを現在完了形の完了用法といいます。**just**(たった今)や, **already** (すでに, もう)がよく使われます。

●疑問文と否定文

疑問文にするときは, have [has] を主語の前に出し, **yet** (もう)がよく使われます。否定文にするときは, have [has] のあとに not を置き, **yet** (まだ)がよく使われます。

Practice

ヒント 例は「あなたはもう宿題を終えましたか。―はい。[いいえ。私はまだそれをやり終えていません]」という意味です。

解答例 ① Have you washed your shoes yet? (あなたはもうくつを洗いましたか。)
—Yes, I have. (はい。)
② Have you cleaned your room yet? (あなたはもう部屋をそうじしましたか。)
—Yes, I have. (はい。)
③ Have you bought a new notebook yet?
(あなたはもう新しいノートを買いましたか。)
—No, I have not. I have not bought it yet.
(いいえ。私はまだそれを買っていません。)

ヒント 「まだ…していない」はI have not [haven't] ... yet.で表します。

解答例 I have not practiced the piano yet. (私はまだピアノを練習していません。)
I have not called my grandfather yet. (私はまだ祖父に電話をしていません。)

教科書 ➔ p.22

週明けの授業のあと，朝美が新しいALTのベーカー先生と話しています。

? How did Mr. Baker become interested in Japan?

Asami: 1 Mr. Baker, how long have you lived in Japan?

Mr. Baker: 2 For five years.

Asami: 3 What brought you here?

Mr. Baker: 4 Well, I learned about haiku when I was in elementary school. 5 It was very interesting, and I wanted to learn more about Japan.

Asami: 6 Really! 7 That's great. 8 Who's your favorite haiku poet?

Mr. Baker: 9 Basho. 10 I've been a big fan since I first read his haiku. 11 His images of Japan made me curious.

[66 words]

New Words

- poet [póuit]
- **since** [síns]
- image(s) [ímidʒ(iz)]
- curious [kjúəriəs]
- Baker [béikər] ベーカー［姓］
- *How long ...?*

[i] image damage

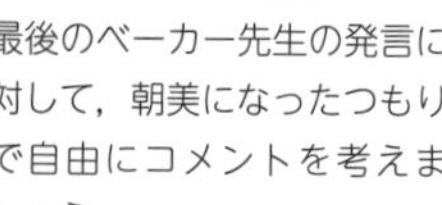

Plus One

最後のベーカー先生の発言に対して，朝美になったつもりで自由にコメントを考えましょう。

例 I see. Which one of Basho's haiku do you like the best?
（わかりました。どの芭蕉の俳句がいちばん好きですか。）

New Words

poet	[póuit ポウエット]	名 詩人
since	[síns スィンス]	前 接 …（して）以来
image(s)	[ímidʒ(iz) イメッヂ(ズ)]	名 像，肖像，印象
curious	[kjúəriəs キュ(ア)リアス]	形 好奇心の強い
How long ...?		どれくらい長く［長い］
*first	[fə́ːrst ふァ〜スト]	副 はじめて
*read	[réd レッド]	動［readの過去形］

本文の内容

? ベーカー先生はどのようにして日本に興味を持つようになったのですか。

朝美：1 ベーカー先生は日本にどのくらい住んでいるのですか。
ベーカー先生：2 5年だよ。
朝美：3 なぜ日本に来たのですか。
ベーカー先生：4 ええと，私が小学生だったころに俳句について知ったんだ。
5 それはとても興味深くて，日本についてもっと知りたいと思ったんだ。
朝美：6 そうなんですか！
7 すごい。
8 先生のいちばん好きな俳人はだれですか。
ベーカー先生：9 芭蕉だよ。
10 初めて彼の句を読んだときから，ずっと大ファンなんだ。
11 日本についての彼のイメージに好奇心をそそられたんだ。

スタディ

1 Mr. Baker, how long have you lived in Japan?

how longは「どのくらい長く」と期間をたずねるときに使う疑問詞です。How longで文を始め，あとに現在完了形の疑問文を続けると「どのくらい長く…していますか」という意味になります。

2 For five years.

「How long have [has] + 主語 + 過去分詞 ...?」の疑問文には，for（…間）やsince（…（して）以来）を使って答えます。

3 What brought you here?

broughtはbringの過去形です。bringは，人やものを自分（話し相手）のいるところへ連れて［持って］くる動作を表します。直訳すると「何があなたをここ［日本］に連れてきたのですか」となります。

10 I've been a big fan since I first read his haiku.

beenはbe動詞の過去分詞です。「have + 過去分詞」の現在完了形の文です。since（…（して）以来）があることから，過去から現在まである状態が続いていることを表す現在完了形の継続用法「ずっと…している」の文であることがわかります。

教科書 ➔ p.22

I **have lived** in Japan for five years.
How long have you **lived** in Japan?
— For five years.

現在完了形(継続用法)
過去のある時から現在まである状態が続いていることを表す。あとにはfor ... やsince ... をよく使う。

Practice 例 How long have you lived in Japan? — For five years.

海斗もやってきて，朝美とベーカー先生と話しています。

① teach English in Japan / for three years

② have that dictionary / since I was in university

③ know each other / since the first year

ずっとほしいものやしたいことについて，どのくらいの間そう思っているかを言い，ノートに書きましょう。

書いて覚えよう

1 ベーカー先生は日本にどのくらい住んでいるのですか。

____

____

3 なぜ日本に来たのですか。

____

____

11 日本についての彼のイメージに好奇心をそそられたんだ。

____

____

ビジュアルスタディ

［過去］

I lived in Japan five years ago.
（私は5年前日本に住んでいました。）

［現在］

I live in Japan now.
（私は今日本に住んでいます。）

5年前　　　　今

［現在完了］

I **have lived** in Japan for five years.（私は5年間ずっと日本に住んでいます。）

How long have you **lived** in Japan?（あなたはどのくらい長く日本に住んでいますか。）

—— For five years.（5年間です。）

●「ずっと…している」→「have [has]＋過去分詞」

「ずっと…している」と，過去から現在，未来にかけてしばらく続く状態を表すときには，**「have [has]＋過去分詞」**の形を使います。この形を現在完了形の継続用法といいます。この形では，**for**（…の間（ずっと））や**since**（…（して）以来）をよく使います。fromは使わないので注意しましょう。

●期間をたずねる→How long ...?

「どのくらい長く」と期間をたずねるときは，How longで文をはじめ，あとに現在完了形の疑問文を続けます。この疑問文には，for（…の間）やsince（…（して）以来）を使って答えます。

Practice

ヒント 例は「あなたはどのくらい長く日本に住んでいますか。—5年間です」という意味です。

解答例
① How long have you taught English in Japan?
（あなたはどのくらい長く日本で英語を教えていますか。）
—For three years.（3年間です。）
② How long have you had that dictionary?
（あなたはどのくらい長くその辞書を持っていますか。）
—Since I was in university.（私が大学にいたころからです。）
③ How long have you known each other?
（あなたがたはたがいに知り合ってどのくらいですか。）
—Since the first year.（1年生のときからです。）

ヒント 期間を表す表現はfor ... years（…年間）やsince（…（して）以来）を用います。

解答例
I have wanted a new computer for three years.
（私は3年間ずっと新しいコンピュータをほしいと思っています。）
I have wanted to visit Okinawa since last year.
（私は昨年からずっと沖縄を訪れたいと思っています。）

Mini Activity

教科書 ➔ p.23

Listen

1 ジョシュの家に遊びに来た朝美が帰るところです。2人の対話を聞いて，今の状況として正しいほうを選びましょう。

① ▢ ▢ ② ▢ ▢

2 ベーカー先生と朝美の対話を聞いて，朝美について正しいものを選びましょう。

① 緑市に住んでいるのは [▢ 4歳のときから ▢ 4年間 ▢ 中学1年生のときから]

② 市立美術館を好きなのは [▢ 中学2年生のときから ▢ 2年間 ▢ 去年から]

Speak & Write 

1 次の場面を想像しながら，例 にならって対話をしましょう。

例 excited / buy a new book　① tired / finish my homework　② happy / win the game

A: Oh, you look excited.
B: Yes. I've just bought a new book.
A: That's nice. [Great. / Really?]

2 ① 下の表のⒶ～Ⓖからなりきる人物を選んで，クラスメートとインタビューをし合い，相手がどの人物かがわかったら表にそのクラスメートの名前を書きましょう。時間内にできるだけ多くの人物を当てましょう。

例 *A:* How long have you lived in Midori?
B: I've lived in Midori for three years.

A: Do you have any pets?
B: Yes, I do. I have a cat.
A: How long have you had your cat?
B: I've had my cat for two years.

A: Are you Ann?
B: Yes, I am.

クラスメートの名前	なりきる人物	緑市在住歴	ペット飼育歴	
			a cat	a dog
	例 Ann	3 years	2 years	×
	Ⓐ Bill		4 years	×
	Ⓑ Emma		×	2 years
	Ⓒ Ken		×	4 years
	Ⓓ Liz	6 years	2 years	×
	Ⓔ Max		4 years	×
	Ⓕ Sara		×	2 years
	Ⓖ Tom		×	4 years

② ①の 例 の ___ を自由にかえてペアで対話をし，対話した相手の情報をまとめて書きましょう。

例 Akira has lived in Wakaba for ten years. Akira has had his watch since last year.

Speak & Write

1 ヒント 例の意味は次の通りです。

A: おや，あなたはわくわくしているようですね。

B: ええ。ちょうど新しい本を買ったところです。

A: それはいいですね。[すばらしい。/本当に？]

解答例 ① *A:* Oh, you look tired. （おや，あなたは疲れているようですね。）

B: Yes. I've just finished my homework.
（はい。ちょうど宿題を終えたところです。）

A: Great. （すばらしい。）

② *A:* Oh, you look happy. （おや，あなたはうれしそうですね。）

B: Yes. I've just won the game.（はい。ちょうどゲームに勝ったところです。）

A: Really? （本当ですか。）

2 ① ヒント 例の意味は次の通りです。

A: あなたはどのくらい長く緑市に住んでいますか。

B: 私は緑市に3年間住んでいます。

A: あなたはペットを飼っていますか。

B: はい。私はネコを飼っています。

A: あなたはどのくらい長くネコを飼っていますか。

B: 私はネコを2年間飼っています。

A: あなたはアンですか。

B: はい。

解答例 *A:* How long have you lived in Midori?
（あなたはどのくらい長く緑市に住んでいますか。）

B: I have lived in Midori for three years.
（私は緑市に3年間住んでいます。）

A: Do you have any pets? （あなたはペットを飼っていますか。）

B: Yes, I do. I have a cat. （はい。私はネコを飼っています。）

A: How long have you had your cat?
（あなたはどのくらい長くネコを飼っていますか。）

B: I've had my cat for four years.
（私はネコを4年間飼っています。）

A: Are you Bill? （あなたはビルですか。）

B: Yes, I am. （はい。）

② ヒント 例は「アキラは若葉市に10年間住んでいます。アキラは昨年からずっと時計を持っています」という意味です。

解答例 Miki has lived in Tachibana for five years. Miki has had her bag since she was three years old.
（ミキは立花市に5年間住んでいます。ミキは彼女のかばんを3歳のときからずっと持っています。）

教科書 → p.24

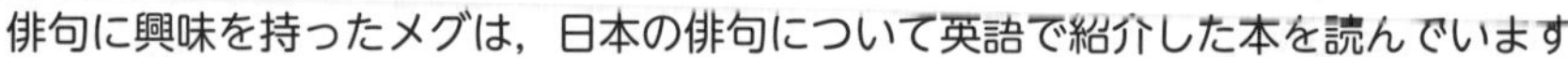

俳句に興味を持ったメグは，日本の俳句について英語で紹介した本を読んでいます。

? How long have Japanese people been writing haiku?

New Words

- poem(s) [póuəm(z)]
- **written** [rítn] (⇐ write)
- rhyme [ráim]
- seasonal [sí:zənl]
- include(d) [inklú:d(id)]
- rhythm [ríðm]
- syllable(s) [síləbl(z)]
- *be different from*

you've [jú:v] ⇐ you have

Father: [1] What are you reading, Meg? [2] You've been reading that since 10 a.m.

Meg: [3] It's a book about haiku. [4] It's a little difficult, but it's interesting. [5] Look.

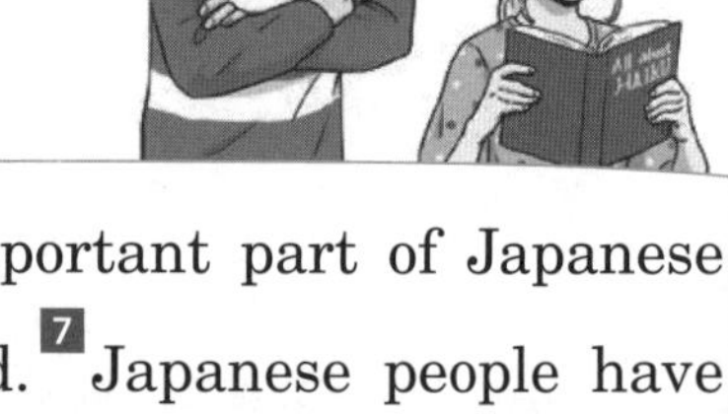

[6] Haiku have been an important part of Japanese culture since the Edo period. [7] Japanese people have been writing haiku for centuries.

[8] Haiku are different from traditional English poems. [9] First, they are not written in sentences. [10] They use only a few words. [11] Second, the lines do not have to rhyme. [12] Third, a seasonal word must be included.

[13] On the other hand, like most English poems, rhythm is very important. [14] Haiku use three lines — five, seven, and five syllables long. [103 words]

●一言メモ

ライミング

伝統的な英語の詩では，文の終わりに似た発音の単語を並べる(rhyming,「韻をふむ」)ことがよくあります。

	Furuike ya	← 5 syllables
a seasonal word →	*Kawazu tobikomu*	← 7 syllables
	Mizu no oto	← 5 syllables

New Words

poem(s)	[póuəm(z) ポウエム(ズ)]	名 詩
written	[rítn リトゥン]	動 [writeの過去分詞]
rhyme	[ráim ライム]	動 韻をふむ
seasonal	[sí:zənl スィーズヌる]	形 季節の
include(d)	[inklú:d(id) インクるード(インクるーディド)]	動 …を含む，含める
rhythm	[ríðm リずム]	名 リズム，調子
syllable(s)	[síləbl(z) スィらブる(ズ)]	名 音節，シラブル
be different from		…とはちがっている
you've	[jú:v ユーヴ]	短 = you have

本文の内容

❓ 日本人はどれくらい長く俳句を書き続けてきましたか。

父：1 メグ，何を読んでいるんだい。2 午前10時からずっとそれを読んでいるね。
メグ：3 俳句についての本よ。4 ちょっと難しいけどおもしろいの。5 見て。

6 俳句は江戸時代以降，日本文化の重要な一部となっています。7 日本人は何百年もの間，俳句を書き続けてきました。

8 俳句は伝統的な英語の詩とは異なります。9 まず，俳句は文の形式では書かれません。10 ほんのいくつかの語を用いるだけです。11 第2に，行どうしで韻をふむ必要がありません。12 第3に，必ず季語が含まれていなければなりません。

13 一方，ほとんどの英語詩と同様，リズムが非常に重要です。14 俳句は，それぞれ5音節，7音節，5音節の長さからなる3行を使います。

スタディ

2 You've been reading that since 10 a.m.

You've はYou haveの短縮形です。been はbe動詞の過去分詞です。「have been ...ing」は，「ずっと…（今も）している」を表す現在完了進行形の形です。過去の一時点から現在まで継続している動作や行為を表すときに使われます。ここでは「午前10時からずっと（今も）読んでいる」ということを表しています。

7 Japanese people have been writing haiku for centuries.

「have been ...ing」は「ずっと…（今も）している」を表す現在完了進行形です。ここでは「何世紀もの間ずっと（今も）俳句を書いている」ということを表しています。

8 Haiku are different from traditional English poems.

be different from は「…とはちがっている」という意味です。ここでは「俳句は伝統的な英語の詩とはちがっています」という意味になります。

*have	[hǽv ハぁヴ；（弱く言うとき） həv ハヴ，v ヴ]	助 [現在完了進行形を作る]
*period	[píəriəd ピ(ア)リオド]	名 時代
*from	[frʌ́m ふラム；（弱く言うとき） frəm ふラム]	前 【相違・区別】…から，…と
*line	[láin らイン]	名 行
*most	[móust モウスト]	形 たいていの，大部分の
*long	[lɔ́:ŋ ろーンヶ]	形 [長さを表す語のあとに用いて] …の長さがある

教科書 ➔ p.24

I am reading a book now.
I **have been** reading a book since 10 a.m.

現在完了進行形
〈have [has] been + ...ing〉の形で，過去のある時から現在まである動作が続いていることを表す。

Practice 例 I have been reading a book since 10 a.m.

メグと父が話しているときの家族や外の様子です。

① Meg's mother / cook / for 30 minutes ② Meg's brother / play video games / since noon
③ it / rain / for two days

今の授業の時間に合わせて，「…時からずっと英語の勉強をしています」という文を言い，ノートに書きましょう。

書いて覚えよう

2 午前10時からずっとそれを読んでいるね。

____

____

7 日本人は何百年もの間，俳句を書き続けてきました。

____

____

12 第3に，必ず季語が含まれていなければなりません。

____

____

ビジュアルスタディ

［過去］

I was reading a book at 10 a.m.

（私は午前10時に本を読んでいました。）

［現在］

I am reading a book now.

（私は今，本を読んでいます。）

［現在完了］

I **have been** reading a book since 10 a.m.

（私は午前10時からずっと本を読んでいます。）

●「ずっと…（今も）している」→「have [has] been＋現在分詞」

上の文は現在進行形で，「本を読む」という動作が現時点で続いていることを表します。過去のある一時点から現在まで継続している動作や行為を表すには，**「have [has] been＋現在分詞」**の形を使います。この形を**現在完了進行形**といいます。

Practice

ヒント　例は「私は午前10時からずっと本を読んでいます」という意味です。

解答例　① Meg's mother has been cooking for 30 minutes.
（メグの母は30分間ずっと料理をしています。）

② Meg's brother has been playing video games since noon.
（メグの兄は正午からずっとテレビゲームをしています。）

③ It has been raining for two days.
（2日間ずっと雨が降っています。）

ヒント　「…時からずっと英語の勉強をしています」はI have been studying English since ....で表します。

解答例　I have been studying English since 9 a.m.
（私は午前9時からずっと英語の勉強をしています。）

教科書➔p.25

Round 1 Get the Gist

本文でふれられている内容をⒶ～Ⓕから3つ選びましょう。

解答
- ☑ Ⓐ 俳句の歴史
- ☐ Ⓑ 英語の詩の歴史
- ☐ Ⓒ 世界での俳句の人気
- ☑ Ⓓ 俳句と伝統的な英語の詩のちがい
- ☑ Ⓔ 俳句と伝統的な英語の詩の共通点
- ☐ Ⓕ 俳句を作る難しさ

Round 2 Focus on the Details

本文の内容に合うように，①～③に関連のある語句を下のⒶ～Ⓓから選んで図に入れましょう。

解答

① haiku	② both haiku and English poems	③ English poems
Ⓒ	Ⓓ	Ⓐ, Ⓑ

Ⓐ sentences　Ⓑ rhyme　Ⓒ a seasonal word　Ⓓ rhythm

Round 3 Think and Express Yourself

1 ＿に適切な語を入れて，本文からわかる「英語の詩の特徴（とくちょう）」をまとめましょう。

① English poems are written ＿＿＿＿ ＿＿＿＿.

② In English poems, lines usually ＿＿＿＿.

③ You don't have to include ＿＿＿＿ ＿＿＿＿ ＿＿＿＿ in English poems.

2 本文9行めのHaiku are different from traditional English poems. の表現にならって，身近な日本のものや文化，習慣で，外国のものとは異なる例を紹介する文を書きましょう。

メモ （もの，文化，習慣）	（ちがい）
例 日本のカレーライス ⇔ インドのカレー	日本のカレーライス ── 大きく切った野菜

例1 Japanese curry and rice is different from original Indian curry.（インドの）
It has blocks of vegetables in it.

例2 Japanese traditional houses are different from European houses.（ヨーロッパの）
Japanese ones are made of wood.（木材）

Round 1

ヒント 説明文では，段落ごとの主題に注目しましょう。多くの場合，段落の第1文に主題が書かれます。本書p.62の6の文，8の文，13の文を参考にしましょう。

Round 2

ヒント Ⓐは本書p.62の9の文，Ⓑは11の文，Ⓒは12の文，Ⓓは13の文を参考にしましょう。

Round 3

1 ヒント ①は「英語の詩は…書かれている」，②は「英語の詩では，行はふつう…」，③は「英語の詩では…を含む必要がない」という意味です。①は本書p.62の9の文，②は11の文，③は12の文を参考にしましょう。

解答例 ① English poems are written in sentences.
(英語の詩は文の形式で書かれます。)

② In English poems, lines usually rhyme.
(英語の詩では，ふつう行どうしで韻をふみます。)

③ You don't have to include a seasonal word in English poems.
(英語の詩では，季語を含む必要がありません。)

2 ヒント 左ページの英文は「俳句は伝統的な英語の詩とは異なります」という意味です。be different from ... は「…とはちがっている」という意味です。

例1は「日本のカレーライスはインド独自のカレーとは異なります。それには野菜のかたまりが入っています」，例2は「日本の伝統的な家はヨーロッパの家とは異なります。日本の家は木材で作られています」という意味です。

解答例 Japanese traditional clothes are different from European clothes. Japanese ones don't have any buttons.
(日本の伝統的な衣服はヨーロッパの衣服とは異なります。日本のはボタンがありません。)

教科書 ➔ p.26

海斗(かいと)たちが宿題を提出したあと，ベーカー先生が授業で英語の俳句について話しています。

? Are English haiku popular outside Japan?

New Words

- become [bikʌ́m] (⇐ become)
- quite [kwáit]
- **less** [lés]
- **strict** [stríkt]
- **either** [íːðər]
- **actually** [ǽktʃuəli]
- website(s) [wébsàit(s)]
- **pop** [páp]

- *not always*
- *not only ... but also* ～
- *so ... that* ～

1 People outside Japan have been writing their own haiku for many years. **2** Haiku in English have become(ビカム) quite(クワイト) popular because they're short and easy to write. **3** The rules for English haiku are less(れス) strict(ストゥリクト) than the Japanese rules. **4** For example, a seasonal word is not always necessary. **5** It's not always necessary to count syllables, either(イーざ).

6 Haiku in English are not only easy to write, but also easy to read. **7** Actually(あクチュアリ), there are a lot of haiku websites(ウェッブサイツ). **8** There are so many sites that you can even find birthday haiku or pop(パップ) culture haiku. **9** It may be a fun way to learn English.

[102 words]

15歳　男子　(インド)

12歳　女子　(アメリカ，サンディエゴ)

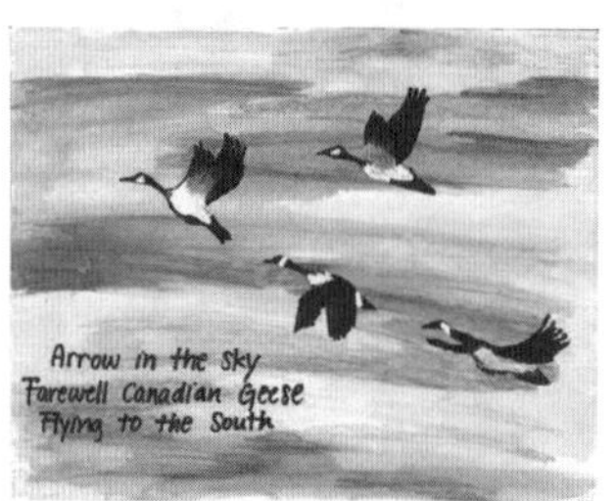

14歳　女子　(カナダ)

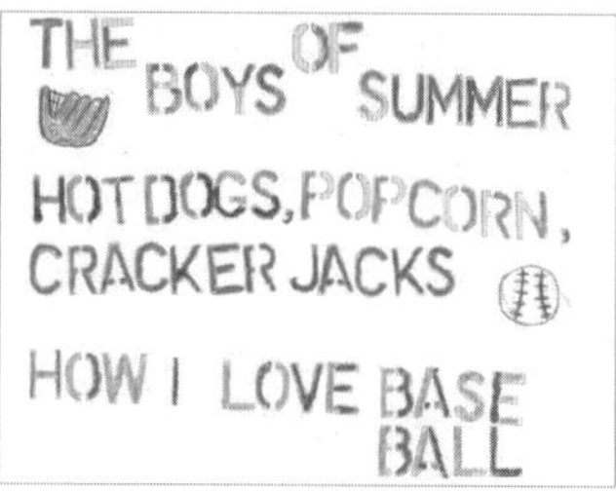

13歳　男子　(アメリカ，グアム)

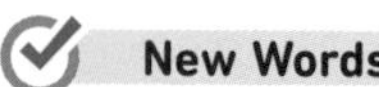

New Words

become	[bikʌ́m ビカム]	動 [becomeの過去分詞]
quite	[kwáit クワイト]	副 かなり，相当
less	[lés れス]	副 もっと少なく，より…でなく
strict	[stríkt ストゥリクト]	形 厳しい

本文の内容

? 海外では英語の俳句が人気ですか。

1 海外の人たちは長年，自分たちの俳句を書いてきています。2 短くて書きやすいため，英語による俳句はかなり人気になっています。3 英語俳句のルールは日本のものとくらべ厳しくないのです。4 例えば，季語は必ずしも必要ではありません。5 音節を数えることも，必ずしも必要ではないのです。

6 英語による俳句は書くのが容易というだけでなく，読むのも容易です。7 実は，俳句のウェブサイトがたくさんあるのです。8 とてもたくさんのサイトがあって，誕生日俳句とか大衆文化俳句といったものさえ見つけることができます。9 楽しい英語学習法になるかもしれませんよ。

スタディ

1 **People outside Japan have been writing their own haiku for many years.**

「have [has] been＋現在分詞」は現在完了進行形の文で，「ずっと(今も) …している」と過去のある一時点から現在まで継続している動作や行為を表します。

5 **It's not always necessary to count syllables, either.**

it は形式上の主語で，to count syllables「音節を数えること」を指しています。not always は「いつも[必ずしも]…とは限らない」を表します。否定文の文末のeitherは「…もまた(～ない)」という意味です。

6 **Haiku in English are not only easy to write, but also easy to read.**

not only ... but also ～は「…だけでなく～もまた」を表します。「書くのが容易というだけでなく読むのもまた容易です」という意味になります。

8 **There are so many sites that you can even find birthday haiku or pop culture haiku.**

so ... that ～は「とても…なので～だ」を表します。「とてもたくさんのサイトがあるのであなたは…を見つけることさえできます」という意味になります。口語ではthatを省略することが多いので注意しましょう。

either	[íːðər **イーざ**]	副 [否定文の文末に用いて] …もまた(～ない)
actually	[ǽktʃuəli **あクチュアり**]	副 実は，本当は
website(s)	[wébsàit(s) **ウェッブサイト(ウェッブサイツ)**]	名 ウェブサイト
pop	[páp **パップ**]	形 大衆的な
not always		いつも[必ずしも] …とは限らない
not only ... but also ～		…だけでなく～もまた
so ... that ～		とても…なので～だ
*outside	[àutsáid アウトサイド]	前 …の外側で[に，へ]
*site(s)	[sáit(s) **サイト(サイツ)**]	名 (インターネットの)サイト
*pop culture		大衆文化
*fun	[fʌ́n **ふアン**]	形 おもしろい，楽しい

教科書 → p.27

「パラグラフ」については
教科書p.47を見よう。

Round 1　Get the Gist 

2つのパラグラフがそれぞれ何について述べているか，適切なものを下のⒶ～Ⓒから選びましょう。

解答 第1パラグラフ（ Ⓑ ）　　第2パラグラフ（ Ⓐ ）

Ⓐ 英語の俳句を読むこと　Ⓑ 英語の俳句を書くこと　Ⓒ 英語の俳句をインターネットで発表すること

Round 2　Focus on the Details 

本文を読んで，次の質問に答えましょう。

① Why are haiku in English popular?

② Are Japanese haiku rules stricter than English ones?

③ What may be a fun way to learn English?

Round 3　Think and Express Yourself

1 次は，ベーカー先生が生徒たちのために英語の俳句の作り方をまとめたメモです。本文の内容に合うように，＿＿に適切な語を入れましょう。

Step 1 Pick your topic. It can be a thing, an event, or anything.

Step 2 Choose one key word (キーワード) in English.

解答例 You can include a ＿seasonal＿ ＿word＿ (季語), but it's not always necessary.

Step 3 Write three lines. If you can, try to write them in five, seven, five ＿syllables＿ (音節).

2 **1** のメモと 例 にならって，実際に英語の俳句を作りましょう。

例1　**Topic** spring　**Key word** cherry trees

I'm glad that spring comes
Enjoy eating and talking
Under cherry trees

例2　**Topic** baseball　**Key word** home run (ホームラン)

I swing (…をふる) my bat hard
Everyone gives me a cheer
It's a big home run!

音節(syllable)を数えるときは辞書で確認するといいよ。例えばeveryoneなら，辞書の見出しでeve・ry・oneのように区切って書いてあるので，3音節だとわかるね。

＿＿＿＿＿＿＿＿＿＿＿＿＿＿＿＿＿＿＿＿

＿＿＿＿＿＿＿＿＿＿＿＿＿＿＿＿＿＿＿＿

＿＿＿＿＿＿＿＿＿＿＿＿＿＿＿＿＿＿＿＿

What makes haiku attractive to people around the world?
What did you learn, and what do you think?

例 I think haiku are attractive to people everywhere because ....

Round 1

ヒント 第1パラグラフは本書p.68の**2**を，第2パラグラフは**7**の文を参考にしましょう。

Round 2

ヒント 英文の意味は次の通りです。

①英語の俳句が人気があるのはなぜですか。

②日本の俳句の規則は英語の俳句の規則より厳しいですか。

③何が楽しい学習法になるかもしれないのですか。

解答例 Because they're short and easy to write.

(なぜなら，それらは短くて書くのが容易だからです。)

Yes, they are. (はい，そうです。)

Haiku websites. (俳句のウェブサイトです。)

Round 3

1 ヒント 英文の意味は次の通りです。

ステップ1 あなたのトピックを選びましょう。それはものでも，出来事でも何でもいいです。

ステップ2 1つ英語のキーワードを選びましょう。…を含んでもいいですが，それはいつも必要とは限りません。

ステップ3 3行を書きましょう。もしできたら，それらを5，7，5の…で書いてみましょう。

2 ヒント 英文の意味は次の通りです。

例1 トピック 春

キーワード 桜の木

春が来てうれしい

食事とおしゃべりを楽しみましょう

桜の木の下で

例2 トピック 野球

キーワード ホームラン

いっしょうけんめいにバットをふる

みんながぼくを応援している

大きなホームランだ！

解答例 Topic sea (海) Key word go abroad (外国に行く)

I am on the beach (私はビーチにいる)

There is a ship on the sea (海に船がある)

Shall we go abroad? (外国に行きませんか？)

ヒント 質問は「何が俳句を世界中の人々にとって魅力的なものとしているのでしょうか。あなたは何を学びましたか，そして何を考えますか」という意味です。例は「私は…なので俳句はどこの人々にとっても魅力的だと思います」という意味です。

解答例 I think haiku are attractive to people everywhere because they are short and easy to write.

(私は俳句は短くて書くのが容易なのでどこの人々にとっても魅力的だと思います。)

Unit Activity

教科書 ➔ p.28

初公開！　私の「○○歴」

おたがいの知らない一面を知るために，
自分や相手の意外な「○○歴」を伝え合いましょう。

STEP 1 好きなことや取り組んできたことなどをメモしよう

自分が好きなことや取り組んできたことなどを考えて，例 にならってメモしましょう。

メモ

(好きなこと・取り組んできたこと)	(期間)	(その他)
例1 like haiku	例1 for five years	例1 started in elementary school
例2 practice the guitar	例2 since last year	例2 want to play like my brother

STEP 2 相手の「○○歴」をたずね合おう

ペアになり，例 にならって，相手がどのくらいの間好きなのか[取り組んできたのか]をたずね合いましょう。重要な情報はメモしましょう。

例1 *A:* I like haiku very much.
B: How long have you liked them?
A: I've liked them for about five years.
I started writing them in elementary school.
B: That's great.

例2 *A:* I practice the guitar on weekends.
B: Really? How long have you been practicing it?
A: I've been practicing it since last year.
I want to play it like my brother.
B: Good luck!

Tool Box

●いろいろな「○○歴」

野球歴
I've been playing baseball for five years.
将棋(しょうぎ)歴
I've been playing *shogi* since 2017.
韓国(かんこく)語学習歴
I've been studying Korean for a month.
メガネ使用歴
I've been wearing these glasses for two years.
新しいコンピュータがほしい歴
I've wanted a new computer since last year.

STEP 3 おたがいについて発表しよう

おたがいのことを紹介する文を書いて発表しましょう。

例1 Ryota has liked haiku for about five years.
例2 Hiromi has been practicing the guitar since last year.

Unit 2

題材 海外でも愛される日本の伝統文化の魅力を知り，言語や文化のちがいについて考える。

活動 ずっと好きなことや，これまで取り組んできたことについて伝え合うことができる。

STEP 1

ヒント　メモの意味は以下の通りです。

(好きなこと・取り組んできたこと)	(期間)	(その他)
例1　俳句が好き	例1　5年間	例1　小学校のときに始めた
例2　ギターを練習する	例2　昨年から	例2　私の兄のように演奏したい

解答例

(好きなこと・取り組んできたこと)	(期間)	(その他)
play baseball (野球をする)	for five years (5年間)	be a member of the baseball club in my school (学校の野球部の一員だ)

STEP 2

ヒント　Tool Boxを活用しましょう。

例1

A: 私は俳句がとても好きです。

B: あなたはどのくらい長く俳句を好きなのですか。

A: 私はそれらを約5年間ずっと好きです。私は小学校でそれらを書き始めました。

B: それはすばらしいですね。

例2

A: 私は毎週末にギターを練習します。

B: 本当ですか。あなたはどのくらい長くギターを練習していますか。

A: 私は昨年からそれを練習しています。私は兄のようにそれを演奏したいです。

B: がんばって！

解答例　*A:* I love playing baseball. (私は野球をするのが大好きです。)

B: How long have you played it?
(あなたはどのくらい長く野球をしていますか。)

A: I have played it for five years. I am a member of the baseball club in my school.
(私は野球を5年間やっています。私は学校の野球部の一員です。)

B: That's nice. (それはいいですね。)

STEP 3

ヒント　英文の意味は次の通りです。

例1　リョウタは約5年間ずっと俳句が好きです。

例2　ヒロミは昨年からずっとギターを練習しています。

解答例　Takeshi has been playing baseball for five years.
(タケシは5年間ずっと野球をしています。)

Let's Talk 1

教科書 → p.29

はじめての出会い —歓迎する—

CAN-DO 初対面の相手に配慮(はいりょ)しながら，歓迎する気持ちを伝えることができる。☑

STEP 1

ベーカー先生は4月からの新任のALTです。
先生が来た初日，海斗(かいと)は教室移動中に先生と会いました。
初対面の先生と話すとき，自分ならどんな言葉を続けますか。

どう言えば先生を歓迎する気持ちを伝えられるかな。
名前がわかっているなら相手を確かめるのもいいね。

STEP 2

場面や気持ちを想像しながら，次の例の対話をペアになって演じましょう。

例
Kaito: Excuse me, but are you Mr. Baker?
Mr. Baker: Yes. I'm Mike(マイク) Baker.
Kaito: I'm Honda Kaito. **Welcome to our school**, Mr. Baker.
Mr. Baker: Thank you, Kaito. Are you in the third year?
Kaito: Yes, I'm in Class 3A. **We've(ウィーヴ) been looking forward to your class**.
Mr. Baker: I'm glad to hear that. See you later.
Kaito: Goodbye(グッ(ド)バイ).

New Words

- ☐ **goodbye** [gu*d*bái]
- Mike [máik] マイク[名]
- ☐ *feel free to*
- we've [wí:v] ⇐ we have

STEP 3

別の場面の初対面での対話をしましょう。

1 次の表現はそれぞれどの場面で使えるでしょうか。適切な場面のイラストを選びましょう。

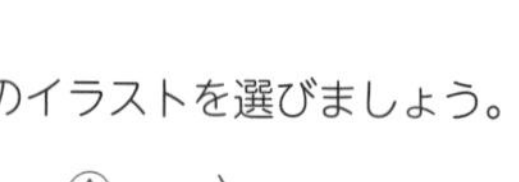

2つ以上の場面で使えるものもあるね。

解答
❶ I hope you enjoy your time in Japan. (Ⓐ)
❷ Feel free to ask me if you have any questions. (Ⓒ)
❸ Have you been to this festival before? (Ⓑ)

Ⓐ 日本にはじめて来た旅行者に

Ⓑ 日本に長く住んでいる外国人に

Ⓒ 家族と日本に移住してきた転校生に

2 ペアになり，1 で選んだ表現を使って，Ⓐ〜Ⓒの場面の短い対話をしましょう。

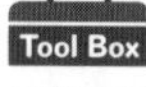

Tool Box

●歓迎する

We're happy to have you here.
ここにお迎(むか)えできてうれしいです。

Make yourself at home. どうぞ楽にしてください。

Let me know if there's anything you need.
何か必要なものがあれば教えてください。

●質問する

Are you visiting, or do you live here?
ご旅行中ですか，それともこちらにお住まいですか。

Is this your first time ...ing? …するのははじめてですか。

Is there anything special you want to do here?
こちらで特に何かしたいことはありますか。

STEP 2

ヒント 英文の意味は次の通りです。

海斗　　　　：すみません，ベーカー先生ですか。
ベーカー先生：ええ。マイク・ベーカーです。
海斗　　　　：ぼくは本田海斗です。ぼくたちの学校へようこそ，ベーカー先生。
ベーカー先生：ありがとう，海斗。君は3年生ですか。
海斗　　　　：はい，3年A組です。みんな先生の授業を楽しみにしています。
ベーカー先生：それを聞けてうれしいですよ。またのちほど会いましょう。
海斗　　　　：さようなら。

STEP 3

1 **ヒント** 英文の意味は次の通りです。

① 日本での時間を楽しんでくれているといいですね。
② 質問があったら遠慮なく私に聞いてください。
③ これまでにこのお祭りに来たことがありますか。

2 **ヒント** Tool Boxの表現を活用しましょう。

解答例 ① *A:* Is this your first time visiting Japan?
（日本を訪れるのは初めてですか。）
B: Yes, it is. I'm going to visit Tokyo.
（はい，そうです。私は東京を訪れる予定です。）
A: I hope you enjoy your time in Japan.
（日本での時間を楽しんでくれているといいですね。）

② *A:* Hi, I'm Sam.（やあ，ぼくはサムです。）
B: Hi, Sam. I'm Sachi. Feel free to ask me if you have any questions.
（こんにちは，サム。私はサチです。質問があったら遠慮なく私に聞いてくださいね。）
A: Oh, thank you, Sachi.（ああ，ありがとう，サチ。）

③ *A:* Have you been to this festival before?
（これまでにこのお祭りに来たことがありますか。）
B: No, this is our first time.（いいえ，初めてです。）
A: Really. I'll show you around.（本当ですか。案内します。）

New Words

goodbye	[gudbái グッ(ド)バイ]	間さようなら
feel free to		遠慮なく…する
we've	[wí:v ウィーヴ]	短= we have
*year	[jíər イア]	名年度，学年
*class	[klǽs クらぁス]	名授業

Grammar for Communication 1 現在完了形と現在完了進行形

Use 使い方

教科書 ➔ p.30

Ⓐ ❶ I climbed Mt. Fuji last week.　「私は先週，富士山にのぼりました。」

❷ I **have climbed** Mt. Fuji three times.　「私は富士山に3回のぼったことがあります。」

❶は過去形で，「先週」という**過去の一時点の行為**を表します。それに対して❷は，これまでに「富士山にのぼったことが3回ある」という**現時点での経験**を表します。

Ⓑ ❶ I finished my lunch.　「私は昼食を終えました。」

❷ I **have finished** my lunch.　「私は昼食を終えています。」

❶は過去形で，「昼食を終えた」という**過去の一時点の行為**を表します。それに対して❷は，「**昼食を終えた状態にある**」という**現時点での完了**を表します。過去形の文に比べて「（昼食を終えているので）おなかがいっぱいである」などの**現在へのつながりがあること**が伝わります。

Ⓒ ❶ I live in Wakaba.　「私は若葉市に住んでいます。」

❷ I **have lived** in Wakaba for two years.　「私は若葉市に2年間住んでいます。」

❶は現在形で，「住んでいる」という**過去から現在，未来にかけてしばらく続く状態**を表します。それに対して❷は，**過去の一時点から現在までの，ある一定の期間継続している状態**を表します。主にlive，know，wantなどの状態を表す動詞が使われます。

Ⓓ ❶ Tim is playing the game.　「ティムはゲームをしています。」

❷ Tim **has been playing** the game for two hours.
「ティムは2時間ずっとゲームをしています。」

❶は現在進行形で，「ゲームをする」という動作が**現時点で続いていること**を表しますが，いつから，どのくらいの間しているかはわかりません。そこで，**過去の一時点から現在まで継続している動作や行為**を表すには，❷を使います。

Ⓐ「経験」，Ⓑ「完了」，Ⓒ「（状態の）継続」を表すには〈**have＋過去分詞**〉の形を用い，これを**現在完了形**といいます。
また，Ⓓ「（動作の）継続」には〈**have been＋...ing**〉の形を用い，これを**現在完了進行形**といいます。
いずれも「**過去の状態や動作が現在にもつながりを持っている**」ことが共通しています。

～過去から現在へのつながりを意識しよう～

Form 形

教科書 → p.31

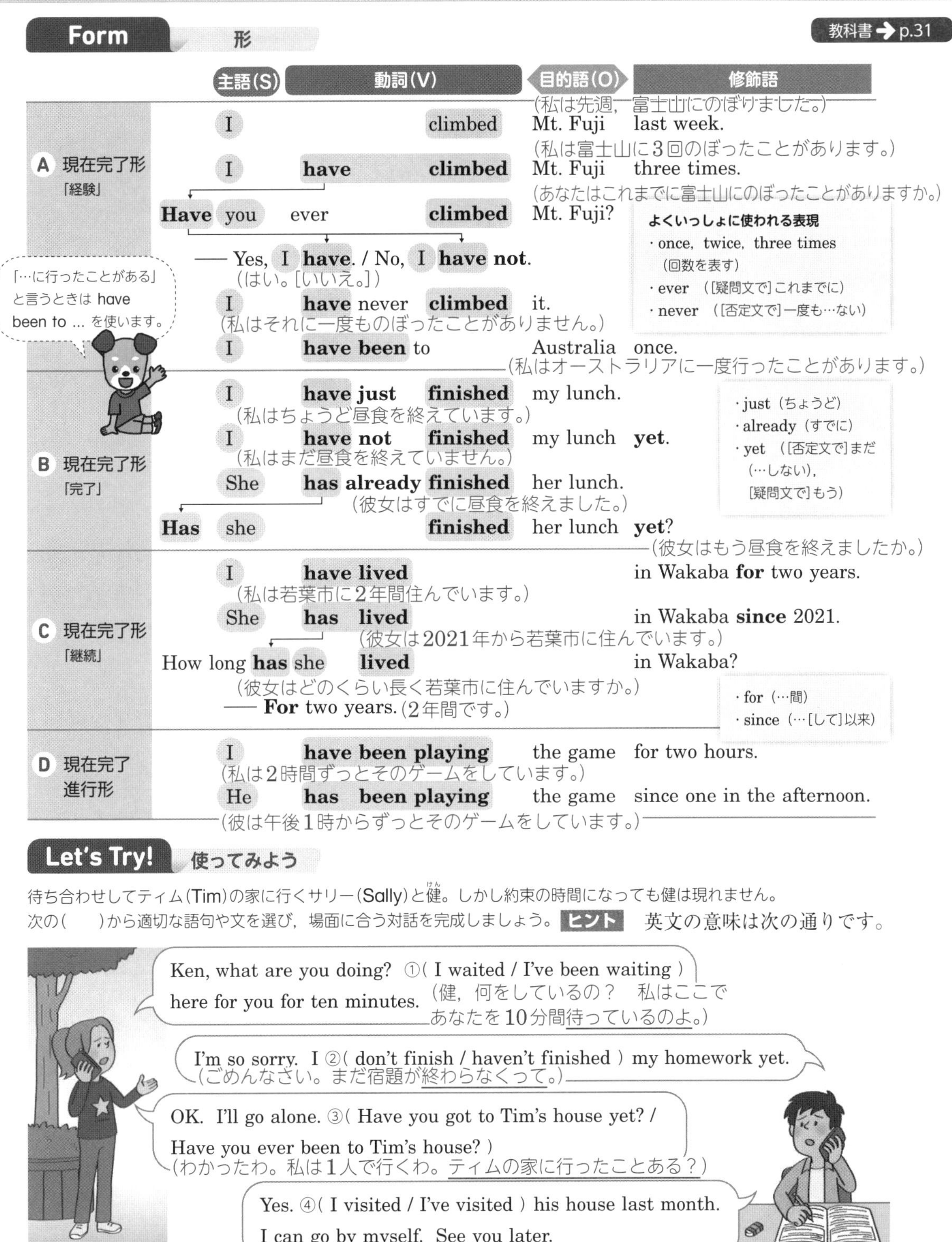

	主語(S)	動詞(V)	目的語(O)	修飾語
	I	climbed	Mt. Fuji	last week.
	(私は先週，富士山にのぼりました。)			
A 現在完了形「経験」	I	**have** **climbed**	Mt. Fuji	three times.
	(私は富士山に3回のぼったことがあります。)			
	Have you	ever **climbed**	Mt. Fuji?	
	(あなたはこれまでに富士山にのぼったことがありますか。)			
	— Yes, I **have**. / No, I **have not**. (はい。[いいえ。])			
	I	**have** never **climbed**	it.	
	(私はそれに一度ものぼったことがありません。)			
	I	**have been** to	Australia	once.
	(私はオーストラリアに一度行ったことがあります。)			
B 現在完了形「完了」	I	**have just finished**	my lunch.	
	(私はちょうど昼食を終えています。)			
	I	**have not finished**	my lunch	**yet**.
	(私はまだ昼食を終えていません。)			
	She	**has already finished**	her lunch.	
	(彼女はすでに昼食を終えました。)			
	Has she	**finished**	her lunch	**yet**?
	(彼女はもう昼食を終えましたか。)			
C 現在完了形「継続」	I	**have lived**		in Wakaba **for** two years.
	(私は若葉市に2年間住んでいます。)			
	She	**has lived**		in Wakaba **since** 2021.
	(彼女は2021年から若葉市に住んでいます。)			
	How long **has** she	**lived**		in Wakaba?
	(彼女はどのくらい長く若葉市に住んでいますか。) — **For** two years. (2年間です。)			
D 現在完了進行形	I	**have been playing**	the game	for two hours.
	(私は2時間ずっとそのゲームをしています。)			
	He	**has been playing**	the game	since one in the afternoon.
	(彼は午後1時からずっとそのゲームをしています。)			

よくいっしょに使われる表現
- once, twice, three times (回数を表す)
- ever ([疑問文で]これまでに)
- never ([否定文で]一度も…ない)

- just (ちょうど)
- already (すでに)
- yet ([否定文で]まだ(…しない)，[疑問文で]もう)

- for (…間)
- since (…[して]以来)

「…に行ったことがある」と言うときは have been to ... を使います。

Let's Try! 使ってみよう

待ち合わせしてティム(Tim)の家に行くサリー(Sally)と健。しかし約束の時間になっても健は現れません。次の( )から適切な語句や文を選び，場面に合う対話を完成しましょう。 **ヒント** 英文の意味は次の通りです。

Ken, what are you doing? ①(I waited / I've been waiting) here for you for ten minutes. (健，何をしているの？ 私はここであなたを10分間待っているのよ。)

I'm so sorry. I ②(don't finish / haven't finished) my homework yet. (ごめんなさい。まだ宿題が終わらなくって。)

OK. I'll go alone. ③(Have you got to Tim's house yet? / Have you ever been to Tim's house?) (わかったわ。私は1人で行くわ。ティムの家に行ったことある？)

Yes. ④(I visited / I've visited) his house last month. I can go by myself. See you later. (うん。ぼくは先月彼の家を訪れたよ。1人で行けるよ。あとでね。)

解答 ① I've been waiting ② haven't finished ③ Have you ever been to Tim's house? ④ I visited

Learning SCIENCE in English

教科書→p.32

Task 1 食べ物について伝え合おう

1 私たちの食べ物が，どこから来ているか考えたことがありますか。ペアになって，好きな料理に含まれるもの(ingredients)と，そのもとになるもの(origins)について話し合い，空欄にメモしましょう。

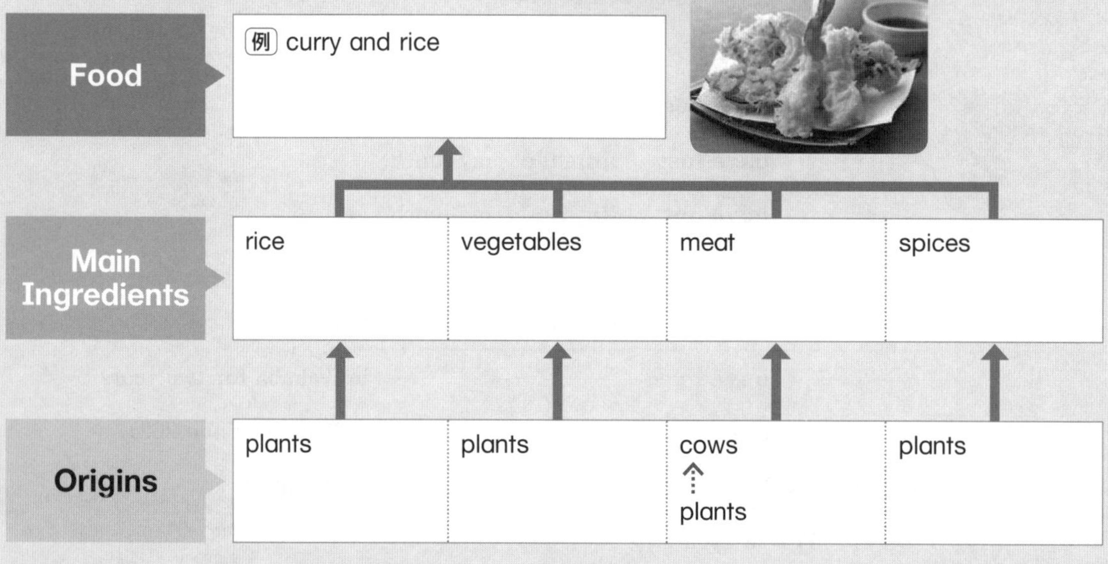

例 *A:* What's your favorite food? What is it made from?

B: My favorite food is curry and rice. It's made from rice, vegetables, meat, and spices.

A: What's the origin of spices?

B: They're originally from plants.

2 人間以外の動物が食べているものはどうでしょうか。
次のような動物の食べ物についても考えてみましょう。

Animal	Food and Its Origins
例 lions ←	rabbits ⇠ grasses (草) and nuts
←	
←	

人間や食べ物の
もとをたどると
何に行き着くかな。

Task 1

1 **ヒント** 英文の意味は次の通りです。

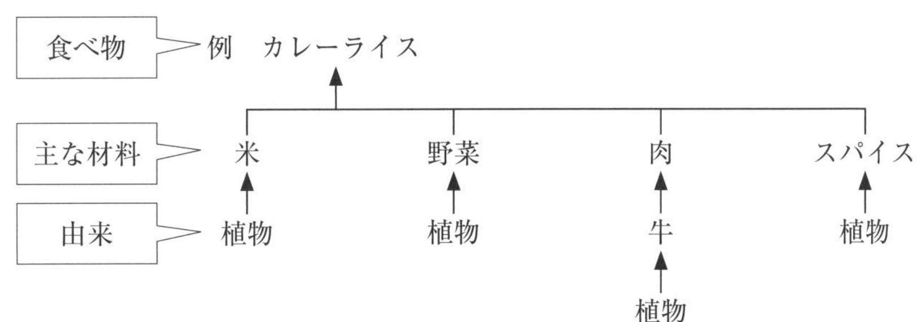

A: あなたのいちばん好きな食べ物は何ですか。それは何からできていますか。
B: 私のいちばん好きな食べ物はカレーライスです。それは米，野菜，肉，スパイスからできています。
A: スパイスのもとになるものは何ですか。
B: それらは植物が由来しています。

解答例 sushi（すし） ← rice（米） ← plants（植物）
tuna（マグロ） ← fish（魚） ← plants（植物）

A: What's your favorite food? What is it made from?
（あなたのいちばん好きな食べ物は何ですか。それは何からできていますか。）
B: My favorite food is sushi. I especially like tuna. It's made from fish and rice.
（私のいちばん好きな食べ物はすしです。特にマグロが好きです。それは魚と米からできています。）
A: What's the origin of fish? （魚のもとになるものは何ですか。）
B: It's originally from plants. （それは植物が由来しています。）

2 **ヒント** 表の意味は次の通りです。

動物	食べ物とその由来
ライオン	←ウサギ←草や木の実

解答例 panda（パンダ） ← bamboo（竹） ← plants（植物）
penguin（ペンギン） ← fish（魚） ← plants（植物）

教科書 → p.33

Task 2 食物連鎖について説明しよう

1 動物や植物の「食べる」「食べられる」関係を表したのが食物連鎖(food chain)です。下の ☐ から適切なものを選んで①〜④に入れて，食物連鎖を完成しましょう。

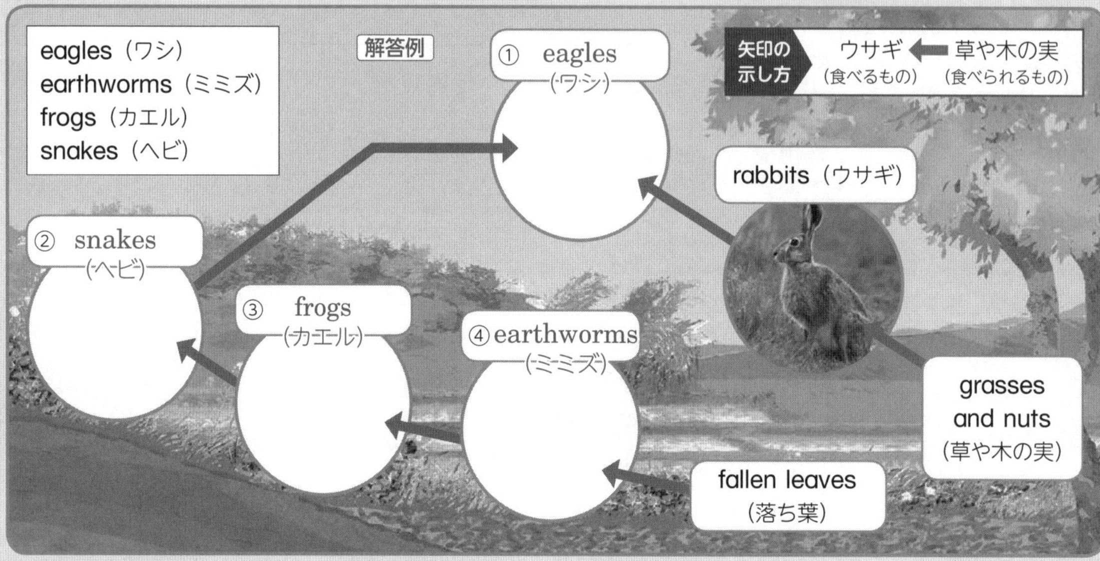

2 それぞれの矢印の「食べる」「食べられる」関係を説明しましょう。

例 Rabbits eat grasses and nuts. / Grasses and nuts are eaten by rabbits. / Rabbits depend on grasses and nuts for their survival.
depend on …に頼る　survival 生存

Challenge

生態系に起こっている問題を知ろう

次は，シカ(deer)の数の変化とその影響について書かれた記事の一部です。グラフを見ながら記事を読んで，(　　)から適切な語を選びましょう。

Japan's Deer Problems

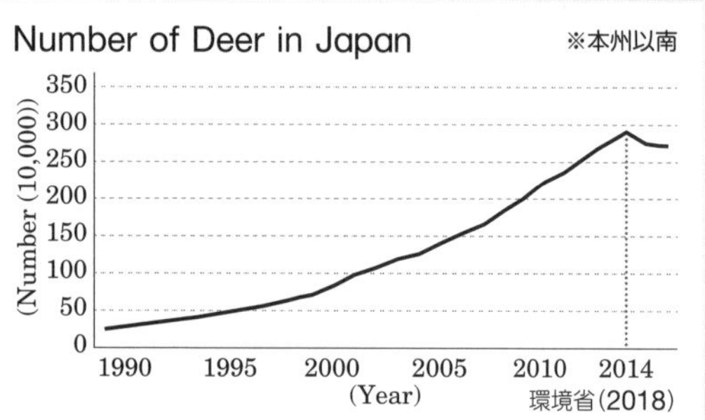

The large number of deer in Japan is causing trouble. The number has been ① (decreasing / increasing) since 2014, but there are still problems.

Deer eat a lot of plants and sometimes do serious damage to forests. Without forests, there are ② (more / less) landslides when it rains. This also affects other living things. Some kinds of birds and insects have ③ (appeared / disappeared) because they lost their homes. Deer are now seen in towns and cities, and they may cause traffic accidents. Japan must make efforts to solve these problems. [88 words]

causing …をひき起こしている　landslides 地すべり　rains 雨が降る　affects …に影響を与える　living things 生き物　insects 虫　accidents 事故　efforts 努力　solve …を解決する

Task 2

1 ヒント □内の生き物はどのように「食べる」「食べられる」の関係なのか考えましょう。

2 ヒント 「食べられる」は「be動詞＋eaten（過去分詞）」の受け身の形で表すことができます。
例の英文の意味は次の通りです。
ウサギは草や木の実を食べます。／草や木の実はウサギに食べられます。／
ウサギは彼らの生存を草や木の実に頼っています。

解答例 Eagles eat snakes. / Snakes are eaten by eagles.
（ワシはヘビを食べます。／ヘビはワシに食べられます。）
Eagles depend on snakes for their survival.
（ワシは生存をヘビに頼っています。）
Snakes eat frogs. / Frogs are eaten by snakes.
（ヘビはカエルを食べます。／カエルはヘビに食べられます。）
Snakes depend on frogs for their survival.
（ヘビは生存をカエルに頼っています。）
Frogs eat earthworms. / Earthworms are eaten by frogs.
（カエルはミミズを食べます。／ミミズはカエルに食べられます。）
Frogs depend on earthworms for their survival.
（カエルは生存をミミズに頼っています。）
Earthworms eat fallen leaves. / Fallen leaves are eaten by earthworms.
（ミミズは落ち葉を食べます。／落ち葉はミミズに食べられます。）
Earthworms depend on fallen leaves for their survival.
（ミミズは生存を落ち葉に頼っています。）

Challenge

ヒント 英文の意味は次の通りです。
「日本のシカ問題
日本の多数のシカが問題を引き起こしています。その数は2014年から①減っていますが，いまだに問題があります。
シカはたくさんの植物を食べ，ときどき森に深刻な損害を与えます。森がなければ，雨が降ったときに②もっと多くの地すべりがあります。このことはほかの生き物に影響を与えます。いくつかの種類の鳥や虫は，家を失ったために③姿を消しています。現在シカは町や都市で見られ，交通事故を引き起こすかもしれません。日本はこれらの問題を解決するために努力しなければなりません」
①は表「日本のシカの数」を参考にしましょう。2014年以降はどうなっているでしょうか。decreaseは「減る，減少する」，increaseは「増える，増加する」という意味です。②のmoreは「もっと多くの」，lessは「もっと少ない」という意味です。③のappearは「現れる」，disappearは「姿を消す」という意味です。

解答 ① decreasing　② more　③ disappeared

定期テスト対策 ❷ (Unit 2)

1　次の日本語は英語に，英語は日本語にしなさい。

(1) 眠る ______　(2) 厳しい ______

(3) 大衆的な ______　(4) さようなら ______

(5) actually (　　　)　(6) poet (　　　)

(7) curious (　　　)　(8) include (　　　)

2　次の日本文に合う英文になるように，___ に適する語を書きなさい。

(1) あなたはもう手紙を書きましたか。

______ you ______ a letter ______?

(2) 田中さんはここに2010年から住んでいます。

Mr. Tanaka ______ ______ here ______ 2010.

(3) 日本の文化は中国の文化とはちがいます。

Japanese culture is ______ ______ Chinese culture.

(4) もし何か質問があれば遠慮なく私に聞いてください。

Please ______ ______ to ask me if you have any questions.

3　次の文を，(　　)内の指示に従って書きかえなさい。

(1) Ken has some pets, too.（否定文に）

Ken doesn't have any pets, ______.

(2) Saki read this book yesterday.（justを使って「ちょうど…した」の文に）

Saki ______ ______ ______ this book.

(3) Toru has already eaten lunch.（yetを使って「まだ…していない」という否定文に）

Toru has ______ ______ lunch ______.

(4) Because it was very cold, I stayed at home.（ほぼ同じ意味の文に）

It was ______ cold ______ I stayed at home.

4　会話が成り立つように，___ に正しい語を入れなさい。

(1) *A:* Kate lives in Apple town.

B: Really? ______ ______ has she lived there?

A: ______ ten years.

(2) *A:* Have you finished your report ______?

B: Yes. ______ already finished it. Have you?

A: No, not ______. Well, I'll do it now.

5 日本文に合う英文になるように，(　　)内の語(句)を並べかえなさい。

(1) 私の兄は3時間ずっと映画を見ています。
(been / for / movies / my brother / watching / three hours / has / .)

____

(2) 佐藤先生はどのくらい長くこの学校で働いていますか。
(Mr. Sato / worked / long / in this school / how / has / ?)

____

(3) ベッキーは日本語だけでなくフランス語を話すことができます。
Becky can speak (only / but / not / French / also / Japanese / .)

____

6 次の英文を読んで，あとの問いに答えなさい。

①<u>Haiku have been an important part of Japanese culture since the Edo period.</u> Japanese people have been writing haiku for centuries.

Haiku are different from traditional English poems. ㋐(However / Finally / First) , they are not written in sentences. They use only a few words. Second, the lines do not have to rhyme. Third, a seasonal word must be included.

㋑(Next / On the other hand / Moreover) , like most English poems, rhythm is very important. Haiku use three lines — five, seven, and five syllables long.

(1) 下線部①の英文を日本文になおしなさい。
(　　　　　　　　　　　　　　　　　　　　　　　　)

(2) 意味が通るように㋐と㋑に入れるのに適切な語を選びなさい。
㋐(　　　　　　　　) ㋑(　　　　　　　　)

(3) 本文の内容に合うものを次の**ア**～**エ**から2つ選び，記号で答えなさい。
ア 俳句と伝統的な英語の詩はほとんど同じだ。
イ 日本の俳句は文の形式で書かれない。
ウ 英語の詩では行どうしで韻をふむ必要がある。
エ 英語の詩には季語が含まれる必要がある。
(　　　　) (　　　　)

(4) 本文の内容に合うように，次の問いに英語で答えなさい。
What is important for both Haiku and English poems?

____

教科書 → p.35

Animals on the Red List

ざ　レッド　リスト

GOAL CAN-DO

題材 世界の絶滅のおそれのある動物について知り，自分たちにできることを考える。

活動 自分の意見や考えを加えて記事を書くことができる。

1 How many animals do you know in these pictures?

New Words

☐ protect [prətékt]　☐ endangered [indéindʒərd]　the Red List [ðə réd líst] レッドリスト

2 **Why should we protect endangered animals?**

プロテクト　インデインヂャド

Preview

教科書 ➔ p.36

目的 場面 状況

週末，朝美(あさみ)とジョシュは動物園に遊びに来ています。
対話を聞いて，わかったことを伝え合いましょう。

わかったこと 解答例

ジョシュはだれにどうしてほしいと言っているかな。

標識には，この種類のトラは今絶滅の危機にさらされており，世界に3000頭しかいないと書いてある。朝美はゴリラも絶滅の危機にさらされていると読んで知った。ジョシュはみなに絶滅の危機にある動物たちについて知ってほしいと思っている。

本文の内容

1 あなたはこれらの写真の中でいくつの動物を知っていますか。
2 なぜ私たちは絶滅の危機にさらされている動物たちを守るべきなのですか。

New Words

protect	[prətékt プロテクト]	動 …を守る，保護する
endangered	[indéindʒərd インデインヂャド]	形 絶滅の危機にさらされている

教科書 → p.37

メグは，緑市(みどりし)国際交流センターで，あるポスターを見つけました。

? What is the poster about?

2 Many kinds of animals are in danger (デインヂャ) of extinction (イクスティンクション). 3 Today they are facing many challenges, such as climate (クらイメット) change and human activities. 4 It is difficult for endangered animals to survive (サヴァイヴ) in these conditions (コンディシャンズ). 5 It is important for us to understand this.

6 The fastest animal needs the fastest help!

7 Save us, or there will be trouble.

[58 words]

New Words

- danger [déindʒər]
- extinction [ikstíŋkʃn]
- climate [kláimit]
- survive [sərváiv]
- condition(s) [kəndíʃn(z)]
- *be in danger of*

[ai] climate / survive

名詞の役割をする表現

- Riding a bike is easy.
- To ride a bike is easy.
- It is easy to ride a bike.

New Words

danger	[déindʒər デインヂャ]	名 危険(性)
extinction	[ikstíŋkʃn イクスティンクション]	名 絶滅
climate	[kláimit クらイメット]	名 気候
survive	[sərváiv サヴァイヴ]	動 生き残る
condition(s)	[kəndíʃn(z) コンディシャン(ズ)]	名 状況
be in danger of		…の危険がある，危険にさらされている
*save	[séiv セイヴ]	動 …を救う
*change	[tʃéindʒ チェインヂ]	名 変化
*human	[hjúːmən ヒューマン]	形 人間の，人間的な
*for	[fɔ́ːr ふォーア；(弱く言うとき) fər ふォ]	前 [「It is ... (for＋(人))＋to＋動詞の原形」の意味上の主語として] (人)が(～することは)
*fast	[fǽst ふぁスト]	形 速い
*or	[ɔ́ːr オーア；(弱く言うとき) ər ア]	接 [主に命令文のあとで] そうしなければ

本文の内容

? このポスターは何について書かれたものですか。

1 動物たちを救え
2 多くの種類の動物たちが絶滅の危険にさらされています。
3 今日，彼らは気候変動や人間の活動といった多くの難問に直面しています。
4 絶滅の危機にさらされた動物たちにとってこうした状況を生き残ることは難しいです。
5 私たちがこのことを理解することが重要です。
6 最速の動物が最速の助けを必要としています！
7 私たちを助けて，でないと困ったことになるでしょう。

スタディ

3 **Today they are facing many challenges, such as climate change and human activities.**

このfaceは「…に直面する」という動詞の意味で使われています。challengeには「挑戦」という意味のほかに「難問」という意味があり，ここでは後者の意味で使われています。such as ... は「(例えば) …のような」を表します。climate「気候」のiは[ai]と発音し，survive「生き残る」のiと同じ発音です。

4 **It is difficult for endangered animals to survive in these conditions.**

「It is ... (for + 人など) + to + 動詞の原形」で「(人などにとって) ～することは…です」という意味を表します。文頭のitは形式主語でto survive in these conditions「こうした状況を生き残ること」を指しています。「for + (人など)」が入ると，「(人など)が」，「(人など)にとって」という意味が加わります。「絶滅の危機にさらされた動物たちにとって」を表しています。

5 **It is important for us to understand this.**

「It is ... (for + 人など) + to + 動詞の原形」で「(人などにとって) ～することは…です」という意味を表します。itは「to + 動詞の原形」を指す形式主語となっています。文末のthisはこれまでの文の内容(多くの動物が絶滅の危機にさらされ，困難に直面し，生き残るのが難しくなっている)を指しています。

教科書 ➔ p.37

It is important **for** us **to understand** the problem.

It is ... (for＋(人など))＋to＋動詞の原形
forを使うと「(人など)が」「(人など)にとって」という意味が加わる。

Practice 例 It's important for us to understand the problem.

ポスターを見てそれぞれが感じたことを話しています。

① difficult / us / do something for these animals

② necessary / everyone / care about animals
…を気にかける

③ interesting / me / learn about animals

好きな教科や趣味(しゅみ)について，「…するのは私にとって楽しい(fun)」という文を言い，ノートに書きましょう。

書いて覚えよう

2 多くの種類の動物たちが絶滅の危険にさらされています。

______

______

4 絶滅の危機にさらされた動物たちにとってこうした状況を生き残ることは難しいです。

______

______

5 私たちがこのことを理解することが重要です。

______

______

ビジュアルスタディ

形式的な主語　不定詞の意味上の主語　本当の主語

It is important **for** us **to understand** the problem.

「私たちが」「問題を理解すること」(私たちが問題を理解することが重要です。)

「私たちにとって」

●「(人などにとって) ～することは…です」→「It is ... (for＋人など)＋to＋動詞の原形」

「～するのは…です」は，不定詞を主語にすると主語の部分が長くなり，バランスの悪い文になってしまいます。そこで，**it**を形式的に主語にして，本当の主語(不定詞)をあとに置いた言い方がよく使われます。このとき，itは日本語に訳さず，不定詞の部分を主語として訳します。不定詞の動作をするのがだれかを言うときは，不定詞の前に**「for＋人」**を置きます。

Practice

ヒント　例は「私たちが問題を理解することが重要です」という意味です。

解答例　① It's difficult for us to do something for these animals.
(私たちがこれらの動物たちのために何かをすることは難しいです。)

② It's necessary for everyone to care about animals.
(全ての人々が動物たちを気にかけることが必要です。)

③ It's interesting for me to learn about animals.
(動物について学ぶことは私にとっておもしろいです。)

ヒント　「…するのは私にとって楽しい」はIt is fun for me to ... で表します。

解答例　It is fun for me to read comic books. (マンガを読むのは私にとって楽しいです。)

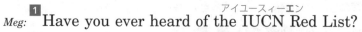

教科書 ➔ p.38

メグは海斗に絶滅のおそれのある動物について話しています。

[?] What animals are in danger now?

Meg: [1] Have you ever heard of the IUCN Red List?

Kaito: [2] No, I've never heard of it. [3] What is it?

Meg: [4] The Red List gives us information about endangered animals, birds, plants, and so on.

Kaito: [5] What animals are on the list?

Meg: [6] Pandas, cheetahs, and gorillas, for example.

Kaito: [7] Really? [8] I didn't know that.

Meg: [9] Some animals and birds in Japan are also on it.

[10] I want everyone to know that.

Kaito: [11] Why don't we write an article for our class newspaper?

Meg: [12] That's a good idea. [79 words]

New Words

cheetah(s) [tʃíːtə(z)]

IUCN [àijuːsiːén] 国際自然保護連合

Plus One

本文1行めの質問を，自分たちのことに置きかえてたずね合いましょう。

IUCNレッドリストの分類(一部)

VULNERABLE 危急

ジャイアントパンダ

ENDANGERED 絶滅危惧

トキ

CRITICALLY ENDANGERED 近絶滅

ヒガシローランドゴリラ

EXTINCT IN THE WILD 野生絶滅

シロオリックス

EXTINCT 絶滅

フクロオオカミ

New Words

cheetah(s)	[tʃíːtə(z) チータ(ズ)]	名 チーター
*want ... to ~		…が～することを望む，…に～してほしい

本文の内容

? 現在，どんな動物が危険にさらされていますか。

メグ：1 今までに国際自然保護連合のレッドリストについて聞いたことがある？
海斗：2 いいや，一度も聞いたことないよ。
3 それは何なの。
メグ：4 レッドリストは絶滅の危機にさらされている動物，鳥，植物などの情報をくれるのよ。
海斗：5 そのリストにはどんな動物が載っているの？
メグ：6 例えば，パンダ，チーター，それからゴリラね。
海斗：7 本当に？
8 それは知らなかったな。
メグ：9 日本の動物や鳥も何種類か載っているのよ。
10 みんなにもそのことを知ってほしいな。
海斗：11 学級新聞に記事を書いてみない？
メグ：12 それはいい考えね。

スタディ

1 Have you ever heard of the IUCN Red List?

「Have you ever＋過去分詞 ...?」は「あなたは今までに…したことがありますか」を表す現在完了形の経験用法の文です。hear of ... は「…について聞く」という意味です。

2 No, I've never heard of it.

前文の現在完了形の経験用法の疑問文に対する答えの文です。「have never＋過去分詞 ...」で「一度も…したことがない」を表します。

10 I want everyone to know that.

「want＋(人など)＋to＋動詞の原形」という形で「(人など)に…してほしい」という意味になります。文尾のthatは前文までの「国際自然保護連合」についての情報を指しています。「全ての人にそのことを知ってほしい」を表します。

11 Why don't we write an article for our class newspaper?

Why don't we ...?は「(いっしょに) …しませんか」という意味の表現です。

教科書 → p.38

I **want** everyone **to know** this fact.

want＋(人など)＋to＋動詞の原形
「(人など)が…することを望む」「(人など)に…してほしい」という意味になる。

Practice 例 I want everyone to know this fact.

メグと海斗は学級新聞に載せるための記事を書きます。

I want you to .... (私はあなたに…してほしい)は目上の人には使わないよ。

① I / Meg / check my English

② Kaito / Mr. Toda / read their article

③ Mr. Toda / the students / make a speech

クラスメートや家族に英語を教えてもらうなら，だれに教えてほしいかを言い，ノートに書きましょう。

書いて覚えよう

1 今までに国際自然保護連合のレッドリストについて聞いたことがある？

2 いいや，一度も聞いたことないよ。

10 みんなにもそのことを知ってほしいな。

11 学級新聞に記事を書いてみない？

ビジュアルスタディ

I **want** everyone **to know** this fact.

「望む」「全ての人」 →「知ること」(私は全ての人にこの事実を知ってほしいです。)

●「(人など)に…してほしい」→「want＋(人など)＋to＋動詞の原形」

「want to＋動詞の原形」は「…したい」という意味です。これに対して，「(人などに) …してほしい」と言うときは，「want＋(人など)＋to＋動詞の原形」の形を使います。

Practice

ヒント 例は「私は全ての人にこの事実を知ってほしいです」という意味です。

解答例 ① I want Meg to check my English.
(私はメグに私の英語をチェックしてほしいです。)

② Kaito wants Mr. Toda to read their article.
(海斗は戸田先生に彼らの記事を読んでほしいです。)

③ Mr. Toda wants the students to make a speech.
(戸田先生は生徒たちにスピーチをしてほしいです。)

ヒント I want ... to teach English. の文を書きましょう。

解答例 I want Becky to teach English. (私はベッキーに英語を教えてほしいです。)

教科書 ➔ p.39

Listen

メグと海斗が家での手伝いについて話しています。2人の対話を聞いて次の問いに答えましょう。

1 次の①～③について，海斗がどう言っているか，右のⒶ～Ⓓから1つずつ選びましょう。

① (　　)

take out the garbage

② (　　)

wash the dishes carefully

③ (　　)

walk our dog

Ⓐ hard
Ⓑ easy
Ⓒ fun
Ⓓ impossible 不可能な

2 そうじについて，海斗が話していることを2つ選びましょう。 (　　) (　　)

Ⓐ そうじは得意である。
Ⓑ そうじは苦手である。
Ⓒ 母は海斗に部屋のそうじをしてほしいと思っている。
Ⓓ 海斗は母に部屋のそうじをしてほしくない。

Speak & Write

1 クラスメートが得意なことは何でしょうか。例 にならって①～③のことなどについて質問をして，表に名前を書きましょう。

例 *A:* Is it easy for you to get up early?
B: Yes, it is. It's easy for me to get up early.
[No, it's not. It's hard for me to get up early.]

④はTool Boxも参考にして自分で質問を考えよう。

解答例	easy (簡単な)	hard (難しい)	impossible (不可能な)
例 get up early (早起きする)	メグ	海斗	
① cook a meal (食事を作る)	メグ		海斗
② draw pictures (絵をかく)	メグ		海斗
③ use a computer (コンピュータを使う)	海斗	メグ	
④ read many books (たくさんの本を読む)	海斗	メグ	

2 **1** で聞いたクラスメートの得意なことをふまえて，その人にたのむならどんなことがよいかを考え，例 にならって発表しましょう。
発表した内容はあとで書きとめておきましょう。

例 It's easy for Emi to get up early.
I want her to give me a wake-up call.

Tool Box

●得意なこと
1. cook a meal　食事を作る
2. draw pictures　絵をかく
3. find the right clothes　似合う服を見つける
4. get up early　朝早く起きる
5. read many books　たくさんの本を読む
6. use a computer　コンピュータを使う

●たのみたいこと
1. make a *bento* for me　弁当を作る
2. draw my face　自分の似顔絵をかく
3. go shopping with me　いっしょに買い物に行く
4. give me a wake-up call　朝起こすために電話をかける
5. recommend good books on ...　…についてのよい本をすすめる
6. give me some advice on computers　コンピュータについて助言する

Speak & Write

1 **ヒント** 例の意味は次の通りです。

A: あなたにとって早起きすることは簡単ですか。

B: はい，そうです。私が早起きをすることは簡単です。

［いいえ，そうではありません。私が早起きをすることは難しいです。］

解答例 ① *Question:* Is it easy for you to cook a meal?

（質問：あなたにとって食事を作ることは簡単ですか。）

Meg: Yes, it is. It's easy for me to cook a meal.

（メグ：はい。私が食事を作るのは簡単です。）

Kaito: No, it's not. It's impossible for me to cook a meal.

（海斗：いいえ。ぼくは食事を作るのは不可能です。）

② *Question:* Is it easy for you to draw pictures?

（質問：あなたにとって絵をかくことは簡単ですか。）

Meg: Yes, it is. It's easy for me to draw pictures.

（メグ：はい。私が絵をかくのは簡単です。）

Kaito: No, it's not. It's impossible for me to draw pictures.

（海斗：いいえ。ぼくは絵をかくのは不可能です。）

③ *Question:* Is it hard for you to use a computer?

（質問：あなたにとってコンピュータを使うことは難しいですか。）

Meg: Yes, it is. It is hard for me to use a computer.

（メグ：はい。私がコンピュータを使うのは難しいです。）

Kaito: No, it isn't. It is easy for me to use a computer.

（海斗：いいえ。ぼくがコンピュータを使うのは簡単です。）

④ *Question:* Is it hard for you to read many books?

（質問：あなたにとってたくさんの本を読むことは難しいですか。）

Meg: Yes, it is. It is hard for me to read many books.

（メグ：はい。私がたくさんの本を読むのは難しいです。）

Kaito: No, it isn't. It is easy for me to read many books.

（海斗：いいえ。ぼくがたくさんの本を読むのは簡単です。）

2 **ヒント** 例は「エミが早起きするのは簡単です。ぼくは彼女に朝起こすために電話をかけてほしいです」という意味です。

解答例 It's easy for Kaito to use a computer.

（海斗がコンピュータを使うのは簡単です。）

I want him to give me some advice on computers.

（私は彼にコンピュータについて助言してほしいです。）

教科書 → p.40

メグと海斗は，トキについて調べて学級新聞の記事としてまとめました。

? Could we see many *toki* in Japan before?

New Words

- let [lét]
- until [əntíl]
- era [írə]
- population [pɑ̀pjəléiʃn]
- rapidly [rǽpidli]
- feather(s) [féðər(z)]
- development [divéləpmənt]
- destroy(ed) [distrɔ́i(d)]
- environment [inváirənmənt]
- capture(d) [kǽptʃər(d)]
- breed(ing) [brí:d(iŋ)]
- safely [séifli]
- die(d) [dái(d)]
- government [gʌ́vərnmənt]
- fly [flái]
- crested ibis [kréstid áibis] トキ
- -born [bɔ́:rn] …生まれの

- *up until*
- *one by one*

1 **Endangered Animals in the World**

2 Let us give you one example from the Red List. 3 It is the crested ibis, or *toki* in Japanese. 4 Up until the Meiji era, we could see many ibises around this country.

5 However, the population of ibises in Japan rapidly decreased. 6 People hunted them for their beautiful feathers, and development destroyed their environment. 7 It was difficult for them to survive.

8 In 1981, five ibises were captured on Sado Island for breeding. 9 People tried to help them live safely, but they died one by one. 10 The last one died in 2003.

11 However, we still had some Chinese-born ibises on the island. 12 They were a gift from the Chinese government in the 1990s. 13 Since then, people have been breeding these ibises. 14 We have lost all of the original Japanese ibises, but someday ibises may fly over Japan like before.

[142 words]

New Words

let	[lét れット]	動(人)に…させる
until	[əntíl アンティる]	前…まで(ずっと)，[否定文で]…までは(〜しない)
era	[írə イラ]	名時代，年代
population	[pɑ̀pjəléiʃn パピュれイシャン]	名人口，(動物の)個体数
rapidly	[rǽpidli ラぁピッドり]	副速く，急速に
feather(s)	[féðər(z) ふェざ(ズ)]	名羽
development	[divéləpmənt ディヴェろプメント]	名開発
destroy(ed)	[distrɔ́i(d) ディストゥロイ(ド)]	動…を破壊する
environment	[inváirənmənt インヴァイロンメント]	名環境
capture(d)	[kǽptʃər(d) キぁプチャ(ド)]	動…を捕まえる
breed(ing)	[brí:d(iŋ) ブリード(ブリーディング)]	動…を飼育する，繁殖する

本文の内容

? 以前は日本では多くのトキを見ることができましたか。

1 世界の絶滅危惧動物

2 レッドリストからの一例をあげさせてください。3 それはthe crested ibis，日本語でトキです。4 明治時代までは国中で多くのトキが見られました。

5 しかしながら，日本のトキの数は急速に減少しました。6 人々はその美しい羽を求めてトキを狩り，開発が生息環境を破壊したのです。7 トキは生き残るのが難しかったのです。

8 1981年に佐渡島で5羽のトキが繁殖のために捕獲されました。9 人々は，彼らが安全に生きられるよう手助けしようとしましたが，1羽また1羽と死んでいきました。10 最後の1羽も2003年に死にました。

11 ですが，島にはまだ数羽の中国生まれのトキがいました。12 それらのトキは1990年代に中国政府から贈られたものでした。13 それ以来，人々はこれらのトキを繁殖させてきました。14 私たちは日本独自のトキを全て失ってしまいましたが，いつの日か昔のように日本の空をトキたちが飛ぶようになるかもしれません。

スタディ

2 Let us give you one example from the Red List.

「let＋(人など)＋動詞の原形」の形は「(人など)に…させる」を表します。「あなたたちにレッドリストからの一例をあげさせてください」という意味です。

4 Up until the Meiji era, we could see many ibises around this country.

up untilは「…まで」という意味です。ここでは「明治時代までは」という意味を表しています。

9 People tried to help them live safely, but they died one by one.

「help＋(人など)＋動詞の原形」の形は「(人など)が…するのを助ける」を表します。「人々は彼ら(＝トキ)が安全に生きるのを助けようとしたが，…」という意味になります。このtoのつかない動詞の原形を原形不定詞といいます。

safely	[séifli セイふリ]	副 安全に
die(d)	[dái(d) ダイ(ド)]	動 死ぬ
government	[gʌ́vərnmənt ガヴァ(ン)メント]	名 政府
fly	[flái ふらイ]	動 飛ぶ
up until		…まで
one by one		1人[1つ]ずつ
*the	[(子音の前で) ðə ざ，(母音の前で) ði ずィ]	冠 [単数名詞につけて種類全体を表す] …というもの the crested ibis トキ
*or	[ɔ́ːr オーア；(弱く言うとき) ər ア]	接 すなわち，言いかえれば
*help	[hélp へるプ]	動 (人)が…するのを手伝う
*last	[lǽst らぁスト]	形 最後の，最終の
*then	[ðén ぜン]	名 そのとき
*lost	[lɔ́ːst ろースト]	動 [loseの過去分詞]
*over	[óuvər オウヴァ]	前 …の上に，上方に

教科書 ➔ p.40

Let us **give** you one example.
People **helped** *toki* **live** safely.

let [help] ＋(人など)＋動詞の原形
〈let＋(人など)＋動詞の原形〉で「(人など)に…させる」,〈help＋(人など)＋動詞の原形〉で「(人など)が…するのを助ける」という意味になる。

Practice 例 People helped *toki* live safely.

メグと海斗は助け合いながら記事を書いて，クラスで発表しました。

① Meg / Kaito / write an English article
② Kaito / Meg / read Japanese books
③ their speech / the students / learn about endangered animals

教科書p.39のSpeak & Writeを参考に，自分ならだれが何をするのを助けられるかを言い，ノートに書きましょう。

書いて覚えよう

2 レッドリストからの一例をあげさせてください。

____

____

9 人々は，彼らが安全に生きられるよう手助けしようとしましたが，1羽また1羽と死んでいきました。

____

____

13 それ以来，人々はこれらのトキを繁殖させてきました。

____

____

ビジュアルスタディ

Let us **give** you one example.

「…させる」「私たち」→「…を与える」(動詞の原形)　(一例をあげさせてください。)

People **helped** *toki* **live** safely.

「…を助ける」「トキ」→「生きる」(動詞の原形)

(人々はトキが安全に生きる手助けをしました。)

●「(人など)に…させる」→「let＋(人など)＋動詞の原形」

●「(人など)が…するのを助ける」→「help＋(人など)＋動詞の原形」

「let [help]+ (人など)＋動詞の原形」の形で「(人など)に…させる[が…するのを助ける]」という意味になります。このとき，動詞の原形にtoはつかないので注意しましょう。この動詞の原形を原形不定詞といいます。

Practice

ヒント　例は「人々はトキが安全に生きる手助けをしました」という意味です。

解答例　① Meg helped Kaito write an English article.
(メグは海斗が英語の記事を書くのを手伝いました。)

② Kaito helped Meg read Japanese books.
(海斗はメグが日本語の本を読むのを手伝いました。)

③ Their speech helped the students learn about endangered animals.
(彼らのスピーチは生徒たちが絶滅の危機にさらされている動物たちについて学ぶのに役立ちました。)

ヒント　I can help ... ＋動詞の原形〜. の文を書きましょう。

解答例　I can help Meg use a computer.
(私はメグがコンピュータを使うのを手伝うことができます。)

教科書 ➔ p.41

Round 1 Get the Gist

時間の表現に着目して本文を読んで，①～⑤のそれぞれの時期にあった出来事を線で結びましょう。

解答
① 明治時代まで — 日本中でトキが見られる。
② 1981年 — 5羽のトキが佐渡島で繁殖のために捕獲される。
③ 2003年 — 日本のトキの最後の1羽が死ぬ。
④ 現在 — 中国からおくられたトキの繁殖を続ける。
⑤ 未来 — 日本の上を以前のようにトキが飛ぶようになるかもしれない。

Round 2 Focus on the Details

次の①～⑤の文を読んで，本文の内容に合っているものにはTを，合っていないものにはFを(　　)に書きましょう。

解答
① The crested ibis is on the Red List. (T)
② The number of ibises in Japan decreased very slowly. (F)
③ People captured the five ibises to breed them. (T)
④ Japan gave some Japanese-born ibises to China as a gift. (F)
⑤ We still have some of the original Japanese ibises now. (F)

Round 3 Think and Express Yourself

1 日本のトキと人間の関係について，次の文章の＿＿に適切な語を入れて説明しましょう。

The population of ibises in Japan decreased because people ＿＿＿＿＿＿ them and ＿＿＿＿＿＿ their environment.

Since the 1990s, people have been ＿＿＿＿＿＿ the Chinese-born ibises.

2 本文を読んで感じたことや驚いたこと，ほかの人に知ってほしいと思ったことなどを1文で書きましょう。

例 I think it's necessary for us to ....
I'm surprised to know that ....
I want people to know that ....

Round 1

ヒント ①は本書p.96の4の文，②は8の文，③は10の文，④は13の文，⑤は14の文をそれぞれ参考にしましょう。

Round 2

ヒント ①は本書p.96の2と3の文，②は5の文，③は8の文，④は12の文，⑤は10と14の文をそれぞれ参考にしましょう。英文の意味は次の通りです。

① トキはレッドリストに載っている。

② 日本のトキの数は非常にゆっくりと減少した。

③ 人々は5羽のトキを繁殖するために捕まえた。

④ 日本は日本生まれのトキを何羽か贈り物として中国に与えた。

⑤ 私たちは現在も日本独自のトキの数羽を保有している。

Round 3

1 ヒント 英文の意味は次の通りです。

日本のトキの数は人々がそれらを＿＿＿＿＿して，それらの環境を＿＿＿＿＿ことにより減少しました。

1990年代以降，人々は中国生まれのトキを＿＿＿＿＿しています。

解答例 hunted（…を狩った）/ destroyed（…を破壊した）/ breeding（…を飼育する）

2 ヒント 英文の意味は次の通りです。

私は私たちが…することが必要だと思います。

私は…ということを知って驚いています。

私は…であることを人々に知ってほしいと思っています。

解答例 I'm surprised to know that we have lost all of the original Japanese ibises.

（私は私たちが日本独自のトキを全て失ったと知って驚いています。）

I want people to know that *toki* is on the Red List.

（私は人々にトキがレッドリストに載っていることを知ってほしいと思います。）

教科書 ➔ p.42

メグと海斗に誘われて，朝美とジョシュも調べたことをまとめました。

? Why are the gorillas in the Congo endangered?

1 Some gorillas are also on the Red List. **2** According to a study, the largest gorillas in the Congo may die out soon. **3** There are many reasons, such as hunting, logging, and mining. **4** Surprisingly, our electronic devices are one of these reasons.

5 To make these devices, we need some special metals. **6** Some of these metals come from the gorillas' habitat. **7** If we use more devices, more of their habitat may be destroyed. **8** These gorillas may not survive. **9** We have to understand this.

10 Why do we have to protect these animals? **11** Each animal has its own role in the ecosystem. **12** If we lose one species, it affects many others. **13** Human beings are also part of this ecosystem. **14** We are all related to each other. **15** So it is important for us to take action now. **16** Let's help the animals survive.

[137 words]

New Words

- logging [lɔ́:giŋ]
- mining [máiniŋ]
- surprisingly [sərpráiziŋli]
- electronic [ilèktránik]
- device(s) [diváis(iz)]
- metal(s) [métl(z)]
- ecosystem [í:kousìstəm]
- species [spí:ʃi:z]
- affect(s) [əfékt(s)]
- human being(s) [hjú:mən bí:iŋ(z)]
- relate(d) [riléit(id)]
- the Congo [ðə káŋgou] コンゴ民主共和国[国名]

- *die out*
- *relate ... to ~*

[ou] ecosystem
[ɑ] electronic
[ɔ:] logging

●一言メモ
コンゴ民主共和国
Democratic Republic of the Congoが正式名称。アフリカ中部に位置し，アフリカ大陸内で第二の面積を持つ。となりにあるコンゴ共和国とは別の国。

本文の内容

? コンゴのゴリラはなぜ絶滅の危機にさらされているのですか。

1 レッドリストには数種のゴリラも記載されています。2 ある研究によれば，コンゴに生息する最も大きなゴリラたちがじきに絶滅するかもしれないのです。3 狩猟，伐採，採鉱など多くの理由があります。4 驚くべきことに，私たちの使う電子機器もそうした理由の一つなのです。

5 これらの機器を作るには，いくつかの特殊な金属が必要となります。6 これらの金属のいくつかはゴリラの生息地から採れるのです。7 私たちが多くの機器を使えば使うほど，いっそう彼らの生息地が破壊されかねないのです。8 このゴリラたちは生き残れないかもしれません。9 私たちはこのことを知っておかなければなりません。

10 なぜ私たちはこうした動物たちを守らなければならないのでしょうか。11 どの動物も生態系の中でそれぞれの役割を持っています。12 1つの種がいなくなれば，それはほかの多くの種に影響します。13 人間もまたこの生態系の一部なのです。14 私たちは全ておたがいに関係し合っているのです。15 ですから，今行動を起こすことが私たちには重要なのです。16 動物たちが生き残れるよう手助けしましょう。

スタディ

2 According to a study, the largest gorillas in the Congo may die out soon.

according to ... は「…によれば」を表します。largest は large の最上級です。large は「大きい」という意味です。die out は「絶滅する」という意味です。

14 We are all related to each other.

relate ... to 〜は「…を〜に関係させる」という意味です。... are related to 〜と受け身になっているので，「…は〜に関係している」となり，「私たちはおたがいに関係している」となります。

15 So it is important for us to take action now.

it は形式主語で to take action now「今行動を起こすこと」を指しています。「for +（人など）」が入ると，「（人など）が」，「（人など）にとって」という意味が加わります。「私たちが今行動を起こすことが重要です」となります。

New Words

logging	[lɔ́:giŋ ろーギンㇰ]	名 伐採
mining	[máiniŋ マイニンㇰ]	名 採鉱，採掘
surprisingly	[sərpráiziŋli サプライズィンㇰリ]	副 驚いたことには
electronic	[ilèktránik イれクトゥラニック]	形 電子の
device(s)	[diváis(iz) ディヴァイス(ィズ)]	名 装置
metal(s)	[métl(z) メトゥる(ズ)]	名 金属
ecosystem	[í:kousìstəm イーコウスィステム]	名 生態系
species	[spí:ʃi:z スピーシーズ]	名 （生物学上の）種［複数形も species］
affect(s)	[əfékt(s) アふェクト(アふェクツ)]	動 …に影響を与える
human being(s)	[hjú:mən bí:iŋ(z) ヒューマン ビーインㇰ(ズ)]	名 人間（全体）
relate(d)	[riléit(id) リれイト(リれイティド)]	動 …を（〜に）関係させる
die out		絶滅する
relate ... to 〜		…を〜に関係させる
*study	[stʌ́di スタディ]	名 研究，調査
*out	[áut アウト]	副 なくなって，消えて

Round 1　Get the Gist

3つのパラグラフにそれぞれ日本語の見出しをつける場合，適切なものを下のⒶ～Ⓓから選びましょう。

解答 第1パラグラフ（ Ⓓ ）　第2パラグラフ（ Ⓑ ）　第3パラグラフ（ Ⓐ ）

Ⓐ 動物を保護すべき理由　Ⓑ 電子機器とゴリラの関係

Ⓒ すでに絶滅した動物たちの例　Ⓓ ゴリラの数が減っている理由

Round 2　Focus on the Details

解答例

本文を読んで，次の質問に答えましょう。

① When may the gorillas in the Congo die out?

② If we lose one species, what happens?

③ Are human beings also part of the ecosystem?

①They may die out soon.
（それらはすぐに絶滅してしまうかもしれません。）

②It affects many others.
（それはほかの多くの種に影響します。）

③Yes, we are.（はい，そうです。）

Round 3　Think and Express Yourself

1 次の①～③は，コンゴ民主共和国のゴリラが絶滅の危機にひんする因果関係をまとめたものです。＿＿に適切な語句を下のⒶ～Ⓔから選んで入れて，文を完成しましょう。

① We need special ＿Ⓓ＿ to make ＿Ⓐ＿.

② People destroy the gorillas' ＿Ⓒ＿ by ＿Ⓔ＿.

③ Gorillas are in danger of ＿Ⓑ＿.

解答

Ⓐ electronic devices　Ⓑ extinction　Ⓒ habitat　Ⓓ metals　Ⓔ mining

2 本文の15行めにtake actionとありますが，ゴリラの場合について，次の具体的な対応例が「有効か」や「実現可能か」を考え，意見を交換（こうかん）しましょう。また，ほかにどんな対応があり得るか，話し合いましょう。

解答例

対応例	有効である	有効でない	実現可能	実現不可能
· make stricter rules for hunting gorillas	☑	☐	☑	☐
· protect and try to breed gorillas	☑	☐	☐	☑
· stop using and producing electronic devices	☑	☐	☐	☑
	☐	☐	☐	☐

①ゴリラ狩りへのさらに厳しい規則を作る
②ゴリラを保護し，ゴリラの繁殖を試みる
③電子機器の使用と生産をやめる

Why should we protect endangered animals?
What can you do to protect them?

例 We should protect endangered animals because .... I think I [we] can ....

Round 1

ヒント 各パラグラフがどんな内容かは，各パラグラフの第1文に注目しましょう。

Round 2

ヒント ①は本書p.102の**2**の文，②は**12**の文，③は**13**の文を参考にしましょう。英文の意味は次の通りです。

① コンゴのゴリラはいつ絶滅するかもしれないでしょうか。

② もし私たちが1つの種を失ったら，何が起こりますか。

③ 人間もまた，生態系の一部ですか。

Round 3

1 **ヒント** 選択肢はⒶ「電子機器」，Ⓑ「絶滅」，Ⓒ「生息地」，Ⓓ「金属」，Ⓔ「採鉱」という意味です。「採鉱」とは鉱石を掘り取ることです。英文の意味は次の通りです。

① 私たちは________を作るために特別な________が必要だ。

② 人々は________によってゴリラの________を破壊する。

③ ゴリラは________の危険にさらされている。

2 **ヒント** take actionは「行動を起こす」という意味です。

解答例 ① *A:* ゴリラ狩りをした人々に高額な罰金を科せば，ゴリラ狩りはなくなると思う。

B: 賛成です。国全体で話し合いをして法律を決めれば実現可能なことだと思う。

② *A:* ゴリラの種を後世に残すためには，人間が保護して繁殖を助ける必要があると思う。

B: ゴリラの生活環境を人間が整えることはとても難しいことだと思う。日本独自のトキのようにやってみても，弱って死んでしまうと思う。

③ *A:* 電子機器に使われる特殊な金属をとるためにゴリラは生息地を追われているので，もしも電子機器の使用と生産をやめられたらとても有効なことだと思う。

B: そうですね。でも電子機器が世界中の人々の生活に溶けこんでいる現在，それを使わないことはとても難しいことだと思います。

Point of View

ヒント 質問は「私たちはなぜ絶滅の危機にさらされている動物たちを守らなければなりませんか」，「あなたはそれらを守るために何をすることができますか」という意味です。

例は「私たちは…ので絶滅の危機にさらされている動物たちを守るべきです。／私［私たち］は…できると思います」という意味です。

解答例 We should protect endangered animals because each animal has its own role in the ecosystem. I think we can learn about their environment to help them survive.

（どの動物も生態系の中でそれぞれの役割を持っているので，私たちは絶滅の危機にさらされている動物たちを守るべきです。私たちは彼らが生き残るのを助けるために，彼らの環境について学ぶことができると思います。）

教科書 ➔ p.44

守りたい日本の動物たち

日本ではどんな動物が絶滅の危機にひんしているのでしょうか。
世界に向けて彼らの現状を知らせるための記事を書きましょう。

STEP 1 紹介したい動物を選ぼう

下のカードの中から，紹介したい動物を選びましょう。

環境省のウェブサイトなどから
自分の好きな動物をさがしてもいいよ。
動物名は難しければローマ字で書こう。

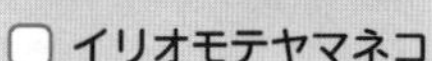

動物名	□ イリオモテヤマネコ	□ シマフクロウ	□ タンチョウ	□
主な生息地	沖縄県	北海道	北海道	
現在の数	約100頭	約140羽	約1,500羽	
絶滅危惧の主な原因	交通事故 (traffic accidents)	森林伐採 (destruction of forests)	湿原の開発 (development of wetlands)	

STEP 2 英語で情報を整理しよう

選んだ動物について，例 にならって，英語で記事をまとめましょう。

例

Let's Help *Toki* Survive!

Name	*Toki* are one of the endangered animals in Japan.
Habitat	They live in Niigata.
Population	There are about 300 in Japan now.
Other Information	They became endangered because of hunting and development.

Let's Help ________ Survive!

____

____

____

____

STEP 3 自分の意見や考えを加えて記事を完成しよう

選んだ動物を守るために必要だと思うことや，自分の考えなどを加えて，記事を完成しましょう。

例1 I think it is important for us to protect the environment.

例2 I want people in the world to know about *toki*.

Unit 3

題材 世界の絶滅のおそれのある動物について知り，自分たちにできることを考える。

活動 自分の意見や考えを加えて記事を書くことができる。

題材   

活動  

ヒント 英文の意味は次の通りです。

例	トキが生き残る手助けをしよう！
名前	トキは日本の絶滅の危機にさらされている動物の１つです。
生息地	それらは新潟に生息しています。
総数	現在日本に約300羽います。
そのほかの情報	彼らは狩りと開発のために絶滅の危機にさらされるようになりました。

解答例

	Let's Help *Iriomoteyamaneko* Survive! （イリオモテヤマネコが生き残る手助けをしよう！）
名前	*Iriomoteyamaneko* are one of the endangered animals in Japan. （イリオモテヤマネコは日本の絶滅の危機にさらされている動物の１つです。）
生息地	They live in Okinawa.（それらは沖縄に生息しています。）
総数	There are about 100 in Japan now. （現在日本に約100頭います。）
そのほかの情報	They became endangered because of traffic accidents. （それらは交通事故によって絶滅の危機にさらされるようになりました。）

STEP 3

ヒント 英文の意味は次の通りです。

例1 私たちが環境を守ることは大切だと思います。

例2 私は世界中の人々にトキについて知ってもらいたいです。

解答例 I think it is important for us to try to drive safely. Then the traffic accidents with *iriomoteyamaneko* may decrease. I want people in the world to know about *iriomoteyamaneko*.

（私たちが安全に運転しようとすることは重要です。そうすればイリオモテヤマネコとの交通事故は減るかもしれません。私は世界中の人々にイリオモテヤマネコについて知ってもらいたいです。）

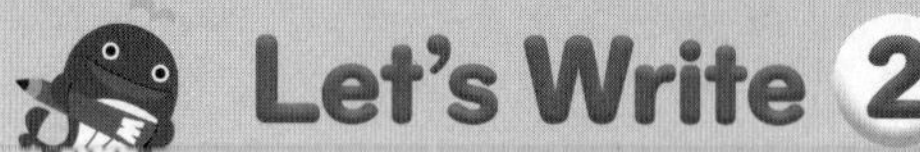

教科書 → p.45

記事への意見 —投稿文—

CAN-DO 社会的な話題について，理由や根拠を含めて自分の意見を書くことができる。 

英語雑誌の記事で，私たちに身近なある問題について，読者の意見を募集しています。

STEP 1

この記事は何についてのものですか。自分の意見を考えながら読みましょう。

Walking and Texting: OK or Not?

Texting and driving is illegal in most places, but what about texting and walking? In 2017, Honolulu, Hawaii, banned texting or looking down at any electronic device when you cross the street. Do you think more cities should make such a law?

(歩きながら携帯電話でメッセージをおくること。問題なしかありか。)

たいていどこでも，携帯電話でメッセージをおくりながら運転することは違法ですが，ではメッセージをおくりながら歩くのはどうでしょうか。2017年，ハワイのホノルルは道を横断する際にメッセージのやり取りをしたり電子機器を見て下を向くことを禁じました。あなたはもっと多くの市がそうした法律を作るべきだと思いますか。)

[48 words]

New Words

- text(ing) [tékst(iŋ)]
- **drive, driving** [dráiv(iŋ)]
- illegal [ilí:gl]
- ban(ned) [bǽn(d)]
- **law(s)** [lɔ́:(z)]
- decision(s) [disíʒn(z)]
- effective [iféktiv]
- bother [bɑ́ðər]
- accident(s) [ǽksidənt(s)]
- Honolulu [hɑ̀nəlú:lu:] ホノルル
- Hawaii [həwáii:] ハワイ
- *What about ...?*
- *work on*

use 名 [jú:s] 動 [jú:z]

STEP 2

次のテーマに対し，賛成か反対かを決め，それぞれの理由をⒶ～Ⓓから選びましょう。

テーマ We need laws for electronic device use on the street. (私たちは路上での電子機器の使用に対する法律が必要である。)

解答例 ☑ 賛成　☐ 反対　→　理由（　Ⓐ　）

Ⓐ Being safe is more important than texting. (携帯電話でメッセージをおくることより安全であることの方が重要だ。)

Ⓑ We can make our own decisions. (自分自身で決められる。)

Ⓒ The police should work on more important things. (警察はもっと重要なことがらに取り組むべきだ。)

Ⓓ Making a law is the most effective way. (法律を作ることが最も効果のある方法だ。)

Ⓔ Most people may keep the law. (ほとんどの人々が法律を守るかもしれない。)

Ⓕ We need to think about it by ourselves. (私たちは自分たちでそれについて考える必要がある。)

ほかに考えられる理由があれば，ⒺⒻに書こう。

STEP 3

自分の意見と理由を組み合わせて，投稿文を書きましょう。
書き終えたら，下の例を読んで，参考になる表現を取り入れて修正しましょう。

例

Introduction ・意見	**I do not think** we need laws for electronic device use on the street. **I have two reasons.**
Body ・理由 ・具体例	**First**, sometimes we really need to use those devices outside. If you are looking at a map, it is a bother to stop looking when you cross the street. **Second**, we can make our own decisions. Bike accidents are common, but many people choose to ride them anyway.
Conclusion ・まとめ	We cannot ban everything. **I do not think** we need such a law.

[79 words]

STEP 3

ヒント 例の英文の意味は次の通りです。

Introduction（導入） ・意見	路上での電子機器の利用に対する法律は必要ないと私は思います。理由は2つあります。
Body（主要部） ・理由 ・具体例	まず，ときどき私たちは屋外でどうしてもこうした機器を使う必要がある場合があります。地図を見ていたら，道を渡る際に見るのをやめるのは面倒です。 第2に，私たちは自分自身で決断をできます。自転車事故はよくあることですが，それでも多くの人は自転車に乗る選択をします。
Conclusion（結論） ・まとめ	何でもかんでも禁止することはできません。私はそういった法律は必要ないと思います。

解答例

Introduction（導入） ・意見	I think we need laws for electronic device use on the street. I have two reasons. （路上での電子機器の利用に対する法律は必要だと私は思います。理由は2つあります。）
Body（主要部） ・理由 ・具体例	First, being safe is more important than texting. Second, most people will keep the law. （まず，携帯電話でメッセージをおくることより安全であることの方が重要です。 第2に，ほとんどの人々が法律を守るでしょう。）
Conclusion（結論） ・まとめ	I think the law for electronic device use on the street is effective. I think we need the law. （私は路上での電子機器の利用に対する法律は効果的だと思います。私たちにはその法律が必要だと思います。）

New Words

text(ing)	[tékst(iŋ) テクスト(テクスティング)]	動 携帯電話などでメッセージをおくる
drive, driving	[dráiv(iŋ) ドゥライヴ(イング)]	動 運転する
illegal	[ilí:gl イリーグる]	形 違法な
ban(ned)	[bǽn(d) バぁン(ド)]	動 …を禁止する
law(s)	[lɔ́:(z) ろー(ズ)]	名 法律，法
decision(s)	[disíʒn(z) ディスィジャン(ズ)]	名 決定，結論
effective	[iféktiv イふェクティヴ]	形 効果的な
bother	[báðər バざ]	名 面倒
accident(s)	[ǽksidənt(s) あクスィデント(あクスィデンツ)]	名 事故
What about ...?		…についてはどう思いますか。
work on		…に取り組む，従事する
*OK	[òukéi オウケイ, óukèi オウケイ]	形 よくて，だいじょうぶで
*any	[éni エニ]	形 [主に肯定文で] どんな…でも
*cross	[krɔ́:s クロース]	動 …を横切る，渡る
*use	[jú:s ユース]	名 使うこと，使用
*work	[wə́:rk ワ～ク]	動 努力する，(…に)取り組む
*on	[án アン]	前【対象】…に対して，…に
*stop	[stáp スタップ]	動 …をとめる，…（するの）をやめる
*choose to		…することに決める

Grammar for Communication 2

不定詞 ～「だれがするか」をとらえよう～

教科書➔p.46

Use 使い方

❶ I want to clean the room.
私は 望みます 部屋をそうじすることを

❷ I want you to clean the room.
私は 望みます あなたが 部屋をそうじすることを

I want you to clean the room.
私は 望みます あなたが 部屋をそうじすることを

❶では「部屋をそうじする」のは「私」，❷では「あなた」になります。つまり，❷の文の目的語であるyouと，不定詞to clean the roomの間には，「あなたが部屋をそうじする」という**〈主語と動詞〉の関係**があることがわかります。このような関係は，次の❸❹でも見られます。

❸ I helped my sister do her homework.
私は 手伝いました 妹が 宿題をするのを

❹ It is important for me to learn English.
大切です 私が［私にとって］ 英語を学ぶことは

「だれがするか［したか］」に注意して使おう。

Form 形

	主語(S)	動詞(V)	目的語(O)	to不定詞／原形不定詞
want [tell] ＋目的語(人など)＋to＋動詞の原形	I	want	you あなたが	to clean the room. 部屋をそうじすることを
	Mr. Toda	told	us 私たちが	to bring our dictionaries. 辞書を持ってくることを
help [let] ＋目的語(人など)＋動詞の原形	I	helped	my sister 私の妹が	do her homework. 宿題をするのを
		Let	me 私が	introduce myself. 自分自身を紹介することを
It is ... (for＋(人など))＋to＋動詞の原形	It is important for		me 私が［私にとって］	to learn English. 英語を学ぶことは

helpやletのあとにくるtoのつかない動詞の原形を「原形不定詞」というよ。

Let's Try! 使ってみよう

サリーと美保(みほ)はティムの話をしています。次の(　　)から適切な語句を選び，場面に合う対話を完成しましょう。

Tim wants to keep studying in Japan. But his grandmother ①(wants to / wants him to) go to high school in the U.K.

Maybe he should talk with our teachers.
I think they will help him ②(make / makes) a decision.

「…したい」と言うときは「want + to + 動詞の原形」で表しますが，「(人など)に…してほしい」と言うときは「want + (人など) + to + 動詞の原形」の形で表すことができます。また，「tell + (人など) + to + 動詞の原形」で「(人など)に…するように言う」を表します。

「(人など)が…するのを助ける」は「help + (人など) + 動詞の原形」の形で，「(人など)に…させる」は「let + (人など) + 動詞の原形」の形で表します。「to + 動詞の原形」ではなく，原形不定詞であることに注意しましょう。

「(人など)が…するのは～です」は，It is ～ for + (人など) + to + 動詞の原形」の形で表します。「for + (人など)」によって，だれがするかを表すことができます。

Use 使い方

英文の意味は次の通りです。
❶私は部屋をそうじしたいです。
❷私はあなたに部屋をそうじしてほしいです。
❸私は妹が宿題をするのを手伝いました。
❹私が英語を学ぶことは大切です。

Form 形

英文の意味は次の通りです。

want [tell] + 目的語(人など) + to + 動詞の原形

私はあなたに部屋をそうじしてほしいです。
戸田先生は私たちに辞書を持ってくるように言いました。

help [let] + 目的語(人など) + 動詞の原形

私は妹が宿題をするのを手伝いました。
自己紹介をさせてください。

It is ... (for + (人など)) + to + 動詞の原形

私が英語を学ぶことは大切です。

Let's Try! 使ってみよう

ヒント 不定詞の形をよく確認しましょう。「want + 目的語(人など) + to + 動詞の原形」で「人に…してほしい」を表します。「help + 目的語(人など) + 動詞の原形」で「人が…する手助けをする」を表します。英文の意味は次の通りです。

サリー：ティムは日本で勉強し続けたいと思っているわ。でも彼の祖母はイギリスの高校に(行きたい／彼に行ってほしい)。

美保　：たぶん彼は先生たちと話すべきでしょう。彼らは彼が決断する手助けをするでしょう。

解答 ① wants him to　② make

学び方コーナー 2　文章の組み立て方

教科書→p.47

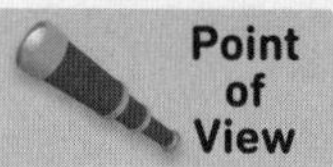

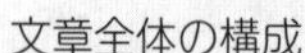

長い説明文のような文章を書くときは，英語の論理的な考え方に合った構成が必要です。
ここでは「パラグラフ・ライティング」の基本を知り，英語らしい文章を書けるようにしましょう。

文章全体の構成

- 導入(Introduction)
- 本文(Body)
  - 第1パラグラフ
  - 第2パラグラフ
  - ⋮
- まとめ(Conclusion)

これまで，「導入」→「本文」→「まとめ」から成る文章全体の構成を学んできました。より長い文章の場合，それぞれがさらにいくつかの「パラグラフ」にわかれます。1つ1つのパラグラフの構成の仕方を「パラグラフ・ライティング」といいます。

「パラグラフ・ライティング」の大原則

①1つのパラグラフでは1つの主題について述べる。

②パラグラフは「主題文 ＋ 支持文 (＋ 結論文)」から成る。

- 主題文：パラグラフの中心となる考え(主題)を示す文
- 支持文：主題を詳しく説明するために，理由を述べたり具体例をあげたりする文
- 結論文：主題を別の言葉で言いかえ，パラグラフの内容をまとめる文

短いパラグラフのときは，結論文が省略されることがあるよ。

主題文 (a topic sentence)
(動物を守るべきという前提で)「なぜ守らなくてはいけないのか」という主題が示されています。

支持文 (supporting sentences)
動物を守らなくてはいけない理由について，5文にわたって説明されています。

結論文 (a concluding sentence)
「動物が生き残れるように助けましょう」と言いかえて，パラグラフの内容をまとめています。

Why do we have to protect these animals? Each animal has its own role in the ecosystem. If we lose one species, it affects many others. Human beings are also part of this ecosystem. We are all related to each other. So it is important for us to take action now. Let's help the animals survive.

So ..., First, ... など，話の流れを示す語に気をつけよう。

Let's Try

「部活動は中学生にとってよい点がたくさんある」という主題のパラグラフを4文で書くことになりました。
Ⓐ～Ⓓの文を並べかえて，正しい構成のパラグラフにしましょう。　(　　→　　→　　→　　)

ⒶSecond, they can make friends with students in different years.
ⒷSo it's good for students to join club activities.
ⒸClub activities have many good points for junior high school students.
ⒹFirst, students can learn new things through their club activities.

英文の内容は次の通りです。

主題文 (a topic sentence)	なぜ私たちはこうした動物たちを守らなければならないのでしょうか。
支持文 (supporting sentences)	どの動物も生態系の中でそれぞれの役割を持っています。1つの種がいなくなれば，それはほかの多くの種に影響します。人間もまたこの生態系の一部なのです。私たちは全ておたがいに関係し合っているのです。ですから，今行動を起こすことが私たちには重要なのです。
結論文 (a concluding sentence)	動物たちが生き残れるよう手助けしましょう。

Let's Try

ヒント First「第1に」，Second「第2に」，So「だから」などの話の流れを示す語に注目して，主題文→支持文(→結論文)のパラグラフ・ライティングの大原則にそって並べましょう。英文の意味は次の通りです。

Ⓐ 次に，彼らは異なる学年の生徒たちと友達になることができます。

Ⓑ だから，生徒たちが部活動に参加することはいいことです。

Ⓒ 部活動は中学生にとってたくさんのいい点があります。

Ⓓ まず，生徒たちは彼らの部活動を通じて新しいものごとを学ぶことができます。

解答 Ⓒ → Ⓓ → Ⓐ → Ⓑ

(主題文) Ⓒ 部活動は中学生にとってたくさんのいい点があります。

(支持文1) Ⓓ まず，生徒たちは彼らの部活動を通じて新しいものごとを学ぶことができます。

(支持文2) Ⓐ 次に，彼らは異なる学年の生徒たちと友達になることができます。

(結論文) Ⓑ だから，生徒たちが部活動に参加することはいいことです。

Stage Activity 1 My Activity Report

教科書➔pp.48-49

GOAL これまでの経験をふり返って活動報告を発表することができる。

目的 場面 状況　部活動や委員会・係などの活動に一区切りがつく時期を迎え，活動報告をすることになりました。これまでの経験をふり返り，クラスメートや後輩へのメッセージも加えながら報告しましょう。

STEP 1 活動報告を聞こう

1 海斗とメグがそれぞれの活動報告をしています。発表を聞いて，わかったことをメモしましょう。

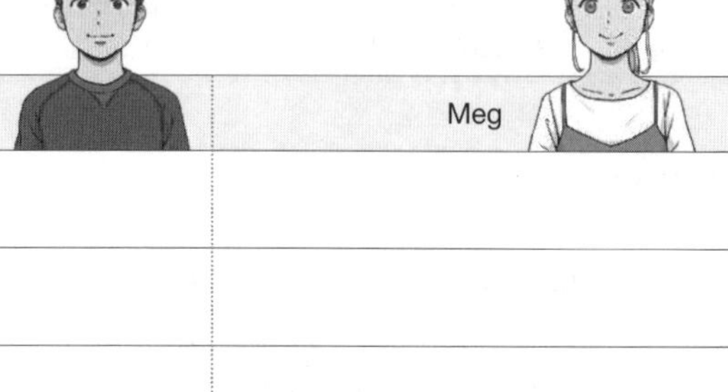

	Kaito	Meg
部活動，委員会・係		
したこと・経験		
みんなへのメッセージ		

これまでの経験を伝えるのにどんな表現を使っているかにも気をつけて聞こう。

STEP 2 即興で活動報告をしよう

1 STEP 1の表にならって，自分の部活動や委員会・係などの活動について報告したいことを考え，キーワードを書き出しましょう。教科書p.51のWord Room 1も参考にしましょう。

部活動，委員会・係	
したこと・経験	
みんなへのメッセージ	

2 グループになり，メモをもとに1人30秒程度で，即興で発表し合いましょう。聞く人は，それぞれの発表後に，わかったことやもっと知りたいことなどを書きとめましょう。

わかったこと・知りたいこと

まずは原稿を書かずに即興で伝えてみよう。

STEP 3 活動報告の内容を見直そう

1 STEP 2の活動報告について，自分が話した文を書き起こしましょう。

部活動，委員会・係	
したこと・経験	
みんなへのメッセージ	

自分の原稿に足りない部分はないか，考えてみよう。

STEP 2

1 解答例

部活動，委員会，係	brass band（ブラスバンド部）
したこと・経験	practice hard to improve my performance （演奏を改善するために一生懸命練習する）
みんなへのメッセージ	play a solo at the school festival （文化祭でソロパートを演奏する） want you to listen to our performance （演奏を聴いてほしい）

2 解答例　わかったこと・知りたいこと

a member of brass band　　ブラスバンド部の一員

何の楽器を演奏するか

practice hard to improve her performance　　演奏を改善するために一生懸命練習している

どのくらい練習するか

play a solo part at the school festival　　文化祭でソロパートを演奏する

文化祭はいつか

STEP 3

1 解答例

部活動，委員会，係	I'm a member of the brass band. （私はブラスバンド部の一員です。）
したこと・経験	I have been practicing hard to improve my performance. （私は演奏を改善するために一生懸命に練習してきています。）
みんなへのメッセージ	I will play a solo at the school festival next month. （私は来月の文化祭でソロパートを演奏する予定です。） I want you to come and listen to our performance. （私はあなたたちに来て演奏を聞いてほしいです。）

教科書 → p.49

2 グループで，それぞれの活動報告について，例 にならって質問やアドバイスを伝え合いましょう。

例1 もっと知りたいことをたずねる場合

① 
(あなたの来月の試合について教えて。)
Tell me about your games next month.

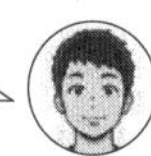
We have the national tournament. They'll be our last games.
(全国トーナメントがあるんだ。それがぼくたちの最後の試合になるんだ。)

(わあ！　全国トーナメント！)
Wow! The national tournament!

② 
(先発メンバーなの？)
Are you a starter?

(うん。この前の春から先発なんだ。)
Yes. I've been a starter since last spring.

③ 
(いちばん練習しているのは何？)
What are you practicing the most?

I'm practicing my corner kicks.
(コーナーキックを練習しているよ。)

例2 よりよくするためのアドバイスをする場合

④ 
I think you need something more at the beginning and the ending.
(最初の部分と結末にもっと何かが必要だと思うわ。)

Oh, that's right. Thank you.
(ああ，確かに。ありがとう。)

New Words

- report [ripɔ́ːrt]
- tournament [túərnəmənt]
- corner [kɔ́ːrnər]
- beginning [bigíniŋ]
- ending [éndiŋ]

they'll [ðéil]
⇐ they will

小学校の単語

kick(s) [kík(s)]

あいづちを打ったり，さらに質問したりして，話を続けよう。

答えるときは，何か情報を加えよう。

例

I'm a member of the soccer team.
ぼくはサッカー部の一員です。
I've been practicing very hard.
ぼくは一生懸命練習してきています。
Come to our games next month.
来月ぼくたちの試合に来てください。

A starter? (Asami)
先発メンバー？（朝美）

Practicing what? (Josh)
何を練習しているの？（ジョシュ）

Need something here. (Meg)
ここに何かが必要(メグ)

The national tournament? (Meg)
全国トーナメント？（メグ）

みんなに言われたことを原稿に書きとめていこう。原稿を回して書きこんでもらってもいいね。

2 例1 もっと知りたいことをたずねる場合

ヒント 英文の意味は左ページの通りです。

解答例 *A:* What do you play in the brass band?
（ブラスバンド部で何を演奏するの？）

B: I play the trumpet.（私はトランペットを演奏するんだ。）

A: How long do you practice the trumpet every day?
（あなたはトランペットを毎日どのくらい練習するの？）

B: I practice it for 3 hours every after school.
（毎日放課後に3時間練習するんだ。）

A: Tell me about the school festival.（文化祭について教えて。）

B: It will be held on November 3rd.（それは11月3日に開催されるんだ。）
Our performance will start at 11:00 a.m. at the gym.
（私たちの演奏は体育館で午前11時から始まる予定だよ。）

例2 よりよくするためのアドバイスをする場合

ヒント 英文と例の意味は左ページの通りです。

解答例 *A:* I think you need information about the school festival.
（文化祭についての情報が必要だと思うわ。）

B: Oh, that's right. Thank you.（ええ，確かに。ありがとう。）

New Words

report	[ripɔ́ːrt リポート]	名 報告，レポート
tournament	[túərnəmənt トゥアナメント]	名 トーナメント，選手権大会
corner	[kɔ́ːrnər コーナ]	名 角，隅
beginning	[bigíniŋ ビギニング]	名 最初の部分
ending	[éndiŋ エンディング]	名（物語などの）終わり，結末
they'll	[ðéil ゼイル]	短 = they will
*most	[móust モウスト]	副［動詞を修飾して］いちばん，最も

kick(s)	[kík(s) キック(ス)]	名 けること，キック

教科書 ➔ p.50

統合

3 **2** のやり取りを生かして，例 も参考にしながら，自分が話した活動報告の原稿を書き直しましょう。

例

Hi, everyone. Today I'm going to tell you about my club activities.④

部活動，委員会・係	**I'm a member of the soccer team.**
したこと・経験	I've been a starter since last spring.② **I've been practicing very hard** to improve my corner kicks.③
みんなへのメッセージ	We're going to play in the national tournament **next**① **month**. Those will be **our** last **games** in junior high. We'll do our best, so please **come** and support us!

Thank you.④

[67 words]

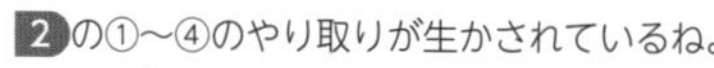

太字以外は新たに加えられた部分だよ。
2の①～④のやり取りが生かされているね。

STEP 4 もう一度活動報告をしよう

1 たがいの原稿を読み，アドバイスをしましょう。そして，原稿を見ずにメモだけを使って言えるように練習しましょう。

グループで話し合ったことが生かされているかな。

2 1・2年生でできていなかったポイントに特に気をつけて発表しましょう。

- ☐ content 内容
- ☐ materials 掲示物
- ☐ speed スピード
- ☐ facial expression 表情
- ☐ English 英語
- ☐ clear voice 声
- ☐ eye contact 視線
- ☐ gestures 身ぶり

CHECK 最初に即興で行った活動報告と比べて，よくなったところをふり返ろう。

CAN-DO CHECK

Stage1 ＞ これまでの学習をふり返ろう

Stage Cleared!

STEP 3

3 ヒント 例の英文の意味は次の通りです。

みなさん，こんにちは。今日ぼくは部活動についてお話しします。

ぼくはサッカー部の一員です。

この前の春から先発メンバーを務めています。コーナーキックが上手くなるよう，**とても一生懸命練習をしてきています**。

来月，ぼくたちは全国トーナメントで試合をします。それが**ぼくたちにとって**中学最後の**試合**になります。最善を尽くすので，会場に**来て**応援してください。

どうもありがとう。

解答例

	Hi, everyone. Today I'm going to tell you about my club activities. (みなさん，こんにちは。今日私は部活動についてお話しします。)
部活動，委員会，係	I'm a member of the brass band. (私はブラスバンド部の一員です。)
したこと・経験	I play the trumpet. I have been practicing the trumpet hard to improve my performance. I practice it for 3 hours every after school. (私はトランペットを演奏します。私は演奏が上手くなるよう，トランペットを一生懸命練習をしてきています。毎日放課後に3時間練習しています。)
みんなへのメッセージ	I will play a solo at the school festival next month. It will be held on November 3rd. Our performance will start at 11:00 a.m. at the gym. I want you to come and listen to our performance. (来月，私は文化祭でソロパートを演奏する予定です。それは11月3日に開催されます。私たちの演奏は体育館で午前11時に始まります。あなたたちに演奏を聞きに来てほしいです。)

Let's Read 1

教科書 ➔ p.52

A Mother's Lullaby

CAN-DO 物語を読んで，場面の変化や登場人物の心情などを理解し，気持ちをこめて音読することができる。☑

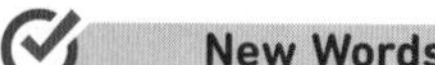

New Words

☐ **lullaby** [lʌ́ləbài] 子守歌（こもりうた）

☐ **road** [róud] 道

[ou] old road

[ɔː] abroad

[1] A big, old tree stands by a road (ロウド) near the city of Hiroshima. [2] Through the years, it has seen many things.

[3] One summer night, the tree heard a lullaby. [4] A mother was singing to her little girl under the tree. [5] They looked happy, and the song sounded sweet. [6] But the tree remembered something sad.

[7] "Yes. [8] It was some eighty years ago. [9] I heard a lullaby that night, too."

[68 words]

本文の内容

ある母親の子守歌

1 広島市近郊の道沿いに大きな古い木が立っています。
2 何年もの間，その木はたくさんの物事を見てきました。
3 ある夏の夜，その木は子守歌を耳にしました。
4 木の下で，1人の母親が小さな娘に歌を歌っていたのです。
5 2人は幸せそうで，その歌は心地よく聞こえました。
6 ですがその木は悲しいことを思い出しました。
7「そうだ。8 あれは80年くらい前のことだった。9 あの晩も私は子守歌を聞いたんだ。」

スタディ

1 **A big, old tree stands by a road near the city of Hiroshima.**

「前置詞＋名詞」のかたまりを意識して読むと意味をとらえやすくなります。by a road「道のそばに」，near the city of Hiroshima「広島市の近くの」となります。 roadのoaの発音はoldのoと同じで[ou]となります。

2 **Through the years, it has seen many things.**

has seenは「have [has]＋過去分詞」の現在完了形です。文頭のthrough the years「何年もの間」という表現から，「ずっと…している」の継続用法だとわかります。「ずっと見てきた」となります。

3 **One summer night, the tree heard a lullaby.**

文頭のone summer nightは「ある夏の夜」という意味の時を表す表現です。lullabyは「子守唄」を表します。

New Words

lullaby	[lʌ́ləbài ららバイ]	名 子守歌
road	[róud ロウド]	名 道路，道
*through	[θrú: スルー]	前【時間】…の間中
*hear	[híər ヒア]	動 …が聞こえる，…を聞く
*little	[lítl りトゥる]	形 小さい，かわいい
*sweet	[swí:t スウィート]	形 心地よい，やさしい
*some	[sʌ́m サム；(弱く言うとき) səm サム]	副 [数を表す語とともに用いて] 約，およそ

以下は，この木の回想です。

[1] On the morning of that day, a big bomb(バム) fell on the city of Hiroshima. [2] Many people lost their lives, and many others were injured(インヂャド). [3] They had burns all over their bodies. [4] I was very sad when I saw those people.

[5] It was a very hot day. [6] Some of the people fell down near me. [7] I said to them, “Come and rest in my shade(シェイド). [8] You’ll be all right soon.”

[9] Night came. [10] Some people were already dead(デッド). [11] I heard a weak(ウィーク) voice. [12] It was a lullaby. [13] A young girl was singing to a little boy.

[14] “Mommy(マミ)! Mommy!” the boy cried(クライド).

[15] “Don’t cry,” the girl said. [16] “Mommy is here.” [17] Then she began to sing again.

[18] She was very weak, but she tried to be a mother to the poor little boy. [19] She held him in her arms(アームズ) like a real(リー(ア)る) mother.

[140 words]

New Words

- bomb [bám] 爆弾(ばくだん)
- injure(d) [índʒər(d)] …を傷つける
- shade [ʃéid] 陰(かげ)
- dead [déd] 死んだ
- weak [wí:k] 弱い，かすかな
- mommy [mámi] お母ちゃん
- **cry, cried** [krái(d)] 泣く
- **arm(s)** [á:rm(z)] 腕
- **real** [rí:əl] 本当の

[発音しない] bomb right
[e] dead [i:] weak

New Words

bomb	[bám バム]	名 爆弾
injure(d)	[índʒər(d) インヂャ(ド)]	動 …を傷つける
shade	[ʃéid シェイド]	名 陰，日陰
dead	[déd デッド]	形 死んだ
weak	[wí:k ウィーク]	形 弱い，かすかな
mommy	[mámi マミ]	名 お母さん，ママ [momよりは幼い言い方]
cry, cried	[krái(d) クライ(ド)]	動 泣く
arm(s)	[á:rm(z) アーム(ズ)]	名 腕

本文の内容

1 あの日の朝，大きな爆弾が広島の町に落ちた。2 大勢が命を落とし，ほかにも大勢が負傷した。3 みな体中にやけどを負っていた。4 そうした人々を目にし，私はとても悲しかった。

5 その日はとても暑い日だった。6 何人かの人々が私の近くで倒れた。7 私は彼らに「私の陰に来て休みなさい。8 じきによくなりますよ」と言った。

9 夜がやって来た。10 すでに死んでしまった人もいた。11 私はかすかな声を耳にした。12 それは子守歌だった。13 1人の幼い少女が小さな男の子に歌っていたのだ。

14 「お母ちゃん！　お母ちゃん！」と男の子は泣いていた。

15 少女は「泣かないで」と言った。16 「お母ちゃんはここにいるからね」17 そしてまた歌い始めた。

18 彼女はずいぶん弱っていたが，そのかわいそうな小さな男の子の母親になろうとしていた。19 本当の母親のように，男の子を抱きしめていた。

スタディ

1 On the morning of that day, a big bomb fell on the city of Hiroshima.

文頭のon the morning of that dayは「あの日の朝」という時を表す表現です。ここからは爆弾が落とされた日についての話だとわかります。bombの最後のbは発音しないので注意しましょう。

2 Many people lost their lives, and many others were injured.

このlivesはlife「命」の複数形です。lost their livesで「彼らの命を失った」という意味です。injuredはinjure「…を傷つける」の過去分詞です。were injuredで「傷つけられた」を表す受け身の過去形の文になっています。

18 She was very weak, but she tried to be a mother to the poor little boy.

weakは「弱い，かすかな」という意味の形容詞です。eaは[iː]と発音します。but「しかし」は接続詞で前後の文が逆の意味であることを示しています。tried to ...は「…しようとした」という to不定詞を含む表現です。

19 She held him in her arms like a real mother.

heldは「…を抱く」という意味の動詞holdの過去形です。armsは「腕」，realは「本当の」を表します。ここでのlikeは「…のように」という意味の前置詞で，like a real motherは「本当の母のように」となります。

real	[ríːəl リー(ア)る]	形 本当の，本物の
*fall	[fɔ́ːl ふォーる]	動 落ちる，降る
*burn	[bə́ːrn バ～ン]	名 やけど
*rest	[rést レスト]	動 休む，眠る
*all right		だいじょうぶな
*right	[ráit ライト]	形 健康な，調子がいい
*held	[héld へるド]	動 [holdの過去形]

教科書 → p.54

[1] "Mommy," the boy was still crying.

[2] "Be a good boy," said the girl. [3] "You'll be all right." [4] She held the boy more tightly and began to sing again.

[5] After a while, the boy stopped crying and quietly died. [6] But the little mother did not stop singing. [7] It was a sad lullaby. [8] The girl's voice became weaker and weaker.

[9] Morning came and the sun rose, but the girl never moved again.

[70 words / 278 words]

New Words

- ☐ tightly [táitli] しっかりと
- ☐ **while** [*h*wáil] しばらくの間
- ☐ quietly [kwáiətli] 静かに
- ☐ rose [róuz] (⇐ rise)

- ☐ *after a while* しばらくして

Review

Round 1 教科書p.52の2行めにあるThrough the yearsのように，時間の移り変わりを表す表現を見つけて___をひきましょう。ほかに6か所あります。

Round 2 本文を読んで，次の質問に答えましょう。

① What did the tree remember when it heard the lullaby?（その木は子守歌を聞いたときに何を思い出しましたか。）

② What happened to people when the big bomb fell?（大きな爆弾が落ちたとき人々に何が起こりましたか。）

③ What did the young girl try to be?（その幼い女の子は何になろうとしましたか。）

④ When the sun rose, were the girl and the little boy still alive?（日が昇ったとき，その女の子と小さな男の子はまだ生きていましたか。）

Round 3 物語全体を，気持ちをこめて音読しましょう。グループの中で読み合わせて，よい点や工夫が必要な点を伝え合いましょう。

せりふの部分に感情をこめたり，語りかけたい部分を低い声でゆっくり読んだりするといいよ。

New Words

tightly	[táitli タイトリ]	副 しっかりと
while	[*h*wáil (ホ)ワイる]	名 (少しの)時間，(しばらくの)間
quietly	[kwáiətli クワイエトリ]	副 静かに，落ち着いて
rose	[róuz ロウズ]	動 [riseの過去形]
after a while		しばらくして
*never	[névər ネヴァ]	副 決して…ない
*move	[múːv ムーヴ]	動 動く，引っこす

本文の内容

1 「お母ちゃん」と，男の子はなおも泣いていた。

2 「いい子にしてね」と少女は言った。3 「大丈夫だから」4 彼女は男の子をさらにしっかり抱きしめ，また歌い始めた。

5 しばらくして，男の子は泣きやみ静かに息を引き取った。6 しかしその小さな母親は歌うことをやめなかった。7 それは悲しい子守歌だった。8 少女の声はますます弱くなっていった。

9 朝が来て日が昇ったが，決して少女が再び動くことはなかった。

スタディ

4 She held the boy more tightly and began to sing again.

tightlyは「しっかりと」という意味の副詞です。began to ... は「…し始めた」というto不定詞を含む表現です。

5 After a while, the boy stopped crying and quietly died.

after a whileは「しばらくして」という時を表す表現です。ここから場面が展開することがわかります。stop ...ingは「…することをやめる」という意味の動名詞を含む表現です。

8 The girl's voice became weaker and weaker.

weakerはweak「弱い」の比較級の形です。「比較級 and 比較級」は「ますます…」という比較の文の表現です。「ますます弱くなった」という意味になります。

9 Morning came and the sun rose, but the girl never moved again.

morning came「朝が来た」から，場面が朝に変わったことがわかります。neverは「決して…ない」と強く否定するときに使われます。

Review

Round 1

ヒント Through the yearsは「何年もの間」という意味の時間の移り変わりを表す表現です。

解答例 One summer night「ある夏の夜」(本書p.120 3)／On the morning of that day「あの日の朝」(本書p.122 1)／Night came.「夜がやって来た」(本書p.122 9)／Then「それから」(本書p.122 17)／After a while (本書p.124 5)「しばらくして」／Morning came「朝が来た」(本書p.124 9)

Round 2

ヒント 英文の意味は左ページの通りです。①は本書p.120 6 の文，②は本書p.122 2 の文，③は本書p.122 18 の文，④は本書p.124 5 と 9 の文を参考にしましょう。

解答例 ① The tree remembered something sad. (その木は何か悲しいことを思い出しました。)

② Many people lost their lives, and many others were injured.
(人勢が命を落とし，ほかにも人勢が負傷しました。)

③ She tried to be a mother to the poor little boy.
(彼女はそのかわいそうな小さな男の子の母親になろうとしていました。)

④ No, they weren't. (いいえ，彼らは生きていませんでした。)

A World without Nuclear Weapons

1 On May 27, 2016, a man visited Hiroshima and gave a speech at the city's Peace Memorial Park. 2 He began, "Seventy-one years ago, on a bright, cloudless morning, death fell from the sky and the world was changed."

3 The man's name is Barack Obama. 4 He became the first sitting U.S. president to visit Hiroshima. 5 It meant a lot to the city, to Japan, and to the world.

6 Before the speech, Obama visited the museum there. 7 In its guest book, he left these words:

> 8 We have known the agony of war. 9 Let us now find the courage, together, to spread peace, and pursue a world without nuclear weapons.

10 He also left two paper cranes there. 11 They were folded by Obama himself.

12 Obama closed his speech by saying, "The world was forever changed here. 13 But today, the children of this city will go through their day in peace. 14 What a precious thing that is! 15 It is worth protecting, and then extending to every child." [162 words]

New Words

☐ nuclear [njú:kliər] 核の ☐ **peace** [pí:s] 平和 ☐ cloudless [kláudləs] 雲のない ☐ death [déθ] 死
☐ **sky** [skái] 空 ☐ president [prézidənt] 大統領 ☐ meant [mént] (⇐ mean) ☐ **war** [wɔ́:r] 戦争
☐ courage [kɔ́:ridʒ] 勇気 ☐ pursue [pərsú:] …を追い求める ☐ fold(ed) [fóuld(id)] …を折る
☐ **close(d)** [klóuz(d)] …を終える ☐ worth [wɔ́:rθ] …の価値がある ☐ extend(ing) [iksténd(iŋ)] …を広げる
nuclear weapon(s) [njú:kliər wépn(z)] 核兵器 Peace Memorial Park [pí:s məmɔ́:riəl pá:rk] 平和記念公園
Barack Obama [bərá:k oubá:mə] バラク・オバマ[人名] sitting [sítiŋ] 現職の guest book [gést bùk] 記名帳
agony [ǽgəni] 激しい痛み paper crane(s) [péipər kréin(z)] 折り鶴

New Words

nuclear	[njú:kliər ニュークリア]	形 核の，原子力の
peace	[pí:s ピース]	名 平和
cloudless	[kláudləs クらウドれス]	形 雲のない
death	[déθ デす]	名 死
sky	[skái スカイ]	名 空，大空
president	[prézidənt プレズィデント]	名 大統領
meant	[mént メント]	動 [meanの過去形]
war	[wɔ́:r ウォーア]	名 戦争
courage	[kɔ́:ridʒ カ〜リッヂ]	名 勇気
pursue	[pərsú: パスー]	動 …を追い求める
fold(ed)	[fóuld(id) ふォウるド(ふォウるディド)]	動 …を折る，折りたたむ
close(d)	[klóuz(d) クろウズ(ド)]	動 …を閉じる，終える
worth	[wɔ́:rθ ワ〜す]	形 …の価値がある
extend(ing)	[iksténd(iŋ) イクステンド(イクステンディング)]	動 …を広げる
*leave	[lí:v リーヴ]	動 …を置いていく
*through	[θrú: すルー]	前【貫通】…を通り抜けて
*every	[évri エヴリ]	形 どの…もみな

本文の内容

核兵器のない世界

1 2016年5月27日，ある1人の男性が広島を訪れ市の平和記念公園でスピーチをしました。2 彼は「71年前の明るく雲のない朝，空から死が降り世界が変わりました」と始めました。

3 その男性の名はバラク・オバマ氏です。4 彼は広島を訪れた，最初の現職アメリカ大統領となりました。5 このことは市，日本，そして世界にとって大きな意味を持っていました。

6 スピーチ前，オバマ氏はそこの資料館を訪れました。7 記名帳に彼はこう書き残しました：

8 私たちは戦争の激しい痛みを経験してきました。9 今こそともに，平和を広める勇気を出して，核兵器のない世界を追い求めましょう。

10 彼はそこに，2羽の折り鶴も残しました。11 オバマ氏自身によって折られたものです。

12 オバマ氏は次のように言ってスピーチを終えました。「世界はここで永遠に変わってしまいました。13 しかし今日，この市の子供たちは平和なうちに1日を終えるでしょう。14 それはなんと貴重なことでしょうか！ 15 それは守るに値するものであり，そしてまた全ての子供たちに広げる価値のあるものです」。

スタディ

4 **He became the first sitting U.S. president to visit Hiroshima.**

the first sitting U.S. presidentは「最初の現職のアメリカ大統領」という意味です。to visit Hiroshimaは不定詞の形容詞的用法で，直前のpresidentを修飾し，「広島を訪れた大統領」を表します。

8 **We have known the agony of war.**

have knownは「have＋過去分詞」の形です。knowには「経験して知っている」という意味もあります。「戦争の激しい痛みを経験してきている」という現在完了形の継続用法の文です。

9 **Let us now find the courage, together, to spread peace, and pursue a world without nuclear weapons.**

「let＋目的語(人など)＋動詞の原形」で「(人など)に…させる」という原形不定詞を含む表現です。find the courage to ...は「勇気を出して(思い切って) …する」という表現です。接続詞andはfind the courage, together, to spread peace 「勇気を出して平和を広げる」とpursue a world without nuclear weapons 「核兵器のない世界を追い求める」を結んでいます。

12 **Obama closed his speech by saying, "The world was forever changed here.**

closeには「…を終える」という意味があり「演説を終えました」となります。by sayingは「前置詞＋動名詞」の形で「…することによって」を表しています。

14 **What a precious thing that is!**

「What＋a[an]＋形容詞＋名詞＋主語＋動詞！」の形で「なんて…な～でしょう！」という感嘆文になります。「それはなんて貴重なことなんでしょう！」という意味です。thatは前文の「今日，この市の子供たちは平和なうちに1日を終えるだろう」という内容を指しています。

15 **It is worth protecting, and then extending to every child."**

Itは，本文13の「今日，この市の子供たちは平和なうちに1日を終える」を指しています。worth ...ingで「…する価値がある」を表します。接続詞andはprotectingとextending to every childを結び，「守り，そして全ての子供たちに広げる価値があります」という意味になります。

定期テスト対策 ③ (Unit3)

1 次の日本語は英語に，英語は日本語にしなさい。

(1) 平和 ______________　(2) 戦争 ______________
(3) 運転する ______________　(4) 報告，レポート ______________
(5) law (　　　　　)　(6) cry (　　　　　)
(7) fly (　　　　　)　(8) road (　　　　　)

2 次の日本文に合う英文になるように，___ に適する語を書きなさい。

(1) パンダは絶滅の危機にさらされています。
Pandas are ______________ ______________ of extinction.
(2) しばらくして，私は電車を降りました。
______________ a ______________, I got off the train.
(3) その音楽家は新しいアルバムに取り組んでいます。
The musician is ______________ ______________ a new album.
(4) 彼女はケーキにいちごを1つずつのせました。
She put strawberries on the cake ______________ ______________ ______________.
(5) ますます暑くなっています。
It is getting ______________ ______________ hotter.

3 ___ に入る語を，□ から選んで書きなさい。必要であれば形をかえて書きなさい。

(1) I want Miho ______________ songs.
(2) Ken helped his sister ______________ her homework.
(3) Please let us ______________ your phone number.

know　sing　do

4 会話が成り立つように，___ に正しい語を入れなさい。

(1) *Yuri:* Are you free now?
I want you ______________ buy some milk for me.
Tim: I'm sorry. I am busy now.
(2) *Yuri:* I can't enjoy watching basketball games.
It's difficult ______________ me ______________ understand the rules.
Tim: You should ask Taro ______________ teach you the rules.
Yuri: Oh, that's a good idea.

5　日本文に合う英文になるように，(　　)内の語(句)を並べかえなさい。

(1) 太郎にとって海で泳ぐのは簡単なことです。
(to / easy / in the sea / it / Taro / swim / is / for / .)

＿＿＿＿＿＿＿＿＿＿＿＿＿＿＿＿＿＿＿＿＿＿＿＿＿＿＿＿＿＿

(2) その女性たちは私に写真をとってほしいと思っていました。
(wanted / me / the / take / women / pictures / their / to / .)

＿＿＿＿＿＿＿＿＿＿＿＿＿＿＿＿＿＿＿＿＿＿＿＿＿＿＿＿＿＿

(3) タケシは年配の女性が道を渡るのを手伝いました。
(the elderly / cross / Takeshi / the road / helped / lady / .)

＿＿＿＿＿＿＿＿＿＿＿＿＿＿＿＿＿＿＿＿＿＿＿＿＿＿＿＿＿＿

6　次の英文を読んで，あとの問いに答えなさい。

①(example / us / give / let / one / you) from the Red List. It is the crested ibis, or *toki* in Japanese. ㋐(　　　　) the Meiji era, we could see many ibises around this country.

㋑(　　　　), the population of ibises in Japan rapidly decreased. People hunted them for their beautiful feathers, and development destroyed their environment. ②<u>It was difficult for them to survive.</u>

(1) 意味が通る文になるように①の(　　　)内の語を並べかえなさい。

＿＿＿＿＿＿＿＿＿＿＿＿＿＿＿＿＿＿＿＿＿＿ from the Red List.

(2) 意味が通るように㋐と㋑に入れるのに適切な語(句)を［　　］から選んで書きなさい。

㋐(　　　　　　　　)　㋑(　　　　　　　　)

So	However	Up until	Second

(3) 下線部②の意味を，themが何を指すかを具体的に示して日本語で書きなさい。

＿＿＿＿＿＿＿＿＿＿＿＿＿＿＿＿＿＿＿＿＿＿＿＿＿＿＿＿＿＿

(4) 本文の内容に合うように，次の問いに英語で答えなさい。
Why did the population of ibises in Japan rapidly decrease?

＿＿＿＿＿＿＿＿＿＿＿＿＿＿＿＿＿＿＿＿＿＿＿＿＿＿＿＿＿＿

Unit 4

Be Prepared and Work Together

プリペアド

題材 防災・安全への関心を高め，地域の一員として防災に取り組む意識を持つ。

活動 標識が何を意味しているかを説明することができる。

1 What do these signs mean? Can you guess?

New Words

- prepared [pripéərd]
- disaster [dizǽstər]

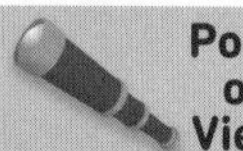

2 How can we help each other in a disaster?

ディザぁスタ

Preview

教科書 ➔ p.58

目的 場面 状況

ある休日，メグは，7歳の弟のサムと買い物に出かけました。
2人の対話を聞いて，わかったことを伝え合いましょう。

surround …を囲む

わかったこと 解答例

2人が話しているのは
何をしている人のことかな。

・長い棒を持っている男性は火災報知器を検査している。

・火災報知器は火事のときに大きな音を出して私たちに知らせるものである。

本文の内容

1 これらの標識は何を意味していますか。推測できますか。

2 私たちは災害のとき，どのようにおたがいに助け合うことができますか。

New Words

prepared	[pripéərd プリペアド]	形 用意ができている，備えた
disaster	[dizǽstər ディザぁスタ]	名 災害

教科書 ➔ p.59

メグの家に届いた緑(みどり)市の外国人市民意識調査の一部です。
後日，その結果がインターネット上で公表されています。

? How many foreign people in Midori City know where the local shelter(シェるタ) is?

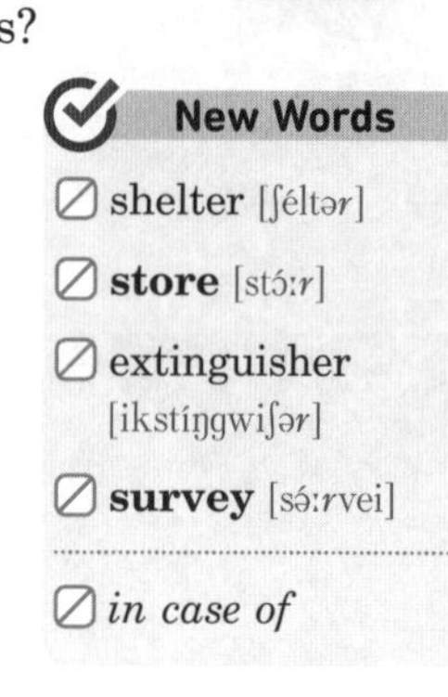

✓ New Words

- shelter [ʃéltər]
- **store** [stɔ́ːr]
- extinguisher [ikstíŋgwiʃər]
- **survey** [sə́ːrvei]
- *in case of*

[ɔːr] for store

1 **Are you prepared for a disaster?**

2 **What do you know?**

3 (Please circle the number(s).)

4 1. I know where the local shelter is.

5 2. I know how much food and water I should store(ストーア).

6 3. I know what number I should call in case of a fire.

7 4. I know how to use a fire extinguisher(イクスティングウィシャ).

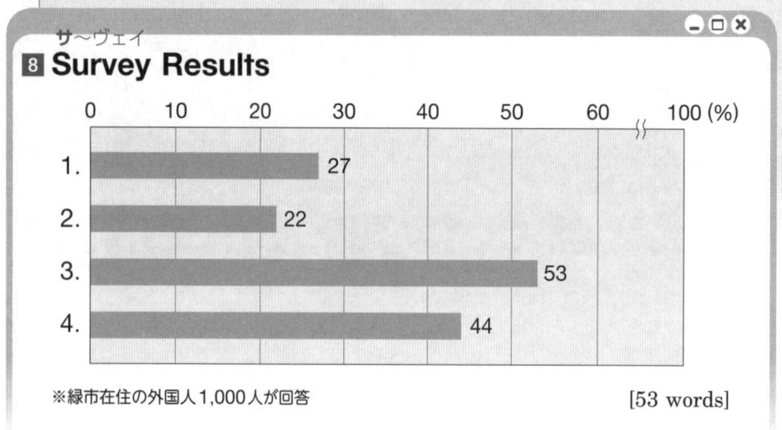

[53 words]

New Words

shelter	[ʃéltər シェるタ]	名 避難所
store	[stɔ́ːr ストーア]	動 …を蓄える
extinguisher	[ikstíŋgwiʃər イクスティングウィシャ]	名 消火器
survey	[sə́ːrvei サ～ヴェイ]	名 調査
in case of		…の場合には
*circle	[sə́ːrkl サ～クる]	動 …を丸で囲む
*How much ...?		どれくらいの量の
*number	[nʌ́mbər ナンバ]	名 番号
*fire	[fáiər ふァイア]	名 火事，火災

本文の内容

? どれくらいの緑市の外国人が，地域避難所の場所がどこか知っていますか。

1 災害に備えていますか。
2 あなたが知っていることは何ですか。
(3 番号を丸で囲んでください。)
4 1. 地域の避難所がどこにあるか知っている。
5 2. どれくらいの食料や水を蓄えればよいか知っている。
6 3. 火事が起きた場合にはどの番号に電話すればよいか知っている。
7 4. 消火器の使い方を知っている。
8 調査結果

スタディ

4 **1. I know where the local shelter is.**

where the local shelter isがknowの目的語になっている間接疑問文です。本書p.135のKey Sentenceの解説を確認してください。shelterは「避難所」という意味の名詞です。

5 **2. I know how much food and water I should store.**

how much food and water I should storeがknowの目的語になっている間接疑問文です。この文はI knowのあとにHow much food and water should I store?という疑問文を入れた形ですが，間接疑問文では疑問詞のあとは「主語＋動詞」の語順になります。storeは「…を蓄える」という意味で，storeはforと同じように[ɔ́:r]と発音します。

6 **3. I know what number I should call in case of a fire.**

what number I should call in case of a fireがknowの目的語になっている間接疑問文です。疑問詞のあとは「主語＋動詞」の語順になります。in case of ... は「…の場合には」を表します。

7 **4. I know how to use a fire extinguisher.**

how to useのように，疑問詞howのあとに「to＋動詞の原形」(不定詞)がくると，「どのように…するか」(how to ...)という意味を表します。ここでは「どのように使うか」を表しています。extinguisherは「消火器」という意味の名詞です。

教科書 ➔ p.59

Where is the local shelter?
I know **where** the local shelter is.

間接疑問文
疑問文が別の文の中に入ると，〈疑問詞（を含む語句）＋主語＋動詞〉の語順になる。

Practice 例 I know where the local shelter is.

メグはクラスメートと防災について話しています。

① when / the next drill is（訓練）

② what / we should do in a disaster

③ how / we can get out in a fire

自分が学校の「非常階段（the emergency stairs）の場所を知っているかどうか」を表す文を言い，ノートに書きましょう。

書いて覚えよう

1 災害に備えていますか。

4 地域の避難所がどこにあるか知っている。

5 どれくらいの食料や水を蓄えればよいか知っている。

6 もし火事が起きた場合にはどの番号に電話すればよいか知っている。

ビジュアルスタディ

Where is the local shelter?（地域の避難所はどこですか。）

I know ...と肯定文なので，最後はピリオドにする

I know **where** the local shelter is.（私は地域の避難所がどこにあるか知っています。）

「疑問詞＋主語＋動詞」の語順

●間接疑問文

Where is the local shelter?のような疑問文ではじまる疑問文が，別の文の中に入った文のことを**間接疑問文**といいます。間接疑問文では，疑問詞のあとが**「主語＋動詞」**の語順になります。この語順はhow much, what numberなどの疑問詞を含む語句で始まる疑問文がもとになる場合でも同じです。

Practice

ヒント　例は「私は地域の避難所がどこにあるか知っています」という意味です。

解答例　① I know when the next drill is.
（ぼくは次の訓練がいつか知っています。）

② I know what we should do in a disaster.
（私は災害時に何をすべきか知っています。）

③ I know how we can get out in a fire.
（ぼくは火事のときにどのように外に出られるか知っています。）

ヒント　例の英文を参考にしましょう。

解答例　I know where the emergency stairs are.
（私は非常階段がどこにあるか知っています。）

Scene ❷

教科書 → p.60

防災について気になったメグは，朝美(あさみ)にたずねます。

[?] Does Meg know what she should put in an emergency kit?

Meg: 1 Asami, has your family prepared for a disaster?

Asami: 2 Yes.

Meg: 3 Oh, really? 4 Tell me what you've done(ダン).

Asami: 5 Well, we've made an emergency(イマ～チェンスィ) kit(キット). 6 We keep it in our home. 7 We've also decided how to contact each other during a disaster.

Meg: 8 That's great. 9 Actually, my family hasn't(ハぁズント) made an emergency kit yet. 10 Do you know what we should put in it?

Asami: 11 Well, I can send you a link(リンク). 12 It shows you what you should prepare.

Meg: 13 Really? 14 Thanks. [75 words]

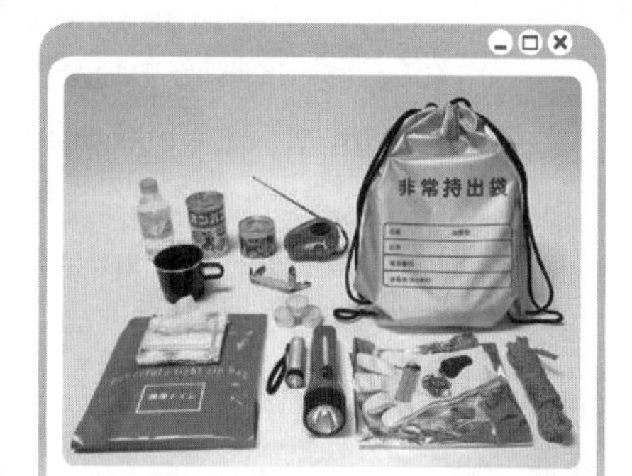

New Words

- done [dʌ́n] (⇐ do)
- emergency [imə́ːrdʒənsi]
- kit [kít]
- link [líŋk]

hasn't [hǽznt] ⇐ has not

[ʌn] done fun

Plus One

本文1行めの質問を，自分たちのことに置きかえてたずね合いましょう。

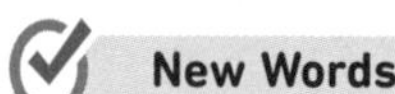

New Words

done	[dʌ́n ダン]	動 [doの過去分詞]
emergency	[imə́ːrdʒənsi イマ～チェンスィ]	名 緊急事態
kit	[kít キット]	名 道具[用具]一式
link	[líŋk リンク]	名 リンク，接続
hasn't	[hǽznt ハぁズント]	短 = has not
*made	[méid メイド]	動 [makeの過去分詞]
*keep	[kíːp キープ]	動 (ずっと) …を持っている，預かる
*contact	[kɑ́ntækt カンタぁクト]	動 …と連絡をとる

本文の内容

? メグは非常持ち出しぶくろに何を入れたらよいか知っていますか。

メグ：1 朝美，あなたの家族は災害への備えはしてあるの？
朝美：2 ええ。
メグ：3 あ，本当？
4 何をしたのか教えて。
朝美：5 ええと，非常持ち出しぶくろを作ったの。
6 家の中に保管しておくのよ。
7 私たちは災害時におたがいどう連絡を取り合うかも決めたの。
メグ：8 すごい。
9 実は，私の家族はまだ非常持ち出しぶくろを作っていないの。
10 その中に何を入れたらいいのかわかる？
朝美：11 そうね，あなたにリンクをおくることができるわ。
12 それは何を用意すべきか示しているわ。
メグ：13 そうなの？
14 ありがとう。

スタディ

4 Tell me what you've done.

what you've doneがTell meの目的語になっている間接疑問文です。「動詞＋(人)＋whatなどで始まる節」の形で，「(人)に(whatなどで始まる節の内容)を…する」という意味を表します。本書p.139のKey Sentenceの解説を確認してください。

12 It shows you what you should prepare.

what you should prepareがshowsの目的語になっている間接疑問文です。「動詞＋(人)＋whatなどで始まる節」の形で，「(人)に(whatなどで始まる節の内容)を…する」という意味を表します。「あなたが何を準備すべきかを示す」となります。疑問詞のあとは「主語＋動詞」の語順になります。

教科書 ➔ p.60

What have you done?
Tell me **what** you have done.

動詞＋(人)＋whatなどで始まる節
「(人)に(whatなどで始まる節の内容)を…する」という意味になる。

Practice 例 Please tell me what you have done.

メグは災害に備えて，いろいろなことをまわりの人に教えてもらっています。

① tell / where / the fire extinguisher is

② show / how / you use this device

③ teach / what / I have to do

日本を訪(おとず)れた外国人に「日本で何をしたいか[食べたいか，見たいか]」をたずねる文を，Please tell me .... という形で言い，ノートに書きましょう。

書いて覚えよう

4 何をしたのか教えて。

____

____

10 その中に何を入れたらいいのかわかる？

____

____

12 それは何を用意すべきか示しているわ。

____

____

ビジュアルスタディ

What have you done? （あなたは何をしましたか。）

↓

Tell me **what** you have done. （あなたが何をしたところかを教えてください。）

主語＋動詞の語順

●「(人)に(whatなどで始まる節の内容)を…する」→「動詞＋(人)＋whatなどで始まる節」

「tell [show]＋(人) ＋ whatなどで始まる節」で**「(人)に(whatなどで始まる節の内容)を話す[示す]」**などと表します。whatなどで始まる節は疑問詞のあとは**「主語＋動詞」**の語順になります。

Practice

ヒント 例は「あなたが何をしたところかを教えてください」という意味です。

解答例 ① Please tell me where the fire extinguisher is.
（消火器がどこにあるかを教えてください。）

② Please show me how you use this device.
（この装置をどのように使うかやって見せてください。）

③ Please teach me what I have to do. （私が何をすべきかを教えてください。）

ヒント Please tell meのあとにwhat you want to ... を続けます。

解答例 Please tell me what you want to do [eat, see] in Japan.
（あなたは日本で何をしたい［食べたい，見たい］かを教えてください。）

Mini Activity

教科書 → p.61

Listen

メグ，海斗，朝美，ジョシュの4人は週末，いっしょに宿題をすることにしました。前日の夜，メグの電話に3人からの留守番電話のメッセージが入っていました。内容を聞いて次の質問に答えましょう。

1 3人がそれぞれ知りたがっていることは何ですか。下のⒶ～Ⓓから1つずつ選びましょう。

① 
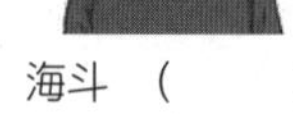
海斗 (　　)

② 
朝美 (　　)

③ 
ジョシュ (　　)

Ⓐ 集合場所はどこか　Ⓑ 集合時間は何時か　Ⓒ ジョシュの家の場所がわかるか　Ⓓ 必要なものは何か

2 3人のメッセージをより詳しく聞いて，それぞれ正しいほうを選びましょう。

① メグにメールをしたのは　[□ 海斗　□ 朝美]

② 迎えが必要な場合は　[□ 緑駅で待ち合わせる　□ 緑公園で待ち合わせる]

③ 明日の集合時間は　[□ 午後1時　□ 午後3時]

Speak & Write

1 例 にならって，次の①～③の人物の説明として正しいと思うものをⒶ～Ⓒから選んで線で結びましょう。

[人物]

例 Marie Curie マリー・キュリー

① Thomas Edison トーマス・エジソン

② Audrey Hepburn オードリー・ヘップバーン

③ George Washington ジョージ・ワシントン

解答

[説明]

例	Ⓐ	Ⓑ	Ⓒ
won the Nobel (ノーベル) Prize (賞) twice	became the first president of the U.S.	acted in many famous movies	made many great inventions

2 ペアになり，例 にならって情報をたずね合ったり，確かめ合ったりしましょう。

例1 *A:* Do you know what Marie Curie [人物] did?

B: Yes, I do. She won the Nobel Prize twice [したこと].

例2 *A:* Can you tell me who won the Nobel Prize twice [したこと]?

B: Sure. Marie Curie [人物] did.

3 自分の好きな有名人やあこがれの人物について知ってもらうために，**2** にならって対話をしましょう。
そして，相手がその人物がしたことなどについて知っているかどうかを書きましょう。

例 Asami knows what Kunieda Shingo did.

Speak & Write

1 ヒント どれも有名な人物です。知らない人物はインターネットなどで調べてみましょう。英語の意味は次の通りです。

例 ノーベル賞を2度受賞した

Ⓐ アメリカ合衆国の初代大統領になった

Ⓑ たくさんの有名な映画で演じた

Ⓒ 多くの偉大な発明をした

2 ヒント 英文の意味は次の通りです。

例1 *A:* マリー・キュリーが何をしたか知っていますか。
B: はい。彼女は2度ノーベル賞を受賞しました。

例2 *A:* だれがノーベル賞を2度受賞したか私に教えてくれますか。
B: もちろん。マリー・キュリーです。

解答例 *A:* Do you know what Audrey Hepburn did?
(オードリー・ヘップバーンが何をしたか知っていますか。)

B: Yes, I do. She acted in many famous movies.
(はい。彼女はたくさんの有名な映画で演じました。)

A: Can you tell me who acted in many famous movies?
(だれがたくさんの有名な映画で演じたか教えてくれますか。)

B: Sure. Audrey Hepburn did.
(もちろんです。オードリー・ヘップバーンです。)

3 ヒント 英文の意味は次の通りです。

例 朝美は国枝慎吾が何をしたか知っています。

解答例 *A:* Do you know what Kunieda Shingo did?
(国枝慎吾が何をしたか知っていますか。)

B: Yes, I do. He has won many world championships.
(はい。彼はたくさんの世界選手権で優勝しました。)

教科書 ➔ p.62

メグはその後，災害時の外国人支援についての英語番組を家族と見ることにしました。番組では日本で地震にあった外国人の体験談を取り上げています。

? What kinds of troubles did these people have?

New Words

- earthquake [ɔ́ːrθkwèik]
- **terrible** [térəbl]
- shaking [ʃéikiŋ]
- drove [dróuv] (⇐ drive)
- parking lot [pɑ́ːrkiŋ lɑ̀t]
- scared [skéərd]
- **finally** [fáinəli]
- announcement(s) [ənáunsmənt(s)]
- latest [léitist]
- fortunately [fɔ́ːrtʃənitli]
- traveler(s) [trǽvələr(z)]

- *too ... to ～*
- *get out*
- *pass by*
- *on the way back*
- *go back*

Case 1 (日本在住のバングラデシュ人男性)

[1] When the earthquake began, I didn't know what was happening. [2] After the terrible shaking, I ran out of the house with my wife. [3] We didn't know where to go, so we drove to a supermarket parking lot. [4] We stayed in our car for five hours. [5] We were too scared to get out.

[6] Finally, we spoke to a police officer passing by. [7] He guided us to the local shelter. [8] I didn't know about it until then.

Case 2 (旅行中だったフランス人女性)

[9] My friend and I took a day trip by train. [10] On the way back, there was a big earthquake. [11] Trains stopped running. [12] The announcements at the station were in Japanese. [13] We looked on the internet, but all the latest information there was in Japanese, too.

[14] Fortunately, there was a woman speaking to some travelers in English. [15] She told us how to go back. [142 words]

New Words

earthquake	[ɔ́ːrθkwèik アーすクウェイク]	名 地震
terrible	[térəbl テリブる]	形 ひどい
shaking	[ʃéikiŋ シェイキング]	名 揺れ
drove	[dróuv ドゥロウヴ]	動 [driveの過去形]
parking lot	[pɑ́ːrkiŋ lɑ̀t パーキング らット]	名 駐車場
scared	[skéərd スケアド]	形 (…を)こわがって
finally	[fáinəli ふァイナりィ]	副 ついに，やっと
announcement(s)	[ənáunsmənt(s) アナウンスメント(アナウンスメンツ)]	名 アナウンス，発表
latest	[léitist れイテスト]	形 最近の，最新の
fortunately	[fɔ́ːrtʃənitli ふォーチュネトり]	副 幸運にも

本文の内容

? これらの人々にはどのような困難がありましたか。

事例1

1 地震が始まったとき，私には何が起きているのかわかりませんでした。2 ひどい揺れのあと，私は妻といっしょに家の外に走り出しました。3 どこに行ったらよいのかわからなかったので，私たちは車でスーパーマーケットの駐車場へ行きました。4 そして5時間，車の中にとどまりました。5 こわすぎて外に出られませんでした。

6 ついに，私たちは通り過ぎようとしている警察官に話しかけました。7 彼は私たちを地域の避難所に案内してくれました。8 その時まで私はその避難所のことを知りませんでした。

事例2

9 私は友人と列車で日帰り旅行をしました。10 帰る途中で大地震が起きました。11 列車は運行停止になりました。12 駅のアナウンスは日本語でした。13 インターネットを見ましたが，そこにある最新情報も全て日本語でした。

14 運のいいことに，何人かの旅行者に英語で話している女性がいました。15 彼女が私たちに帰り方を教えてくれました。

スタディ

3 **We didn't know where to go, so we drove to a supermarket parking lot.**

「where to＋動詞の原形」は「どこに[へ] …すべきか[したらよいか]」という意味で，動詞knowの目的語になっています。

5 **We were too scared to get out.**

too ... to ～は「～するには…すぎる」，「あまりにも…なので～できない」を表します。「外に出るにはこわすぎた[あまりにもこわかったので外に出られなかった]」という意味です。tooは「あまりにも」という意味で，toのあとには動詞の原形が続き，副詞的用法の不定詞となります。

6 **Finally, we spoke to a police officer passing by.**

pass byは「通り過ぎる」という意味です。passingはpassの現在分詞です。現在分詞は後ろに語(句)をともなって「…している」の意味で，すぐ前の名詞を修飾します。passing byがpolice officerを修飾していて，「通り過ぎている警察官」という意味になります。

traveler(s)	[trǽvələr(z) トゥラぁヴェラ(ズ)]	名 旅行者
too ... to ～		～するには…すぎる，あまりにも…なので～できない
get out		外へ出る
pass by		通り過ぎる
on the way back		帰る途中で
go back		帰る，戻る
*case	[kéis ケイス]	名 事例
*begin	[bigín ビギン]	動 始まる
*to	[tú: トゥー; (弱く言うとき) (子音の前で) tə タ; (母音の前で) tu トゥ]	前 【不定詞(副詞的)】…するには，するのに
*guide	[gáid ガイド]	動 …を案内する

教科書 ➔ p.62

We spoke to a police officer **passing** by.

現在分詞
現在分詞(...ing形)は，すぐ前の名詞を後ろから修飾して，「…している(名詞)」と情報を加える。

Practice 例 The police officer passing by is my friend's father.

メグと家族は番組の間のコマーシャルに出てくる人物について話しています。

① that girl / eat chocolate / a singer
② that man / drink coffee / a famous actor
③ those boys / dance together / my favorite group

「私の前に(in front of me)［となりに(next to me)］すわっている女の子［男の子］は…です」のように，クラスメートを紹介する文を言い，ノートに書きましょう。

書いて覚えよう

6 ついに，私たちは通り過ぎようとしている警察官に話しかけました。

7 彼は私たちを地域の避難所に案内してくれました。

15 彼女が私たちに帰り方を教えてくれました。

ビジュアルスタディ

We spoke to a police officer **passing** by.

「現在分詞＋語(句)」(a police officerを修飾)

(私たちは通り過ぎようとしている警察官に話しかけました。)

●「～している…」→「名詞＋現在分詞＋語(句)」

「現在分詞(動詞のing形)＋語(句)」はすぐ前の名詞を後ろから修飾して,「…している～」という意味になります。

Practice

ヒント　例は「通り過ぎようとしている警察官は私の友人のお父さんです」という意味です。

解答例　① That girl eating chocolate is a singer.
(あのチョコレートを食べている女の子は歌手です。)

② That man drinking coffee is a famous actor.
(あのコーヒーを飲んでいる男性は有名な俳優です。)

③ Those boys dancing together are my favorite group.
(あれらのいっしょに踊っている少年たちは私のお気に入りのグループです。)

ヒント　The girl [boy] sitting ... の文を書きましょう。

解答例　The boy sitting next to me is Shun.
(私のとなりにすわっている男の子はシュンです。)

The girl sitting in front of me is Miho.
(私の前にすわっている女の子はミホです。)

教科書 ➔ p.63

Round 1　Get the Gist

本文の前半，Case 1の流れに合うように，Ⓐ～Ⓔの絵を並べかえましょう。

解答 Ⓐ ⇒ （ Ⓔ ） ⇒ （ Ⓒ ） ⇒ （ Ⓓ ） ⇒ （ Ⓑ ）

Ⓐ

Ⓑ

Ⓒ

Ⓓ

Ⓔ

Round 2　Focus on the Details

それぞれのCaseについて，次の質問に答えましょう。

Case 1

① After the terrible shaking, did the man and his wife know where to go?

② How did they get to the local shelter?

Case 2

③ What happened to trains after the big earthquake?

④ Did the tourists find the latest information in English on the internet?

Round 3　Think and Express Yourself

1 Case 1，Case 2のそれぞれの場面で，外国人にとって「何が問題だったのか」を，次の（　　）に適切な日本語を入れてまとめましょう。

Case 1：地震のときに，（　　　　　　　　　　　　　　　）を知らなかった。

Case 2：地震の直後，駅の（　　　　　　　　）やインターネット上の（　　　　　　　　）は全て（　　　　　　　　）だった。

2 本文の後半，Case 2の場面で，駅のアナウンスが日本語で流れています。
アナウンスを聞いて，困っている外国人に何とかしてその情報を伝えるための英語を考えましょう。

① アナウンスの中から，相手に伝えたいことをメモしましょう。

② ①のメモの内容を，英語でどのように伝えたらよいか考えましょう。

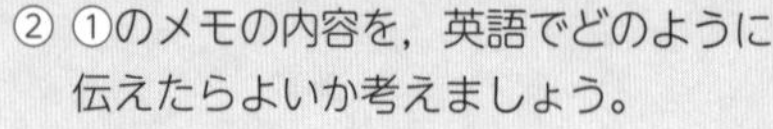

できるだけやさしい英語で表現する工夫をしてみよう。
例 運行を見合わせている → stopped running

③ ペアになって伝え合いましょう。相手の言ったことをメモして，自分の英語とどうちがうか比べてみましょう。

Round 1

ヒント Ⓐの地震が起きている様子は本書p.142 1 の文，Ⓑの避難所にいる様子は 7 の文，Ⓒの車で避難している様子は 3 の文，Ⓓの警察官に話しかけている様子は 6 の文，Ⓔの夫婦が家の外に逃げている様子は 2 の文を参考にしましょう。

Round 2

ヒント ①は本書p.142 3 の文，②は 6 と 7 の文，③は 11 の文，④は 13 の文を参考にしましょう。英文の意味は次の通りです。

事例1

① ひどい揺れのあとで，男性と彼の妻はどこに行くべきか知っていましたか。

② 彼らはどのようにして地域の避難所にたどり着きましたか。

事例2

③ 大きな地震のあとに，電車に何が起こりましたか。

④ 旅行者たちはインターネットで英語の最新情報を見つけましたか。

解答例 ① No, they didn't.（いいえ，彼らは知りませんでした。）

② The police officer passing by guided them to the local shelter.
（通り過ぎようとしている警察官が彼らを地域の避難所に案内してくれました。）

③ They stopped running.（それらは運行停止になりました。）

④ No, they didn't.（いいえ，彼らは見つけませんでした。）

教科書 ➔ p.64

続いて，レポーターがとなり町の若葉市の外国人支援の取り組みを紹介しています。

? What did Wakaba City have yesterday?

New Words

- evacuation [ivæ̀kjuéiʃn]
- drill [dríl]
- resident(s) [rézidənt(s)]
- visitor(s) [vízitər(z)]
- simulation(s) [sìmjəléiʃn(z)]
- themselves [ðəmsélvz]
- instruction(s) [instrʌ́kʃn(z)]
- given [gívn] (⇐ give)
- **simple** [símpl]
- **interview(ed)** [íntərvjù:(d)]
- *hand out*

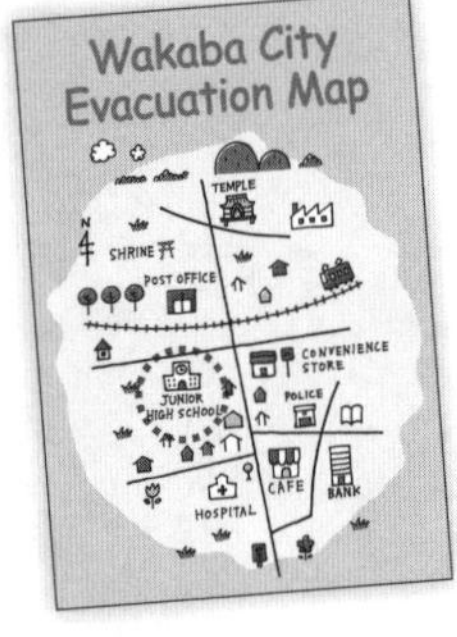

[1] Every year, more and more foreign people are coming to live in Japan. [2] The number of tourists visiting Japan is growing, too. [3] Many of them don't know what to do in an earthquake. [4] It's necessary for us to be prepared to help them.

[5] Wakaba City had an evacuation drill for foreign residents and visitors yesterday. [6] In the drill, they experienced some simulations and learned how they can protect themselves. [7] They followed instructions given in English and easy Japanese.

[8] The city handed out an evacuation map made by Wakaba Junior High School students. [9] The map uses simple symbols and pictures. [10] It shows people where they should go in a disaster.

[11] We interviewed some students at the school. [12] One said, "We're glad to help foreign people. [13] It's important for everyone to help each other and work together."

[14] Yesterday was a good start. [15] Everyone should be prepared.

[144 words]

New Words

evacuation	[ivæ̀kjuéiʃn イヴぁキュエイシャン]	名 避難
drill	[dríl ドゥリる]	名 訓練，ドリル
resident(s)	[rézidənt(s) レズィデント(レズィデンツ)]	名 住民，居住者
visitor(s)	[vízitər(z) ヴィズィタ(ズ)]	名 観光客
simulation(s)	[sìmjəléiʃn(z) シミュれイシャン(ズ)]	名 シミュレーション
themselves	[ðəmsélvz ぜムセるヴズ]	代 彼ら[彼女ら，それら]自身を[に]
instruction(s)	[instrʌ́kʃn(z) インストゥラクシャン(ズ)]	名 指示
given	[gívn ギヴン]	動 [giveの過去分詞]
simple	[símpl スィンプる]	形 単純な，簡単な
interview(ed)	[íntərvjù:(d) インタヴュー(ド)]	動 …にインタビューする
hand out		…を配る
*every year		毎年

本文の内容

? 若葉市では昨日，何が行われましたか。

1 毎年，ますます多くの外国人が日本に住むようになってきています。2 日本を訪れる旅行者の数も増えています。3 その多くの人が地震の際に何をしたらよいのかわかっていません。4 私たちは，彼らを助ける準備をしておくことが必要です。

5 若葉市は昨日，外国人居住者と来訪者のための避難訓練を行いました。6 訓練で彼らはいくつかのシミュレーションを体験し，どのようにしたら自分自身を守れるかを学びました。7 彼らは英語や易しい日本語で与えられる指示に従いました。

8 市は若葉中学校の生徒たちが作成した避難地図を配布しました。9 地図には簡単な記号や絵が使われています。10 地図は災害時にどこに行ったらよいのかを人々に示しているのです。

11 私たちは学校で何人かの生徒にインタビューを行いました。12 ある生徒は「外国の人たちの助けになれてうれしいです。13 みんながおたがい助け合っていっしょに取り組むことが大切です」と言いました。14 昨日はよいスタートとなりました。15 みんなが備えているべきなのです。

スタディ

3 **Many of them don't know what to do in an earthquake.**

「what to＋動詞の原形」は「何を…すべきか」という意味で，動詞knowの目的語になっています。

4 **It's necessary for us to be prepared to help them.**

Itは形式上の主語で，不定詞以下を指しています。for usは不定詞の動作をする人を表しています。「私たちは彼らを助ける準備をしておくことが必要です」という意味になります。

7 **They followed instructions given in English and easy Japanese.**

givenはgiveの過去分詞です。過去分詞は後ろに語句をともなって，「…される[された]」の意味ですぐ前の名詞を修飾することがあります。instructionsを修飾していて，「英語や易しい日本語で与えられる指示」という意味になります。

8 **The city handed out an evacuation map made by Wakaba Junior High School students.**

madeはmakeの過去分詞です。「…される[された]」の意味で，直前のan evacuation mapを後ろから修飾していて，「若葉中学校の生徒たちによって作られた避難地図」という意味になります。

10 **It shows people where they should go in a disaster.**

「show＋(人)＋whereなどで始まる節」で「(人)に(whereなどで始まる節の内容)を示す」という意味になります。疑問詞のあとは「主語＋動詞」の語順になります。

*grow	[gróu グロウ]	動 成長する，増加する
*what to		何を…すべきか
*many	[méni メニ]	代 多数(の人[もの])
*hand	[hǽnd ハあンド]	動 …を手渡す
*start	[stá:rt スタート]	名 始まり，スタート

教科書 ➔ p.64

They followed instructions **given** in English.

過去分詞
過去分詞は，すぐ前の名詞を後ろから修飾して，「…される[された]（名詞）」と情報を加える。

Practice 例 The instructions given in English are helpful.

レポーターは，防災訓練に参加した外国人にインタビューしています。

① the map / make / by the students / useful
② the drills / hold / by the city / important
③ information / write / in many languages / necessary

自分の好きな本やマンガについて，「『…』は～によって書かれた本[マンガ]です」のように紹介する文を言い，ノートに書きましょう。

書いて覚えよう

4 私たちは，彼らを助ける準備をしておくことが必要です。

7 彼らは英語や易しい日本語で与えられる指示に従いました。

10 地図は災害時にどこに行ったらよいのかを人々に示しているのです。

ビジュアルスタディ

They followed instructions **given** in English.

「過去分詞＋語句」(instructionsを修飾)

(彼らは英語で与えられる指示に従いました。)

●「…される～」→「名詞＋過去分詞＋語句」

現在分詞と同様に，**「過去分詞＋語句」**はすぐ前の名詞を後ろから修飾して，「…される［された］～」という意味を表します。

Practice

ヒント　例は「英語で与えられた指示は役に立ちます」という意味です。

解答例　① The map made by the students is useful.
(生徒たちによって作られた地図は役に立ちます。)

② The drills held by the city are important.
(市によって開かれる訓練は大切です。)

③ Information written in many languages is necessary.
(多言語で書かれた情報は必要です。)

ヒント　... is a book [comic] written by ～. の文を書きましょう。

解答例　*Botchan* is a book written by Natsume Soseki.
(「坊ちゃん」は夏目漱石によって書かれた本です。)

外国人観光客などの被災を想定した避難訓練の様子（東京，2018）

教科書 ➔ p.65

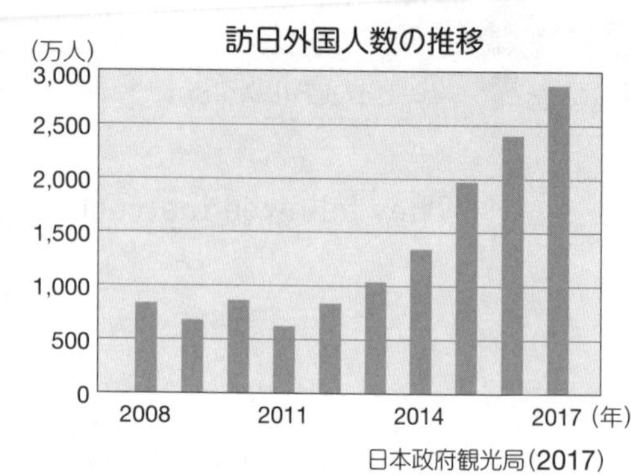

日本政府観光局(2017)

Round 1 Get the Gist

4つのパラグラフがそれぞれ何について述べているか，適切なものを右のⒶ～Ⓓから選びましょう。

解答
- 第1パラグラフ （ Ⓑ ）
- 第2パラグラフ （ Ⓒ ）
- 第3パラグラフ （ Ⓓ ）
- 第4パラグラフ （ Ⓐ ）

Ⓐ 地図を作った生徒の感想
Ⓑ 災害時における外国人への支援の必要性
Ⓒ 若葉市の避難訓練の様子
Ⓓ 配布された避難地図

Round 2 Focus on the Details 

本文を読んで，次の質問に答えましょう。

① Is the number of tourists visiting Japan growing?
② In the drill, what did the foreign residents and visitors learn?
③ What does the map made by the students use?
④ Why do the students feel glad?

Round 3 Think and Express Yourself

1 メグは番組の内容をみんなに伝えるために要約を作りました。
___に適切な語を入れて，要約を完成しましょう。

解答例 Many foreign residents and tourists in Japan don't know what to do in an __earthquake__. Wakaba City had an __evacuation__ __drill__ for them. The city also gave them an evacuation __map__ __made__ __by__ Wakaba Junior High School students. We all should be __prepared__ for earthquakes.

2 地域で行われている防災の取り組みについて，クラスメートと話したり調べたりして発表しましょう。

例 Our city shows an official hazard map（公式のハザードマップ） on its website.

解答例 Our city built some tsunami evacuation towers in the beach area.
（私たちの市は海辺の地域にいくつかの津波避難タワーを建てました。）

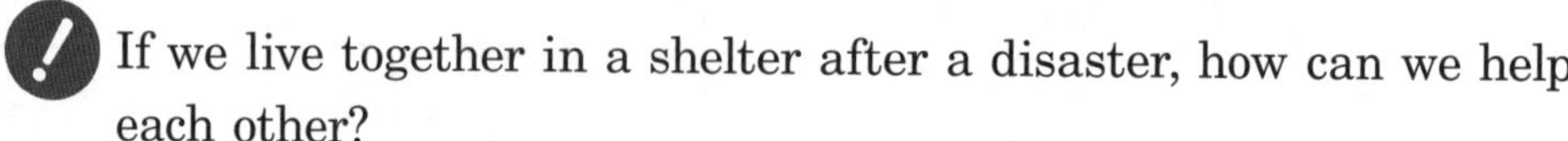

If we live together in a shelter after a disaster, how can we help each other?

例 I want to try to explain instructions given in Japanese to foreign people. / I think I can ask elderly people what they need.

Round 1

ヒント 各パラグラフで何が述べられているか(主題)は，各パラグラフの第1文目に注目しましょう。第1パラグラフは本書p.148 3 ～ 4 の文，第2パラグラフは 5 の文，第3パラグラフは 8 の文，第4パラグラフは 11 の文を参考にしましょう。

Round 2

ヒント ①は本書p.148 2 の文，②は 6 の文，③は 9 の文，④は 12 の文を参考にしましょう。英文の意味は次の通りです。

① 日本を訪れる旅行者の数は増加していますか。

② 訓練では，外国人居住者と来訪者は何を学びましたか。

③ 生徒たちによって作られた地図は何を使っていますか。

④ 生徒たちはなぜうれしいと感じるのですか。

解答例 ① Yes, it is.（はい，そうです。）

② They learned how they can protect themselves.
（彼らはどのようにしたら自分自身を守れるかを学びました。）

③ It uses simple symbols and pictures.
（それは簡単な記号や絵を使っています。）

④ Because their map helps foreign people.
（彼らの地図は外国の人々を助けるからです。）

Round 3

1 ヒント 1つ目の空欄は本書p.148 3 の文，2～3つ目の空欄は 5 の文，4～6つ目の空欄は 8 の文，7つ目の空欄は 15 の文を参考にしましょう。英文の意味は次の通りです。

日本にいる多くの外国人居住者たちと旅行者たちは， 地震 のときに何をすべきか知りません。若葉市は彼らのために 避難訓練 を行いました。市はまた彼らに若葉中学校の生徒たち によって作られた地図 を渡しました。私たちは全員地震に 備える べきです。

2 ヒント 英文の意味は次の通りです。
私たちの市はウェブサイトに公式のハザードマップを示しています。

ヒント 質問は「もし災害のあとに私たちが避難所でいっしょに暮らしたら，どのようにおたがいを助け合うことができるでしょうか」という意味です。例は「私は外国の人々に日本語で出された指示を説明してみようと思います。／私は年配の人々に何が必要かたずねることができると思います」という意味です。

解答例 I want to try to keep the shelter clean.
（私は避難所をきれいに保つようにしたいと思います。）
I think I can ask people with babies what they need.
（私は赤ちゃんを連れた人々に何が必要かたずねることができると思います。）

教科書 ➔ p.66

いざというとき役立つ標識

災害時にだれもが必要な情報を得られるようにするための工夫の1つに，図記号を使った標識があります。図記号や標識の意味を確認して，外国人に説明できるようにしましょう。

STEP 1 図記号の意味を確認しよう

次の4つの図記号の意味を考えて選び，例 にならってクラスメートと対話をして確認しましょう。

例

①(Ⓔ)

②(Ⓓ)

③(Ⓑ)

④(Ⓐ)

Ⓐ 避難場所 (evacuation area)　Ⓑ 火災 (fire)
Ⓒ 洪水(こうずい) (flood)　Ⓓ 地すべり (landslide)　Ⓔ 津波 (tsunami)

例 *A:* Do you know what this symbol means?
B: Yes, I do. It means "emergency exit(非常口)."
It shows a person running through a door.
A: I see.

Tool Box

●えがかれているもの	●その様子
1. high waves	1. coming towards(…のほうへ) the land
2. rocks(岩)	2. rolling down a slope(坂)
3. houses	3. on fire
4. a person(人)	4. evacuating(避難している) to a safe area

STEP 2 標識の意味を説明しよう

次の図記号を使った標識について，例 にならってその意味を外国人に説明する文を書いて発表しましょう。

例

This sign(標識) tells you where you can find an evacuation area in case of a debris flow(土石流). Turn left, keep going for 240 meters, and you can get there.

通学路や自宅のまわりにある標識もさがして説明してみよう。

____

____

____

CHECK Unit 4

題材 防災・安全への関心を高め，地域の一員として防災に取り組む意識を持つ。　題材 □ □ □ □

活動 標識が何を意味しているかを説明することができる。　活動 □ □ □ □

STEP 1

ヒント Tool Boxを活用しましょう。例の英文の意味は次の通りです。

A: この記号が何を意味するか知っていますか。

B: はい。それは「非常口」を意味しています。それはドアを通って走る人を示しています。

A: なるほど。

解答例 ① *A:* Do you know what this symbol means?
(この記号が何を意味するか知っていますか。)

B: Yes, I do. It means "tsunami." (はい。それは「津波」を意味しています。)
It shows high waves coming toward the land.
(それは高い波が陸に向かってきているのを示しています。)

A: I see. (なるほど。)

② *A:* Do you know what this symbol means?
(この記号が何を意味するか知っていますか。)

B: Yes, I do. It means "landslide." (はい。それは「地すべり」を意味しています。)
It shows rocks rolling down a slope.
(それは岩が坂を転がり落ちているのを示しています。)

A: I see. (なるほど。)

③ *A:* Do you know what this symbol means?
(この記号が何を意味するか知っていますか。)

B: Yes, I do. It means "fire." (はい。それは「火災」を意味しています。)
It shows houses on fire. (それは火事の家を示しています。)

A: I see. (なるほど。)

④ *A:* Do you know what this symbol means?
(この記号が何を意味するか知っていますか。)

B: Yes, I do. It means "evacuation area."
(はい。それは「避難場所」を意味しています。)
It shows a person evacuating to a safe area.
(それは安全な場所に避難している人を示しています。)

A: I see. (なるほど。)

STEP 2

ヒント 例の英文の意味は次の通りです。
この標識は土石流の際に，あなたたちがどこに避難場所を見つけることができるかを教えています。左に曲がり，240メートル進みなさい，そうすればあなたたちはそこにたどり着くことができます。

解答例 This sign tells you where you can find an evacuation area in case of a flood from rivers. Turn right, keep going for 180 meters, and you can get there.
(この標識は川からの洪水の際に，あなたたちがどこに避難場所を見つけることができるかを教えています。右に曲がり，180メートル進みなさい，そうすればあなたたちはそこにたどり着くことができます。)

Let's Talk 2

教科書 ➔ p.67

町中での手助け ―申し出る―

CAN-DO 相手の立場に立って，具体的な提案をしながら申し出たり応じたりすることができる。☑

STEP 1

日曜日，駅前で困っている様子の外国人がいます。自分だったらどうしますか。
次の図を使って場面を想像し，プロット(あらすじ)を考えましょう。

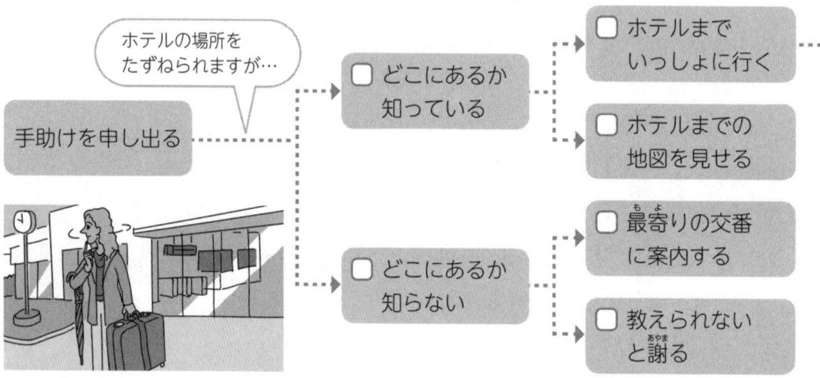

(ほかにできることを考えよう)

STEP 2

STEP 1のプロットを参考に対話をしましょう。終わったら役割を入れかえましょう。

例 (*A:* 助ける側，*B:* 助けてもらう側)

A: Excuse me. **Can I help you?**
B: Oh, yes, please. Do you know where Midori City Hotel is?
A: Midori City Hotel? Yes. **Shall I** take you there**?**
B: Thank you. That's very kind of you.
A: **Would you like me to** carry your umbrella or something**?**
B: Oh. Thank you very much.

New Words
- ☐ *That's very kind of you.*
- ☐ *would like ... to ～*

助けてもらう側も，「自分から助けを求める」「申し出を断る」など，下のTool Boxを使って自由にアレンジしよう！

STEP 3

❶～❸の場面で役割を決めて，手助けを申し出る対話をしましょう。

❶ 

❷ 

❸ 

Tool Box

相手の気持ちや状況を想像して，適切な表現を使おう。

●助ける側の表現

Do you need some help? お手伝いが必要ですか。
Is there anything I can do for you? 何かできることはありますか。
Where would you like to go? どこへ行きたいのですか。
Are you lost? 道に迷っているのですか。
Sorry, I can't help you. I'm in a hurry.
お役に立てずごめんなさい。急いでいるのです。

●助けてもらう側の表現

Could you tell me where I can get a taxi?
どこでタクシーに乗れるか教えてくださいますか。
Could you help me buy a ticket?
切符を買うのを手伝ってくださいますか。
No, thank you. I'm fine. いいえ。だいじょうぶです。
You're a lifesaver. 本当に助かります。

STEP 2

ヒント 例の英文の意味は次の通りです。

解答例 *A:* すみません。お手伝いしましょうか。

B: ああ，はい，お願いします。緑シティホテルはどこにあるか知っていますか。

A: 緑シティホテルですか？　はい。そこまで連れて行きましょうか。

B: ありがとう。どうもご親切にありがとうございます。

A: あなたの傘か何かを運びましょうか。

B: あら。どうもありがとうございます。

STEP 3

解答例 ❶ *A:* Excuse me. Do you need some help?
(すみません。お手伝いが必要ですか。)

B: Oh, yes. Could you tell me where I can get a taxi?
(ああ，はい。どこでタクシーに乗れるか教えてくださいますか。)

A: You can get it in front of that clock tower.
(あの時計塔の前から乗れますよ。)

B: Oh, thank you very much.（ああ，どうもありがとうございます。）

❷ *A:* Excuse me. Is there anything I can do for you?
(すみません。何かできることはありますか。)

B: Oh, yes. Could you help me buy a ticket?
(ああ，はい。切符を買うのを手伝ってくださいますか。)

A: Of course. Where would you like to go?
(もちろんです。どこへ行きたいのですか。)

B: You're a lifesaver. I'd like to go to Midori Station.
(本当に助かります。緑駅へ行きたいのです。)

❸ *A:* Oh, are you lost?（あら，道に迷っているの？）

B: Where is my mom?（お母さんはどこ？）

A: Don't worry. Let's go to the police station over there.
(心配しないで。向こうの警察署に行きましょう。)

New Words

That's very kind of you.		どうもご親切にありがとうございます。
would like ... to ~		…に~してほしい(のですが)
*can	[kǽn キャン；(弱く言うとき) kən カン]	助【申し出】Can I ...? …しましょうか。
*would	[wúd ウッド；(弱く言うとき)，d ドゥ]	助【勧誘・意向・願望・好み】would like ... to …に~してほしい(のですが)

教科書 → p.68

Task 1 投票について聞いて伝え合おう

1 今度の日曜日，緑(みどり)市の市長選挙が行われます。
メグと海斗(かいと)の対話を聞いて，内容を下の表に整理しましょう。

	Meg	Kaito
18歳になったら…	☐ 投票する(vote) ☐ 投票しない	☐ 投票する ☐ 投票しない
なぜなら… (聞き取れたことをメモしよう)		

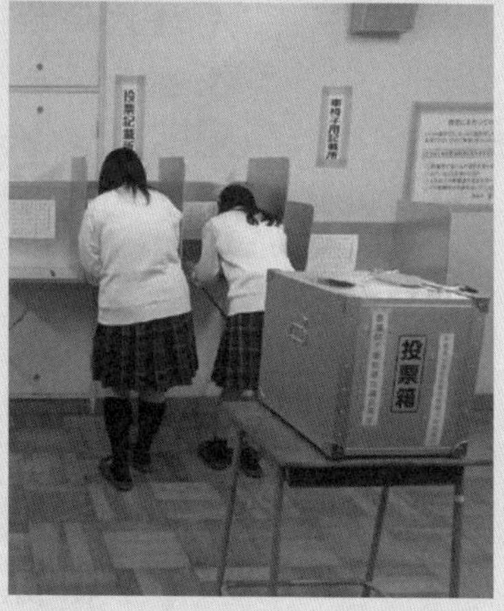

2 投票するかどうか，今の自分はどう思うか考え，例 にならってクラスメートと伝え合いましょう。
理由を述べるときは教科書p.69のTool Boxを参考にしましょう。

例 *A:* After you become eighteen, will you vote (投票する) in the elections (選挙)?
B: I think I'll vote because .... [I don't think I'll vote because ....] How about you?

Task 2 投票率のグラフを見て伝え合おう

メグと話した海斗は，日本や海外の投票率について調べて資料を集めました。
下の2つのグラフを見てわかることや，それについて自分がどう思うかを，ペアになって伝え合いましょう。

例1 In Japan, people in their twenties have the lowest voter turnout (投票率). I'm surprised to see that.

例2 The voter turnout in Australia is very high. I want to find out why.

オーストラリアの選挙の様子

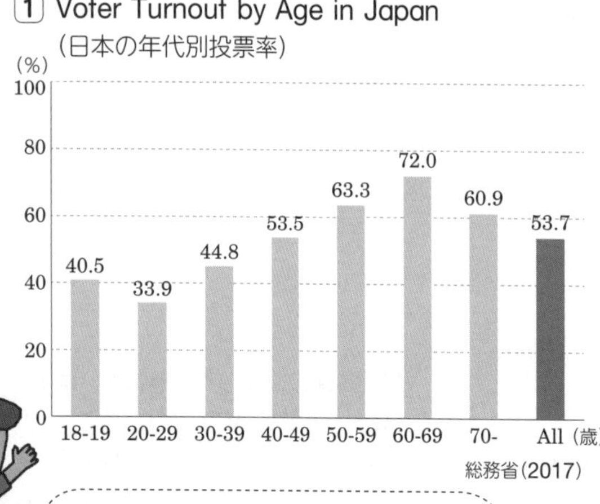

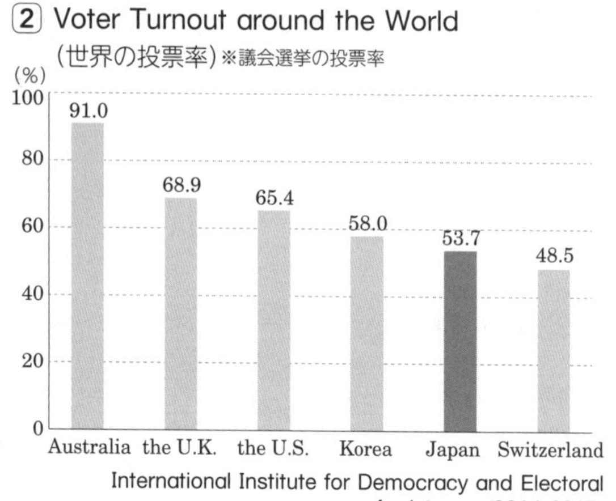

日本では2016年より，選挙権年齢が「20歳以上」から「18歳以上」にひき下げられたよ。

Task 1

2 ヒント 例の英文の意味は次の通りです。

A: あなたは18歳になったら，選挙で投票するつもりですか。

B: …なので私は投票に行くつもりです。[…なので私は投票に行くとは思いません。]

あなたはどうですか。

解答例 *A:* After you become eighteen, will you vote in the elections?

(あなたは18歳になったら，選挙で投票するつもりですか。)

B: I think I'll vote because voting is our right and responsibility. How about you?

(投票することは私たちの権利であり責任であるので，私は投票すると思います。あなたはどうですか。)

A: I don't think I'll vote because it's too much bother to go to vote.

(投票に行くのは面倒すぎるので，私は投票しないと思います。)

Task 2

ヒント 英文の意味は次の通りです。

例1 日本では，20代の人々が最低の投票率になっています。私はそれを見て驚いています。

例2 オーストラリアの投票率はとても高いです。私はなぜか知りたいです。

解答例 In Japan, people in their sixties have the highest voter turnout. I'm interested in that.

(日本では，60代の人々が最も高い投票率になっています。私はそのことに興味があります。)

The voter turnout in Switzerland is very low. I want to find out why.

(スイスの投票率はとても低いです。私はなぜか知りたいです。)

Challenge

学校をよりよくするための公約を考えよう

教科書 → p.69

1 グループになって，自分たちの学校をよりよくするために，どんなことを学校に求めるかを考えましょう。下のTool Boxも参考にしましょう。

What do we want to change about our school?

自分の意見を書こう

2 自分たちが学校に求めることを公約として，ポスターやスライドを使って発表し，どのグループを支持するか投票し合いましょう。ほかのグループの発表を聞くときは，下の表に案の内容や自分の評価，感想をメモしましょう。

例 We will ask our school to build a school cafeteria. We have two reasons. First, ... Second, ... Please vote for us!

（ask ... to ～：…に～するようにたのむ　cafeteria：カフェテリア）

	What do they say?	What do you think? (Agree 5 – 1 Disagree)
例	a school cafeteria	5 ④ 3 2 1 I want to eat a hot meal for lunch.
Group 1		5 4 3 2 1
Group 2		5 4 3 2 1
Group 3		5 4 3 2 1

Tool Box

●投票する理由

Voting is our right and responsibility.
投票することは私たちの権利であり責任である。

I want to tell young people's opinions to the government.
若者の意見を政府に伝えたい。

My parents and teachers say we should vote.
親や先生が投票すべきだと言っている。

●投票しない理由

It's too much bother to go to vote.
投票に行くのは面倒すぎる。

I don't know much about politics.
政治をよく知らない。

I don't have time to vote.
投票する時間がない。

●学校に求めることの例

allow girls to wear pants as uniforms　女子に制服としてズボン着用を許可する

provide us with new computers　新しいコンピュータを提供する

have more [fewer] English classes　英語の授業を増やす[減らす]

Challenge

1 **ヒント** Tool Boxを活用しましょう。英文の意味は次の通りです。
私たちは私たちの学校について何を変えたいですか。

2 **ヒント** Tool Boxを活用しましょう。英文の意味は次の通りです。
例 私たちは私たちの学校に学食を作ってもらえるようにたのむつもりです。理由が2つあります。
まず，…。次に，…。私たちに投票してください！

	彼らは何と言っているか。	あなたはどう思うか。
例	学食	賛成　　反対 5　④　3　2　1 私は昼食に温かい食事を食べたい。

解答例 We will ask our school to allow girls to wear pants as uniforms. We have two reasons. First, for the LGBTQ people, it is a serious problem what uniform they wear. Second, some girls don't want to wear skirts. So, we think it is important that each student can choose her [his] uniform by herself [himself].
(私たちは女子に制服としてズボン着用を許可することを求めます。私たちには理由が2つあります。まず，LGBTQの人々にとって，どの制服を着るかは重大な問題です。次に，スカートをはきたくない女子もいます。だから，私たちはどの生徒も彼女[彼]の制服を自分で選ぶことができることが大切だと思います。)

	彼らは何と言っているか。	あなたはどう思うか。
	uniforms（制服）	賛成　　反対 ⑤　4　3　2　1 I don't like wearing a skirt. (私はスカートをはくのが好きではない。)

定期テスト対策 ④ (Unit 4)

1 次の日本語は英語に，英語は日本語にしなさい。

(1) 調査 ______________　(2) …にインタビューする ______________

(3) ついに ______________　(4) 地震 ______________

(5) simple (　　　　　)　(6) terrible (　　　　　)

(7) emergency (　　　　　)　(8) disaster (　　　　　)

2 次の日本文に合う英文になるように，＿＿に適する語を書きなさい。(6)～(9)は(　　)内の語を適する形にかえなさい。

(1) 日本では火事の場合には110番に電話をかけます。
In Japan, we call 110 ______ ______ of a fire.

(2) ミカは宿題をするにはあまりにも疲れていました。
Mika was ______ tired ______ do her homework.

(3) 私たちはその建物を出る方法を確認しました。
We checked the way to ______ ______ ______ the building.

(4) 私は家に帰る途中で田中先生に会いました。
I met Mr. Tanaka on the ______ ______ home.

(5) 彼らはその地図を観光客に配布する予定です。
They will ______ ______ the map to the tourists.

(6) Do you know the language (use) in Brazil? ______

(7) Can you see a cat (sleep) over there? ______

(8) The boy (play) tennis is my brother. ______

(9) This is the letter (write) by Kanako. ______

3 次の疑問文を，(　　)内の語句に続けて1文にしなさい。

(1) What does Mike like? (I know)
I know ______________________.

(2) When is Sam's birthday? (Do you know)
Do you know ______________________?

(3) Where is the library? (Tell me)
Tell me ______________________.

4 次の英文を日本文になおしなさい。

(1) Tokyo is a city visited by many people.
(　　　　　　　　　　　　　　　　　　)

(2) The girl standing in front of the door is Sachiko.
(　　　　　　　　　　　　　　　　　　)

(3) That's very kind of you.
(　　　　　　　　　　　　　　　　　　)

5 日本文に合う英文になるように，(　　)内の語(句)を並べかえなさい。

(1) 私は日本製のテレビがほしいです。
(want / made / I / TV / in / a / Japan / .)

____

(2) あなたはエミコが何をしたか知っていますか。
(you / Emiko / has / what / done / know / do / ?)

____

(3) あなたに私の写真を撮ってもらいたいのですが。
(my / I / you / take / would / to / like / picture / .)

____

(4) その女性は夕ご飯を作るには忙しすぎます。
(is / dinner / busy / the woman / too / to / cook / .)

____

6 次の英文を読んで，あとの問いに答えなさい。

Every year, more and more foreign people are coming to live in Japan. The number of tourists ㋐(visit) Japan is growing, too. Many of them don't know what to do in an earthquake. ①It's necessary for us to be prepared to help them.

Wakaba City had an evacuation drill for foreign residents and visitors yesterday. In the drill, they experienced some simulations and learned how they can protect themselves. They followed instructions ㋑(give) in English and easy Japanese.

(1) 下線部①を，themがだれを指しているか具体的に示して日本語で書きなさい。

____

(2) 意味が通るように㋐と㋑の語を適切な形にかえなさい。
㋐(　　　　　)　㋑(　　　　　)

(3) 本文の内容に合うように，次の問いに英語で答えなさい。
What did foreign residents and visitors learn in the drill?

____

A Legacy for Peace

れガスィ

教科書 ➔ p.71

Unit 5

題材 ガンディーの功績を知り，平和や人権の大切さを考える。
活動 人やものについて詳しい情報を加えて説明することができる。

1 Can you guess how these two pictures are related?

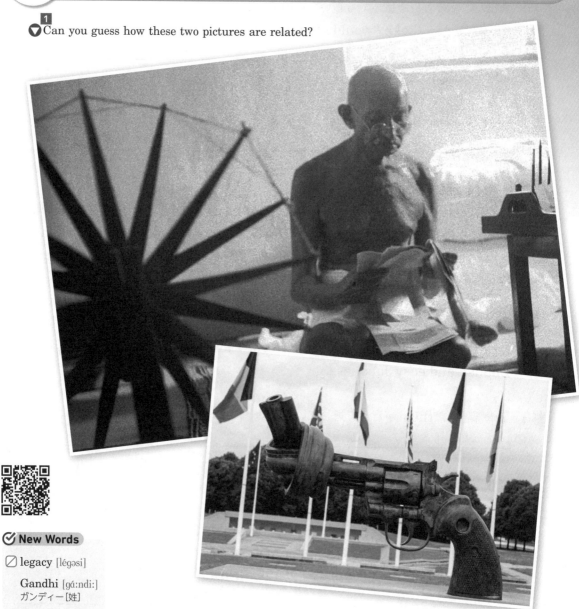

New Words

legacy [légəsi]

Gandhi [gá:ndi:]
ガンディー[姓]

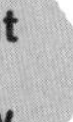

2 What do you know about Gandhi?

ガーンディー

Preview

教科書 ➔ p.72

目的
場面
状況

インターネットで写真を見ているジョシュに，姉のマリアが話しかけています。
対話を聞いて，わかったことを伝え合いましょう。

①
②
③
④

わかったこと 解答例

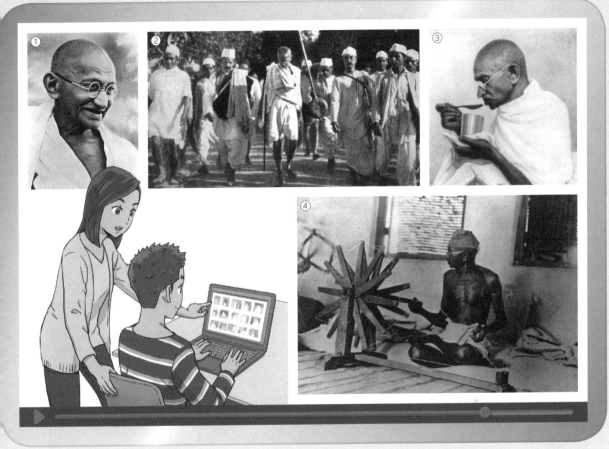

ジョシュはガンディーの顔がはっきり見えて笑顔の写真(①)を選んだ。

本文の内容

1 これらの2枚の写真がどのように関連しているか推測できますか。

2 あなたはガンディーについて何を知っていますか。

New Words

legacy	[légəsi れガスィ]	名遺産

教科書 ➔ p.73

ジョシュは，写真を見せながら，ガンディーについて紹介しています。

? What is Gandhi known for?

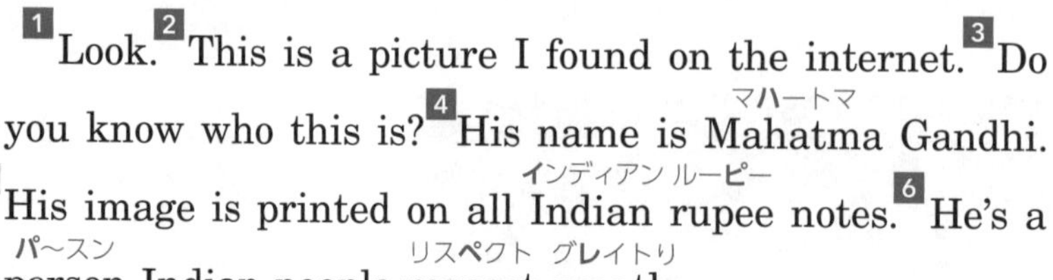

[1] Look. [2] This is a picture I found on the internet. [3] Do you know who this is? [4] His name is Mahatma Gandhi. [5] His image is printed on all Indian rupee notes. [6] He's a person Indian people respect greatly.

[7] Gandhi was born on October 2, 1869. [8] His birthday is now an Indian national holiday. [9] It's also the International Day of Non-Violence.

[59 words]

New Words

- **person** [pə́ːrsn]
- respect [rispékt]
- greatly [gréitli]
- **born** [bɔ́ːrn]
- **international** [ìntərnǽʃənl]
- non-violence [nɑ̀nváiələns]
- Mahatma [məhɑ́ːtmə] マハトマ[敬称]
- Indian [índiən] インドの
- rupee [ruːpíː] ルピー[通貨]

[əːr] birthday, person

New Words

person	[pə́ːrsn パ～スン]	名 人，個人
respect	[rispékt リスペクト]	動 …を尊敬する，尊重する
greatly	[gréitli グレイトリ]	副 おおいに，非常に
born	[bɔ́ːrn ボーン]	動 [be born で]生まれる
international	[ìntərnǽʃənl インタナぁショヌる]	形 国際的な
non-violence	[nɑ̀nváiələns ナンヴァイオれンス]	名 非暴力
*print	[print プリント]	動 …を印刷する
*note	[nóut ノウト]	名 紙幣

本文の内容

? ガンディーは何で知られていますか。

1 見てください。
2 これはぼくがインターネットで見つけた写真です。
3 これがだれだか知っていますか。
4 彼の名前はマハトマ・ガンディーです。
5 インドのルピー紙幣全てに彼の肖像が印刷されています。
6 彼はインドの人々が大変尊敬している人です。
7 ガンディーは1869年10月2日に生まれました。
8 彼の誕生日は現在，インドの国民の休日となっています。
9 その日はまた，国際非暴力デーともなっています。

スタディ

2 **This is a picture I found on the internet.**

I found on the internet（私がインターネットで見つけた）が，すぐ前の名詞a pictureを修飾しています。本書p.169のKey Sentenceの解説を確認してください。

3 **Do you know who this is?**

who this isがknowの目的語になっている間接疑問文で，疑問詞のあとは「主語＋動詞」の語順になります。

6 **He's a person Indian people respect greatly.**

Indian people respect greatly（インドの人々が大変尊敬している）がすぐ前の名詞a person「人」を修飾しています。「名詞＋主語＋動詞」で「―（主語）が…（動詞）する～（名詞）」という意味になります。

7 **Gandhi was born on October 2, 1869.**

bornはbearの過去分詞の1つで，be bornで「生まれる」という意味を表します。

教科書 ➔ p.73

I found a picture on the internet.
This is **a picture I found** on the internet.

名詞を修飾する文
「主語＋動詞＋目的語(名詞)」の語順を入れかえて，「名詞＋主語＋動詞」とすると，前の名詞を後ろから修飾して詳しい情報を加えることができる。

Practice 例 This is a picture I found on the internet.

ジョシュはフィリピンから遊びに来た友達に，自分の部屋にあるものを説明しています。

① a picture / my uncle took
② a gift / my uncle sent me
③ the book / I like the best

これは写真です。
どんな写真かというと…

お気に入りのものについて，「これは私がいちばん好きな…です」と説明する文を言い，ノートに書きましょう。

書いて覚えよう

2 これはぼくがインターネットで見つけた写真です。

3 これがだれだか知っていますか。

6 彼はインドの人々が大変尊敬している人です。

ビジュアルスタディ

I found **a picture** on the internet.

（私は写真をインターネットで見つけました。）

foundの目的語

This is **a picture** **I found** on the internet.

（これは私がインターネットで見つけた写真です。）

「私がインターネットで見つけた写真」

●名詞を修飾する文

I found on the internetはすぐ前の名詞のa pictureを後ろから修飾していて，「私がインターネットで見つけた写真」という意味になります。英語ではこのように，主語と動詞のある文が，すぐ前の名詞を後ろから修飾することもできます。つまり，「名詞＋主語＋動詞」で「―（主語）…（動詞）する～（名詞）」となります。

I found a picture.（私は写真を見つけました。） ↔ a picture I found（私が見つけた写真）

I brought a bag.（私はかばんを持ってきました。） ↔ a bag I brought（私が持ってきたかばん）

I met a girl.（私は女の子に会いました。） ↔ a girl I met（私が会った女の子）

Practice

ヒント　例は「これは私がインターネットで見つけた写真です」という意味です。

解答例　① This is a picture my uncle took.
（これは私のおじが撮った写真です。）

② This is a gift my uncle sent me.
（これは私のおじが私におくってくれた贈り物です。）

③ This is the book I like the best.
（これは私がいちばん好きな本です。）

ヒント　「これは私がいちばん好きな…です」はThis is the ... I like the best. で表します。

解答例　This is the cup I like the best.
（これは私がいちばん好きなカップです。）

教科書 ➔ p.74

ジョシュと朝美が，ガンディーについて話しています。

? How did Gandhi work for Indian independence?

Asami: [1] Nice presentation, Josh. [2] That was interesting.

Josh: [3] Thanks. [4] Gandhi is a man who has influenced a lot of people around the world.

Asami: [5] He worked for Indian independence, right?

Josh: [6] Yes. [7] Do you know how he did it?

Asami: [8] Non-violence?

Josh: [9] Right. [10] He never used violence, so he's still respected by people who fight for human rights.

Asami: [11] I see. [12] I want to learn more about him.

Josh: [13] Well, he also went on fasts to protest.

Asami: [14] "Fasts"?

Josh: [15] A "fast" means eating little or no food.

Asami: [16] Wow. [17] That sounds tough. [82 words]

New Words

- independence [ìndipéndəns]
- violence [váiələns]
- **fight** [fáit]
- protest [prətést]
- tough [tʌ́f]
- fast(s) [fǽst(s)] 断食
- *human rights*
- *go on*

Plus One

ガンディーについて自分がジョシュにたずねるとしたら，どんなことをたずねますか。質問を考えましょう。

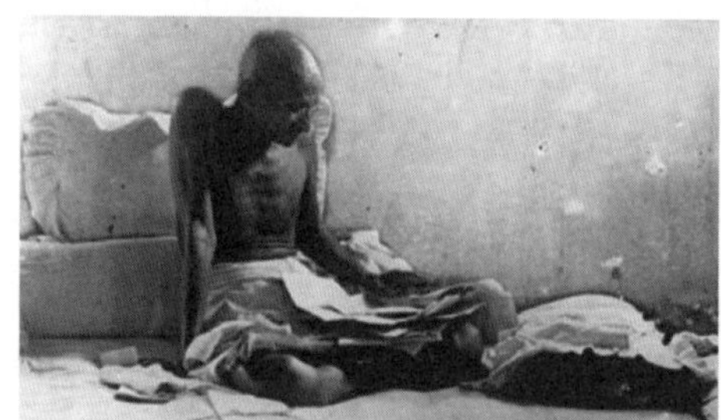

New Words

independence	[ìndipéndəns インディペンデンス]	名 独立
violence	[váiələns ヴァイオレンス]	名 暴力
fight	[fáit ふァイト]	動 たたかう
protest	[prətést プロテスト]	動 抗議する
tough	[tʌ́f タふ]	形 困難な，難しい
human rights		人権
go on		…をする，始める
*who	[hú: フー]	代 [関係代名詞] …である[する]ところの
*right	[ráit ライト]	名 権利
*little	[lítl りトゥる]	形 ほとんど(ない)

本文の内容

? インドの独立のためにガンディーはどのように活動しましたか。

朝美　：1 いい発表だったよ，ジョシュ。
2 興味深かった。
ジョシュ：3 ありがとう。
4 ガンディーは世界中の大勢の人々に影響を与えた人なんだ。
朝美　：5 インドの独立のために活動したのよね？
ジョシュ：6 そう。
7 どんなふうにそれをしたのか知ってる？
朝美　：8 非暴力？
ジョシュ：9 その通り。
10 彼は決して暴力を用いなかったから，人権のためにたたかっている人々からは今でも尊敬されているんだ。
朝美　：11 なるほど。
12 ガンディーについてもっと知りたいな。
ジョシュ：13 そうだな，彼は抗議するために断食を続けることもしたんだ。
朝美　：14「断食」？
ジョシュ：15「断食」というのは，食事をほとんど，あるいはまったく取らないということだよ。
朝美　：16 わあ。
17 それは大変そうだわ。

スタディ

4 Gandhi is a man who has influenced a lot of people around the world.

whoは関係代名詞で，あとに「動詞＋語(句)」をともなって，前の名詞(人)を修飾する働きをします。この文では，who has influenced a lot of people ... (…多くの人々に影響を与えた)が，a man (男の人)を修飾しています。「…多くの人々に影響を与えた人」という意味になります。本書p.173のKey Sentenceの解説を確認してください。

10 He never used violence, so he's still respected by people who fight for human rights.

whoは関係代名詞で，who fight for human rightsが先行詞のpeopleを修飾して「人権のためにたたかう人々」という意味になります。

13 Well, he also went on fasts to protest.

wentはgoの過去形です。go onで「…を続ける」を表します。fast(s)は「断食」，protestは「抗議する」という意味です。to protestは不定詞の副詞的用法で，「抗議するために」という意味になります。

教科書 → p.74

Gandhi is a man **who** has influenced a lot of people.

関係代名詞who
人について説明を加えるときは，関係代名詞のwhoを使う。

Practice 例 Gandhi is a man who has influenced a lot of people.

ジョシュは友達に写真を見せながら，学校の先生やクラスメート，家族を紹介しています。

① Mr. Toda / a teacher / knows a lot about history

② my uncle / a writer / travels around the world

③ Meg / a girl / likes Indian movies

自分がどんな人になりたいかを，I want to be a person who .... という形で言い，ノートに書きましょう。

書いて覚えよう

4 ガンディーは世界中の大勢の人々に影響を与えた人なんだ。

5 インドの独立のために活動したのよね？

7 どんなふうにそれをしたのか知ってる？

ビジュアルスタディ

Gandhi is a man. + He has influenced a lot of people.

↓ 主格の代名詞

Gandhi is a man **who** [that] has influenced a lot of people.

先行詞「人」　　動詞　　(ガンディーは多くの人々に影響を与えた人です。)

●関係代名詞のwho　→　「人」を修飾する文を導く。

whoにはあとに「動詞＋語(句)」をともなって，前の名詞(＝**先行詞**)を修飾する働きがあります。このwhoを**関係代名詞**といい，先行詞が**「人」**のときに使います。基本文のwho has influenced a lot of peopleは先行詞のa manを修飾していて，「たくさんの人々に影響を与えた人」という意味になります。whoのかわりに**that**を使うこともできます。

Practice

ヒント 例は「ガンディーは多くの人々に影響を与えた人です」という意味です。

解答例 ① Mr. Toda is a teacher who knows a lot about history.
(戸田先生は歴史にくわしい先生です。)

② My uncle is a writer who travels around the world.
(私のおじは世界中を旅する作家です。)

③ Meg is a girl who likes Indian movies.
(メグはインドの映画が好きな女の子です。)

ヒント 先行詞a personが単数形のため，who ...に続く動詞は三人称単数形になります。

解答例 I want to be a person who helps a lot of people.
(私はたくさんの人々を助ける人になりたいです。)

Mini Activity

教科書 ➔ p.75

Listen

インド旅行中のジョシュのおじが，旅先で撮った写真のデータをメールでおくってきました。内容を説明するボイスメッセージもありましたが，写真の順と合っていないようです。説明に出てくる順に，Ⓐ～Ⓓの写真を並べかえましょう。

(　　　) ⇒ (　　　) ⇒ (　　　) ⇒ (　　　)

Ⓐ

Ⓑ

Ⓒ

Ⓓ

Speak & Write

1 この教科書に出てきた人やもの，場所などについて，どれだけ覚えているでしょうか。
例 にならって語句を線で結び，説明する文を完成しましょう。

解答

国枝慎吾は 例 Kunieda Shingo is	考え an idea	たくさんの有名な俳句を書いた who wrote many famous haiku.
松尾芭蕉は Matsuo Basho is	アスリート an athlete	日本語でトキと呼ぶ we call *toki* in Japanese.
Crested ibisesは Crested ibises are	詩人 a poet	ガンディーが私たちに教えてくれた Gandhi taught us.
避難所は A shelter is	鳥 the birds	災害の間に人々が滞在する people stay in during a disaster.
非暴力は Non-violence is	場所 a place	世界選手権で優勝した who won world championships.

2 **1** で作った文を使い，例 にならってクイズを出し合いましょう。
教科書に出てくるそのほかの人やものについて，新しく文を作ってもかまいません。

例 *A:* Do you remember an idea Gandhi taught us?
B: Yes, I do. Non-violence. [No, I don't. Give me some hints.]

3 **1** や **2** で作った文を書きましょう。

____

____

Speak & Write

1 **ヒント** 英文の意味は左ページの通りです。

2 **ヒント** 英文の意味は次の通りです。

例 *A:* あなたはガンディーが私たちに教えてくれた考えを覚えていますか。

B: はい。非暴力です。[いいえ。私にいくつかヒントをください。]

3 解答例 1) 例 Kunieda Shingo is an athlete who won world championships.

(国枝慎吾は世界選手権で優勝したアスリートです。)

Matsuo Basho is a poet who wrote many famous haiku.

(松尾芭蕉はたくさんの有名な俳句を書いた詩人です。)

Crested ibises are the birds we call *toki* in Japanese.

(Crested ibisesは私たちが日本語でトキと呼ぶ鳥です。)

A shelter is a place people stay in during a disaster.

(避難所は災害時に人々が滞在する場所です。)

Non-violence is an idea Gandhi taught us.

(非暴力はガンディーが私たちに教えてくれた考えです。)

2) *A:* Do you remember an athlete who won world championships?

(あなたは世界選手権で優勝したアスリートを覚えていますか。)

B: Yes, I do. Kunieda Shingo.[No, I don't. Give me some hints.]

(はい。国枝慎吾です。[いいえ。私にいくつかヒントをください。])

A: Do you remember a poet who wrote many famous haiku?

(あなたはたくさんの有名な俳句を書いた詩人を覚えていますか。)

B: Yes. Matsuo Basho.[No, I don't. Give me some hints.]

(はい。松尾芭蕉です。[いいえ。私にいくつかヒントをください。])

A: Do you remember the birds we call *toki* in Japanese?

(あなたは私たちが日本語でトキと呼んでいる鳥を覚えていますか。)

B: Yes, I do. Crested ibises. [No, I don't. Give me some hints.]

(はい。Crested ibisesです。[いいえ。私にいくつかヒントをください。])

A: Do you remember a place people stay in during a disaster?

(あなたは災害の間に人々が滞在する場所を覚えていますか。)

B: Yes, I do. A shelter. [No, I don't. Give me some hints.]

(はい。避難所です。[いいえ。私にいくつかヒントをください。])

教科書 → p.76

朝美(あさみ)はさらにガンディーについて知るために，伝記を読んでいます。

[?] What is the main idea of Gandhi's movements?

イギリスで弁護士の資格を得たガンディーは，23歳のときに南アフリカに渡ります。

[1] Gandhi moved to South Africa to work as a lawyer in 1893. [2] It was under British rule at that time and there was a lot of discrimination. [3] For example, Indians could not go out at night freely or walk on the sidewalk. [4] There were also hotels that did not accept Indian guests.

[5] In 1906, the British made a law that was even more unfair to Indian people. [6] Indians in South Africa got angry and stood up against the law. [7] Gandhi decided to lead a movement to protect their rights. [8] His message was "Don't follow the law, but don't use violence, even if you are arrested." [9] Soon the jails became full of Indians, and Gandhi himself was sent there.

[10] Finally, in 1914, after many years and much effort, the law was removed. [11] It showed that non-violent movements can be effective.

[139 words]

New Words

- lawyer [lɔ́:jər] 弁護士
- discrimination [diskrìmənéiʃn] 差別
- freely [frí:li] 自由に
- sidewalk [sáidwɔ̀:k] 歩道
- accept [əksépt] …を受け入れる
- unfair [ʌnféər] 不公平な
- **angry** [æ̃ŋgri] 怒(おこ)った
- **lead** [lí:d] …を導く
- movement [mú:vmənt] 運動
- arrest(ed) [ərést(id)] …を逮捕(たいほ)する
- non-violent [nɑ̀nváiələnt] 非暴力の
- South Africa [sàuθ ǽfrikə] 南アフリカ［国名］

- *at that time* その当時
- *stand up* 立ち上がる
- *even if* たとえ…だとしても

南アフリカ時代のガンディー（1905ごろ）

海を目指すガンディーとその支持者たち（1930）

New Words

lawyer	[lɔ́:jər ろーヤ]	名 弁護士
discrimination	[diskrìmənéiʃn ディスクリミネイシャン]	名 差別
freely	[frí:li ふリーり]	副 自由に
sidewalk	[sáidwɔ̀:k サイドウォーク]	名 歩道
accept	[əksépt アクセプト]	動 …を受け入れる
unfair	[ʌnféər アンふエア]	形 不公平な，不当な
angry	[ǽŋgri あングリ]	形 怒った，腹を立てた
lead	[lí:d リード]	動 …を導く，…を先導する

本文の内容

? ガンディーの運動の中心となる考え方はどういうものでしょうか。

1 1893年，ガンディーは弁護士として働くために南アフリカに渡りました。2 その当時南アフリカはイギリスの支配下にあり，多くの差別がありました。3 例えば，インド人は夜間に自由に外出できなかったり歩道を歩くこともできなかったりしました。4 インド人の客を受け入れないホテルもありました。

5 1906年，イギリス人はインド人たちにとってよりいっそう不公平な法律を作りました。6 南アフリカのインド人たちは怒り，その法律に反対して立ち上がりました。7 ガンディーは，自分たちの権利を守るための運動を主導することにしました。8 彼のメッセージは「その法律に従うな，しかし，たとえ逮捕されようとも暴力は用いるな」というものでした。9 じきに刑務所はインド人でいっぱいになり，ガンディー自身もそこにおくられました。

10 ついに1914年，長い年月と多くの努力を経て，その法律は取り除かれました。11 そのことは，非暴力的な運動が効果を発揮しうることを示したのです。

スタディ

4 **There were also hotels that did not accept Indian guests.**

thatは関係代名詞で，that以下が先行詞hotelsを修飾しています。この関係代名詞のthatは関係代名詞whichと同じ働きを持ち，先行詞が「もの・こと・動物」のときに使われます。that did not accept ...が先行詞のhotelsを修飾して「…を受け入れないホテル」という意味になります。

5 **In 1906, the British made a law that was even more unfair to Indian people.**

thatは関係代名詞で，that was even more unfair ...が先行詞のa lawを修飾して「…にとってよりいっそう不公平な法律」という意味になっています。

8 **His message was "Don't follow the law, but don't use violence, even if you are arrested."**

even ifは「たとえ…でも」を表し，後ろには節（「主語＋動詞…」）が続きます。

movement	[múːvmənt ムーヴメント]	名 (政治的・社会的な)運動
arrest(ed)	[ərést(id) アレスト(アレスティド)]	動 …を逮捕する
non-violent	[nànváiələnt ナンヴァイオレント]	形 非暴力の
at that time		その当時(には)
stand up		立ち上がる
even if		たとえ…だとしても
*rule	[rúːl ルール]	名 支配，統治
*Indian	[índiən インディアン]	名 インド人
*that	[ðǽt ざぁット；(弱く言うとき) ðət ざト]	代 [関係代名詞] …である[する]ところの
*British	[brítiʃ ブリティッシ]	名 イギリス[英国]人
*even	[íːvn イーヴン]	副 [比較級を強調して]さらにいっそう
*sent	[sént セント]	動 [sendの過去分詞]

ガンディーの非暴力のたたかいは，祖国インドでも続きます。

[12] Gandhi returned to India in 1915. [13] India was also a British colony. [14] In those days, there was a law that the British made for salt. [15] According to the law, only the British could produce or sell salt. [16] They put a heavy tax on it. [17] The Indians were very poor, but they had to buy expensive salt. [18] The money went to the British. [19] Gandhi thought it was unfair.

[20] In 1930, Gandhi decided to walk to the sea and make salt himself. [21] He started with 78 followers. [22] Thousands of people joined him on the way. [23] After walking almost 400 kilometers, he reached the sea. [24] This non-violent march was called the Salt March. [25] News of the march spread around the world. [26] It showed people a new way to fight against discrimination.

[27] Gandhi's peaceful fight continued after that. [28] In 1947, India won independence. [29] Non-violent protest is the legacy that Gandhi left. [30] It has influenced famous leaders, such as Martin Luther King, Jr. and Nelson Mandela.

[161 words / 300 words]

New Words

- colony [kάləni] 植民地
- salt [sɔ́:lt] 塩
- tax [tǽks] 税金
- **expensive** [ikspénsiv] 高価な
- follower(s) [fάlouər(z)] 支持者
- **almost** [ɔ́:lmoust] ほとんど
- kilometer(s) [kilάmitər(z)] キロメートル
- **reach(ed)** [rí:tʃ(t)] …に到着する
- march [mά:rtʃ] 行進
- **news** [njú:z] ニュース
- peaceful [pí:sfl] 平和な
- **leader(s)** [lí:dər(z)] 指導者
- Martin Luther King, Jr. [mά:rtn lú:θər kíŋ dʒú:njər] マーティン・ルーサー・キング・ジュニア[人名]
- Nelson Mandela [nélsn mændélə] ネルソン・マンデラ[人名]

- *in those days* そのころは
- *thousands of* 何千もの

protest 名 [próutest] 動 [prətést]

ガンディーが去ったあとも人種差別が続いた南アフリカの看板(1989)

ガンディーのものとされる言葉が記された国際非暴力デーのイベントのロゴ(2015)

本文の内容

12 ガンディーは1915年にインドに戻りました。13 インドもまたイギリスの植民地でした。14 そのころは，イギリス人が作った，塩に関する法律がありました。15 その法律によれば，塩を製造し販売できるのはイギリス人のみでした。16 彼らは塩に重い税をかけました。17 インド人たちはとても貧しかったのですが，高価な塩を買わなければなりませんでした。18 そのお金はイギリス人たちに渡っていました。19 ガンディーはそれは不公平だと考えました。

20 1930年，ガンディーは海まで歩いて行き自ら塩を作ろうと決心しました。21 彼は78人の支持者とともに出発しました。22 途中で何千もの人々が彼に加わりました。23 400キロ近く歩いたすえ，彼は海にたどり着きました。24 この非暴力の行進は塩の行進と呼ばれました。25 行進を伝えるニュースは世界中に広がりました。26 それは人々に差別への新しいたたかい方を示したのです。

27 ガンディーの平和的なたたかいはその後も続きました。28 1947年にインドは独立を勝ち取りました。29 非暴力の抗議はガンディーが残した遺産です。30 それはマーティン・ルーサー・キング・ジュニアやネルソン・マンデラといった有名な指導者たちに影響を与えてきたのです。

スタディ

14 **In those days, there was a law that the British made for salt.**

thatは関係代名詞で，that the British made for saltが先行詞a lawを修飾して，「イギリス人が作った塩に関する法律」という意味になっています。

22 **Thousands of people joined him on the way.**

thousands ofで「何千もの，多くの」という意味になります。ofのあとには名詞の複数形が入ります。

New Words

colony	[káləni カらニ]	名植民地
salt	[sɔ́:lt ソーるト]	名塩，食塩
tax	[tǽks タぁックス]	名税，税金
expensive	[ikspénsiv イクスペンスィヴ]	形高価な，費用のかかる
follower(s)	[fálouər(z) ふァろウア(ズ)]	名信奉者，支持者
almost	[ɔ́:lmoust オーるモウスト]	副ほとんど
kilometer(s)	[kilámitər(z) キらミタ(ズ)]	名キロメートル
reach(ed)	[rí:tʃ(t) リーチ(ト)]	動…に着く，到着する
march	[má:rtʃ マーチ]	名行進，マーチ
news	[njú:z ニューズ]	名ニュース，知らせ
peaceful	[pí:sfl ピースふる]	形平和な
leader(s)	[lí:dər(z) リーダ(ズ)]	名指導者，リーダー
in those days		そのころは，当時は
thousands of		何千もの，多くの
*start	[stá:rt スタート]	動始まる，出発する，開始する
*spread	[spréd スプレッド]	動広がる，広まる
*fight	[fáit ふァイト]	名たたかい
*continue	[kəntínju: コンティニュー]	動続く
*protest	[próutest プロウテスト]	名抗議(運動)

教科書 ➔ p.78

Round 1 Get the Gist

次の①～④の内容は，ガンディーが「南アフリカ（South Africa）」と「インド（India）」のどちらにいたときの出来事か，分類して右の図に書き入れましょう。どちらにも当てはまる場合は，「両方（Both）」の枠に入れましょう。

① インド人を宿泊させないホテルがあった。
② 差別に対して非暴力で立ち向かった。
③ 刑務所がインド人でいっぱいになった。
④ 塩に重い税金がかけられた。

解答

South Africa	Both	India
南アフリカ ①，③	両方 ②	インド ④

Round 2 Focus on the Details

次の①～④の文を読んで，本文の内容に合っているものにはTを，合っていないものにはFを（　）に書きましょう。

解答
① When Gandhi moved to South Africa, Indians there were respected. (F)
② The new law in 1906 made the Indian people angry. (T)
③ Gandhi thought Indians should keep buying salt from the British. (F)
④ The Salt March showed a new way to fight against discrimination. (T)

Round 3 Think and Express Yourself

1 （　）に適切な日本語を入れて，ガンディーに関する年表を完成しましょう。

解答例

1869年	西インドのポルバンダルに生まれる。
1888年	弁護士になるためにイギリスに留学する。
1893年	（ 南アフリカ ）に渡る。（ 差別 ）を受ける。
1906年	不公平な（ 法律 ）に反対して，（ 非暴力 ）の運動を行う。
1915年	インドに帰国する。
1930年	塩にかけられた（ 税 ）に反対して，「塩の行進」を行う。
1947年	インドが（ 独立 ）。
1948年	暗殺される。

2 次のキーワードから1つ選んで，その言葉の意味や，自分がそれについてどう思うかを書きましょう。

① discrimination　② independence　③ non-violence

例 Discrimination is a word that means "being unfair to someone."

Point of View

What do you know about Gandhi? Why is he greatly respected by many people?

例 Gandhi fought（たたかった） against discrimination.

Round 1

ヒント　ガンディーが南アフリカにいたときの話は前半に，インドにいたときの話は後半に書かれています。
①は本書p.176 4の文，②は本書p.176 8の文と本書p.178 24の文，③は本書p.176 9の文，④は本書p.178 16の文を参考にしましょう。

Round 2

ヒント　①は本書p.176 2の文，②は5と6の文，③は本書p.178 20の文，④は26の文をそれぞれ参考にしましょう。英文の意味は次の通りです。
① ガンディーが南アフリカに渡ったとき，そこのインド人たちは尊敬されていた。
② 1906年の新しい法律はインドの人々を怒らせた。
③ ガンディーはインド人たちがイギリス人から塩を買い続けるべきと考えた。
④ 塩の行進は差別に対する新しいたたかい方を示した。

Round 3

1 ヒント　年号を表す表現に注意して読んでみましょう。1893年は本書p.176 1の文，1906年は5の文，1930年は本書p.178 20の文，1947年は28の文を参考にしましょう。

2 ヒント　それぞれの英語の意味は次の通りです。
①　差別　　②　独立　　③　非暴力
例　差別は「だれかに対して不公平であること」を意味する言葉です。

解答例　Independence is a word that means “getting freedom.”
(独立は「自由を手に入れること」を意味する言葉です。)

ヒント　質問は「あなたはガンディーについて何を知っていますか」，「なぜ彼は多くの人々に非常に尊敬されているのですか」という意味です。
例は「ガンディーは差別に対してたたかった」という意味です。

解答例　He never used violence. (彼は決して暴力を使わなかった。)

教科書 ➔ p.79

This is a movie **that** [**which**] makes people happy.

関係代名詞that [which]（主格）
ものについて説明を加えるときは，関係代名詞のthatまたはwhichを使う。

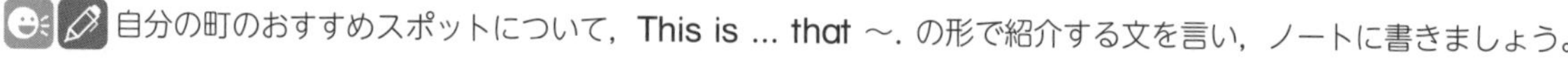

Practice 例 This is a movie that [which] makes people happy.

ジョシュは友達と出かけて，町を案内しています。

① a shop / is open 24 hours
② the restaurant / has unique food
③ the river / runs through the town

 自分の町のおすすめスポットについて，This is ... that ～. の形で紹介する文を言い，ノートに書きましょう。

ビジュアルスタディ

This is a movie **that** [**which**] makes people happy.

先行詞「もの」　　（これは人々を幸せにする映画です。）

●関係代名詞のthat [which] → 「もの」について説明を加える文を導く

that [which]はwhoと同じ働きを持つ関係代名詞で，先行詞が**「もの・こと・動物」**のときに使います。that [which]はあとに続く文の主語となっています。thatは「人」が先行詞のときにも使いますが，whichは「もの」が先行詞のときにだけ使います。

Practice

ヒント　例は「これは人々を幸せにする映画です」という意味です。

解答例　① This is a shop that[which] is open 24 hours.
（これは24時間営業しているお店です。）
② This is the restaurant that[which] has unique food.
（これは特有の食べ物があるレストランです。）
③ This is the river that[which] runs through the town.
（これは町を通り抜ける川です。）

ヒント　This is ... that ～.の文で...に単数形の名詞を置くときは，thatのあとの動詞は三人称単数形になります。

解答例　This is a temple that[which] has a beautiful garden.
（これは美しい庭のある寺です。）

教科書➔p.79

This is a picture **that** [**which**] I found on the internet.

関係代名詞that [which]（目的格）
教科書p.73 Key Sentence 15の文では，thatまたはwhichを入れることもできる。

Practice 例 This is a picture that [which] I found on the internet.

フィリピンに戻ったジョシュの友達は，家族におみやげを見せています。

① the book / Josh gave me
② the fan / I bought in Kyoto
③ a T-shirt / I found at a popular shop

おすすめの本やいつも持っているものについて説明する文を言い，ノートに書きましょう。

ビジュアルスタディ

This is a picture. [+] I found [it] on the internet.

This is a picture **that [which]** I found on the internet.

先行詞　「主語＋動詞」（これは私がインターネットで見つけた写真です。）

●目的格の関係代名詞 → that [which]は後ろの動詞の目的語の働き

これまでに学習してきたように，「私がインターネットで見つけた写真」は「名詞＋主語＋動詞」の形を使ってa picture I found on the internetと表します。これに関係代名詞を入れて，a picture that[which] I found on the internetと言うこともできます。この**that [which]**は**「もの」**が先行詞になり，後ろに「主語＋動詞」が続きます。that [which]はあとに続く文の目的語となっています。

Practice

ヒント 例は「これは私がインターネットで見つけた写真です」という意味です。

解答例
① This is the book that[which] Josh gave me.
（これはジョシュが私にくれた本です。）
② This is the fan that[which] I bought in Kyoto.
（これは私が京都で買ったうちわです。）
③ This is a T-shirt that[which] I found at a popular shop.
（これは私が人気の店で見つけたTシャツです。）

ヒント 例を参考に，This is ... that ～.の文を書きましょう。

解答例 This is the book that[which] my father bought me for my birthday.
（これは私の父が私の誕生日に買ってくれた本です。）

教科書 → p.80

あこがれの人物はだれ？

あこがれの人物はいますか。
みんなに知ってもらうために，詳しい情報を加えたり，理由を述べたりしながら紹介しましょう。

家族やクラスメートなど，身近な人でもいいよ。

STEP 1 あこがれの人物の情報を整理しよう

紹介する人物を1人選び，その人の情報を次の表にならって整理しましょう。

	例1	例2
人物	Mahatma Gandhi	my grandmother
・何をしたか ・どんな人物か	· fight, discrimination · non-violence	· go to university, 60 · learn new things
・自分はどう思うか	· very important idea	· role model（お手本）

人物 解答例	my father（私の父）
・何をしたか ・どんな人物か	· play soccer, for 30 years（サッカーをする，30年間） ·write some books about playing soccer（サッカーをプレーすることについて何冊かの本を書く）
・自分はどう思うか	· want to do what I love（大好きなことを仕事にしたい）

STEP 2 あこがれの人物について書こう

STEP 1の表をもとに，あこがれの人物について紹介する文を書きましょう。

例1 The person I respect is Mahatma Gandhi. He fought（たたかった） against discrimination in South Africa and India. He never used violence. I think the idea of non-violence is very important.

例2 The person I want to be like is my grandmother. She started to go to university when she was sixty. She always enjoys learning new things. She is my role model.

STEP 3 あこがれの人物について発表しよう

STEP 2の原稿をもとに発表しましょう。聞き手は，相手の発表について質問をしたり，感想を伝えたりしましょう。

例1 I think non-violence is great, too.
But are there some problems that can be solved（解決される） only with violence?

例2 I understand how great your grandmother is.
I want to see her someday.

Unit 5

題材 ガンディーの功績を知り，平和や人権の大切さを考える。

活動 人やものについて詳しい情報を加えて説明することができる。

STEP 1

ヒント　まずは紹介する人物を1人選び，そして例にならって書いてみましょう。英語の意味は次の通りです。

	例1	例2
人物	マハトマ・ガンディー	私の祖母
・何をしたか ・どんな人物か	・たたかう，差別 ・非暴力	・大学に行く，60歳 ・新しいことを学ぶ
・自分はどう思うか	・とても重要な考え	・お手本

STEP 2

ヒント　英文の意味は次の通りです。

例1　私が尊敬する人物はマハトマ・ガンディーです。彼は南アフリカとインドの差別に対してたたかいました。彼は決して暴力を使いませんでした。私はその非暴力の考えはとても重要だと思います。

例2　私がそのようになりたい人物は私の祖母です。60歳のときに彼女は大学に行き始めました。彼女はいつも新しいことを学ぶのを楽しんでいます。彼女は私のお手本です。

解答例　The person I want to be like is my father. He has been playing soccer for 30 years. He wrote some books about playing soccer. I would like to do what I love in the future.
(私がそのようになりたい人は私の父です。彼は30年間サッカーをプレーしています。彼はサッカーをプレーすることについての本をいくつか書きました。私は将来，大好きなことを仕事にできたらと思います。)

STEP 3

ヒント　英文の意味は次の通りです。

例1　私も非暴力はすばらしいと思います。
でも暴力だけで解決できる問題はありますか。

例2　私はどれだけあなたのおばあさんがすばらしいかわかっています。
私はいつか彼女に会いたいです。

解答例　I am surprised that your father has been playing soccer for such a long time.
I want to read his books.
(私はあなたのお父さんがそんなに長い間サッカーをしていることに驚いています。
私は彼の本を読みたいです。)

Let's Write 3

教科書 → p.81

グラフや表の活用 —レポート—

CAN-DO 資料から読み取った情報について，事実と意見をわけて書くことができる。☑

インドについて興味深い情報をインターネットで見つけた朝美(あさみ)は，みんなに伝えようと英語でレポートを書きます。

STEP 1

朝美が書いたレポートと，そのもとになった資料です。レポート中の(　　)に入るのは何年でしょうか。

解答

Introduction ・導入 ・資料の紹介	Do you know which country has the largest population in the world? Here is a graph that shows the population growth (グロウす) in India and China (チャイナ).
Body ・説明	According to the graph, the population of India will be larger than that of China from (2026). Then India will be the most populous (パピュらス) country in the world.
Conclusion ・感想や意見	I think that India will become more and more powerful (パウアふる) in the world.

[65 words]

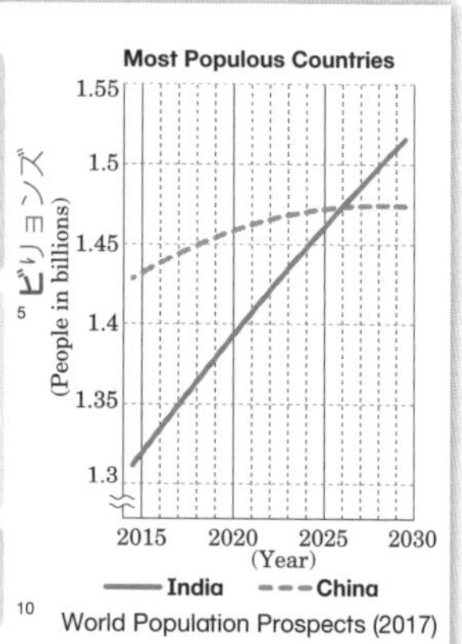

New Words
- ☑ growth [gróuθ]
- ☑ populous [pápjələs]
- ☑ powerful [páuərfl]
- ☑ billion(s) [bíljən(z)]
- China [tʃáinə] 中国(ちゅうごく)[国名]

STEP 2

朝美のレポートの中で，次のような働きをする表現を見つけましょう。
- 資料にもとづいた情報であることを示す表現　(→___をつけましょう。)　according to ...(…によると)
- 自分自身の感想や意見であることを示す表現　(→~~~をつけましょう。)　I think that ...(…と思う)

STEP 3

AかBのどちらかを選び，資料から読み取れることについてレポートを書きましょう。

A日本人留学生の留学先

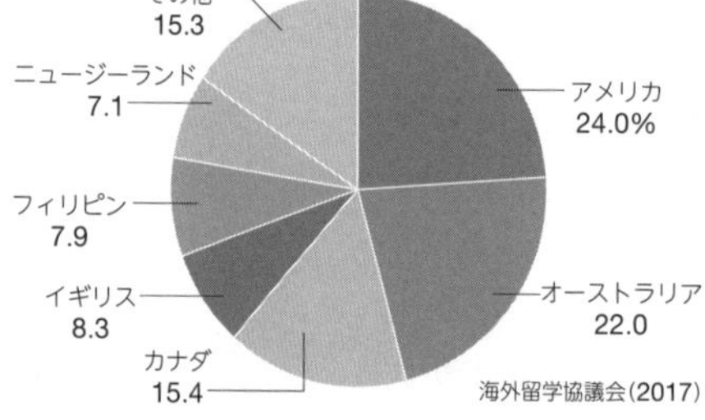

海外留学協議会(2017)

B中学生の将来つきたい職業ランキング

	男子中学生	%
1位	ITエンジニア・プログラマー	24
2位	ゲームクリエイター	20
3位	YouTuberなどの動画投稿者	17

	女子中学生	%
1位	歌手・俳優・声優などの芸能人	19
2位	絵をかく職業(マンガ家・イラストレーターなど)	14
3位	医師	13

※複数回答形式　ソニー生命(2017)

Tool Box

●資料にもとづいた情報を伝える

This figure shows that .... この図は…ことを示します。

You can see that ... from the chart below. 下の表から…ことがわかります。

New Words

growth	[gróuθ グロウす]	名 増加
populous	[pápjələs パピュらス]	形 人口の多い
powerful	[páuərfl パウアふる]	形 力強い，有力な
billion(s)	[bíljən(z) ビリョン(ズ)]	名 10億
*large	[lá:rdʒ らーヂ]	形 多い，多数の
*that	[ðǽt ざぁット；(弱く言うとき) ðət ざト]	代 [前に出た「the＋名詞」をくり返す代わりに用いる] (…の)それ
*then	[ðén ぜン]	副 それでは，それなら，そうすると

STEP 1 **ヒント** グラフを見て，インドの人口が中国の人口よりも多くなる年を答えましょう。英文の意味は次の通りです。

Introduction（導入）	世界で最も人口の多い国がどこか知っていますか。ここにインドと中国の人口増加を示すグラフがあります。
Body（主要部）	グラフによれば，（　2026年　）からインドの人口は中国よりも多くなります。そうなると，インドが世界で最も人口の多い国となります。
Conclusion（結論）	インドは世界の中でいっそう力を増してくると思います。

STEP 3 **ヒント** Tool Boxを活用しましょう。

解答例 Ⓐ Do you know which foreign country has the largest number of Japanese students in the world? The figure shows that the largest number of Japanese students go to America to study.

You can see that about half of Japanese students studying abroad study in America and Australia from the graph.

I think that there are many schools that accept Japanese students in those two countries.

（あなたは世界のどの外国に最も多くの日本人留学生がいるか知っていますか。図は日本の留学生の最も多くがアメリカに勉強しに行っていることを示しています。

図から，海外で勉強している日本人留学生の約半数がアメリカとオーストラリアで勉強していることがわかります。

それらの2か国には，日本人留学生を受け入れるたくさんの学校があるのだと私は思います。）

Ⓑ Do you know what junior high school students want to be in the future? Here is a chart that shows what jobs are popular among junior high school students.

The chart shows that being an IT engineer or a programmer is the most popular among male students. And being an entertainer such as a singer, an actress or a dubbing artist is the most popular among female students.

I think male students like jobs related to a computer.

（あなたは中学生が将来何になりたいと思っているか知っていますか。この表にはどんな職業が中学生に人気かを示しています。

表はITエンジニアまたはプログラマーになることが男子生徒たちの間で人気があることを示しています。そして歌手や女優，声優などの芸能人になることが女子生徒たちの間で人気があります。

私は男子生徒たちはコンピュータに関係する仕事が好きなのだと思います。）

---

*in	[ín イン]	前【単位】…の単位で

Grammar for Communication 3 後置修飾 ～情報を加えて説明しよう～

教科書➔p.82

Use 使い方

❶ That cat is so cute. 「あのネコはとてもかわいいです。」

❷ That white cat is so cute. 「あの白いネコはとてもかわいいです。」

❸ That cat on the bench is so cute. 「あのベンチの上のネコはとてもかわいいです。」

上の3つの文を比べると，❶ではどのネコか特定できません。❷や❸では，色や場所の情報を加えて「どのネコか」を説明しています。このように情報を加えて説明することを，**「修飾する」**といいます。
日本語では，修飾する部分は常に名詞の前に置かれます。これに対して英語では，❸のようにひとまとまりの修飾する部分が後ろに置かれることがあります。これを**後置修飾**と呼びます。

❹ This is a picture my father(主語) took(動詞).
（どんな写真？） 私の父が撮った
（これは私の父が撮った写真です。）

修飾する部分は，語や句だけでなく文の場合もあります。a pictureという名詞をmy father tookという**接触節**（〈主語＋動詞〉を含む文）が後ろから修飾することで，どんな写真であるかという情報を加えています。

❺ This is the girl **who**(関係代名詞(主語)) won(動詞) first place.
（どんな女の子？） 1位をとった
（こちらは1位をとった女の子です。）

このwhoは，「名詞the girlとwho以下の文を関係づける役割」と「the girlを指す代名詞sheの役割」を兼ねるため，**関係代名詞**と呼ばれます。関係代名詞にはほかにthatやwhichがあります。

❻ This is a school **that [which]**(関係代名詞(主語)) was(動詞) built in 2000.
（どんな学校？） 2000年に建てられた
（これは2000年に建てられた学校です。）

❺や❻では，whoやthat [which]が，あとに続く文の主語の役割を果たしています。これを関係代名詞の**主格**といいます。これに対して，下の❼のようにthat [which]があとに続く文の目的語の役割を果たしている場合，**目的格**といいます。目的格の関係代名詞は使わずに，❹のように接触節を使って表現することもできます。

❼ This is a picture **that [which]**(関係代名詞(目的語)) my father(主語) took(動詞).
（これは私の父が撮った写真です。）

Point of View

英語では，日本語とは逆に，まず核となる部分を伝え，そこに詳しい情報を加えていくことが多いです。

	核となる部分		
英語	**the boy**	standing	by the door
日本語	ドアのそばに	立っている	**男の子**

Form 形

教科書 → p.83

▼名詞を後置修飾する語句

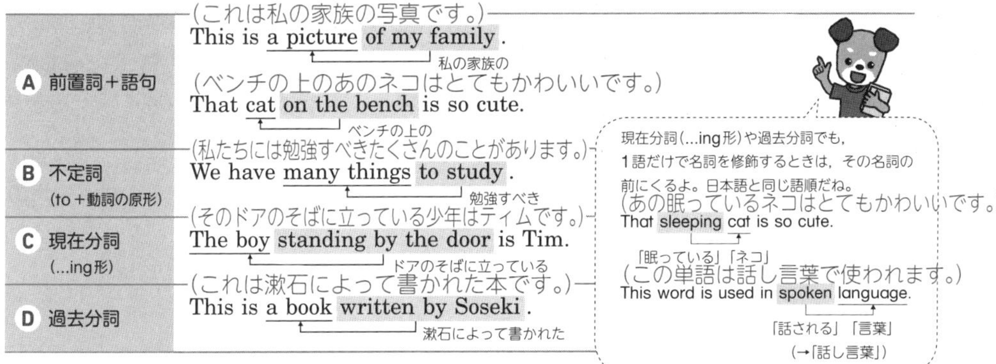

	例文
A 前置詞＋語句	(これは私の家族の写真です。) This is a picture of my family.　私の家族の (ベンチの上のあのネコはとてもかわいいです。) That cat on the bench is so cute.　ベンチの上の
B 不定詞 (to＋動詞の原形)	(私たちには勉強すべきたくさんのことがあります。) We have many things to study.　勉強すべき
C 現在分詞 (...ing形)	(そのドアのそばに立っている少年はティムです。) The boy standing by the door is Tim.　ドアのそばに立っている
D 過去分詞	(これは漱石によって書かれた本です。) This is a book written by Soseki.　漱石によって書かれた

現在分詞(...ing形)や過去分詞でも，1語だけで名詞を修飾するときは，その名詞の前にくるよ。日本語と同じ語順だね。
(あの眠っているネコはとてもかわいいです。)
That sleeping cat is so cute.
「眠っている」「ネコ」
(この単語は話し言葉で使われます。)
This word is used in spoken language.
「話される」「言葉」
(→「話し言葉」)

▼名詞を後置修飾する文(接触節，関係代名詞節)

		例文
A 目的格 that [which]	もの	(これは私の父が撮った写真です。) This is a picture **(that)** my father took.　私の父が撮った
	人	(佐藤先生は私が尊敬する先生です。) Ms. Sato is a teacher **(that)** I respect.　私が尊敬する
	もの	(これは昨日私が買った本です。) This is the book **(which)** I bought yesterday.　昨日私が買った
B 主格 who [that]	人	(こちらは1位をとった女の子です。) This is the girl **who** won first place.　1位をとった
C 主格 that [which]	もの	(これは2000年に建てられた学校です。) This is a school **that** was built in 2000.　2000年に建てられた
	もの	(これは病院に行くバスです。) This is the bus **which** goes to the hospital.　病院に行く

特に話し言葉では，目的格の関係代名詞のない形がよく使われるよ。

whichは「もの」を説明するときに，whoは「人」を説明するときに使うよ。thatは「もの」にも「人」にも使えるんだね。

Let's Try! 使ってみよう

サリーが母に友達の写真を見せています。
次の(　　)の語句を並べかえて，場面に合う対話を完成しましょう。

Mother: Who's ①(an orange shirt / this girl / wearing)?
Sally: That's Miho. She's my best friend.
Mother: She's ②(to our house / came / last year / who / the girl), right?
Sally: Oh, yes. She's the kindest person ③(in Japan / met / I've).
I like her very much.

母　　：オレンジ色のシャツを着ているこの女の子はだれ？
サリー：それは美保だよ。彼女は私のいちばんの友達なの。
母　　：彼女は昨年私たちの家に来た女の子よね？
サリー：ああ，そうよ。彼女は私が日本で会った中でいちばん親切な人よ。
私は彼女がとても好きなの。

Let's Try! 使ってみよう

ヒント ① 現在分詞が名詞girlを修飾する文にします。
② 関係代名詞が名詞(先行詞) girlを修飾する文にします。関係代名詞の主格whoの文になります。
③ 接触節が名詞personを修飾する文にします。

解答例 Who's ①(this girl wearing an orange shirt)?
She's ②(the girl who came to our house last year), right?
She's the kindest person ③(I've met in Japan).

Stage Activity 2 Discover Japan

教科書 ➔ p.84

GOAL 日本や郷土の文化などを紹介する文を，詳しい情報を加えながら書くことができる。

日本のさまざまな場所で，外国人観光客の姿を目にします。日本を訪れる人たちに，日本の魅力を知ってもらうためのパンフレットを作りましょう。

STEP 1 日本文化を紹介する文を読もう

英語で書かれた日本文化の紹介記事です。記事を読んで，次の①～③の3つの部分に分けて，分かれるところに / を入れましょう。

①定義　②詳しい説明　③書き手の考え

Kawaii

Food | Goods | Events | **Ideas** | Sports / Games

Kawaii is a word that means "cute" or "pretty" in Japanese. This word is used for various things, such as clothes, anime characters, or behavior. The idea of *kawaii* has become an important part of Japanese culture. Some *kawaii* culture is now popular in foreign countries, too. It may be fun to look for *kawaii* things during your trip to Japan.

[61 words]

どんなジャンルの日本文化が紹介されているかな。

STEP 2 紹介したい日本文化について書こう

1 紹介したい日本文化のジャンルを1つ選びましょう。

- ☐ 食べ物(納豆，ご当地グルメなど)
- ☐ もの(ふろしき，多機能トイレなど)
- ☐ 行事(正月，花火など)
- ☐ 考え方(「もったいない」，「おもてなし」など)
- ☐ スポーツ，ゲーム(剣道，将棋など)

2 選んだ日本文化について，次のマッピングを参考に，書く内容を考えましょう。
マッピングするときは，**【観点】**ごとにまとめましょう。

伝えたい「魅力」に
つながる内容を考えよう。

●その他の【観点】の例
・時期　・季節　・場所
・値段　・歴史
・海外の文化との関係

できるだけ英語で書いて，
andやbutなどの関係を
表す語も添えておこう。

【材質・原料】
1枚の布

furoshiki

【用途】
ものを包む — プレゼント
carry things — ビニールぶくろが不要

【形状】
wide and square
but
折りたためる
and
ポケットに入る

STEP 1

ヒント 英文の意味は次の通りです。

Kawaii	食べ物	品物	行事	考え方	スポーツ／ゲーム
	*kawaii*は日本語でcuteやprettyを意味する語です。この語は，服やアニメのキャラクター，あるいはふるまいなどさまざまなことがらに用いられます。*kawaii*という考え方は日本文化の重要な一部となっています。*kawaii*文化には，現在外国でも人気となっているものもあります。日本旅行中に*kawaii*ものをさがしてみるのも楽しいかもしれません。				

解答 ① *Kawaii* is a word that means "cute" or "pretty" in Japanese. This word is used for various things, such as clothes, anime characters, or behavior. / ②The idea of *kawaii* has become an important part of Japanese culture. Some *kawaii* culture is now popular in foreign countries, too. / ③It may be fun to look for *kawaii* things during your trip to Japan.

STEP 2

1 **ヒント** 自分が得意なジャンルを1つ選びましょう。

解答例 ☑ 食べ物（納豆，ご当地グルメなど）

2 **ヒント** and「…と～，そして」は同じ品詞を対等に結ぶ接続詞です。but「しかし」は反対の意味の語や語句，節をつなぐ接続詞です。英語の意味は次の通りです。

carry things　ものを運ぶ　／　wide and square　幅が広くて正方形

解答例

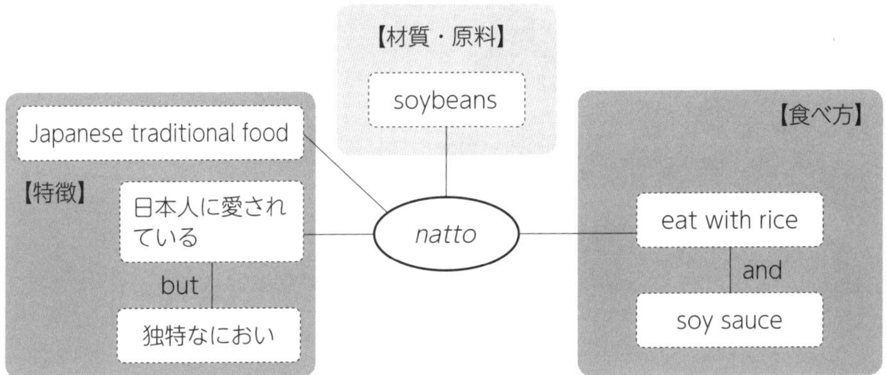

3 マッピングをもとに，STEP 1も参考にして，日本文化を紹介する文を書きましょう。 教科書 → p.85

	例1 Goods	例2 Sports
名称・定義	A *furoshiki* is a piece of cloth(クロース) that **is used to** wrap and carry things. (ふろしきはものを包んで持ち運ぶために使われる1枚の布です。)	Sumo is the national sport of Japan. (相撲は日本の国技です。)
詳しい説明	It is wide and square, but you can fold it up and keep it in your pocket. (大きくて正方形をしていますが，折りたたんでポケットに入れることができます。)	**It's a kind of** wrestling(レスリング). Many people enjoy watching it on TV. (それはレスリングの一種です。多くの人がテレビでそれを見て楽しみます。)
自分の考えやおすすめポイント	I want more people to use *furoshiki*. (もっと多くの人にふろしきを使ってほしいです。)	I think sumo is interesting because each match is short and simple. (どの取組も短くて単純なので相撲はおもしろいと思います。)

STEP 3 読み合って質問し合おう

書いた文章を交換して読み合い，質問やコメントを伝え合いましょう。

例 *A:* Why do you want more people to use *furoshiki*?

B: If you use *furoshiki* instead(インステッド) of plastic bags, it will be good for the environment.

A: Oh, I see. I want to use one, too.

おもしろいと思った点や，もっと知りたいと思う点を伝え合おう。教科書p.49のやり取りも参考になるよ。

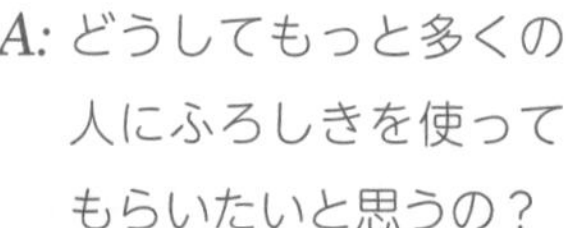

A: I don't think I have a *furoshiki* at home. Where can I buy one?

B: You can buy them at some general shops, department stores, or even on the internet.

A: OK. I'll look for one.

A: どうしてもっと多くの人にふろしきを使ってもらいたいと思うの？

B: ビニールぶくろのかわりにふろしきを使えば，環境にいいからね。

A: ああ，そうだね。私も使いたいな。

A: 家にはふろしきがないと思うな。どこで買えるの？

B: 一般的な店とかデパート，あるいはインターネットでも買えるよ。

A: わかった。さがしてみる。

New Words

- ☐ discover [diskʌ́vər]
- ☐ **pretty** [príti]
- ☐ **character(s)** [kǽriktər(z)]
- ☐ behavior [bihéivjər]
- ☐ **cloth** [klɔ́:θ]
- ☐ **instead** [instéd]
- ☐ *a piece of*
- ☐ *fold ... up*
- ☐ *a kind of*
- ☐ *instead of*

小学校の単語

wrestling [résliŋ]

3 ヒント 英文の意味は左ページの通りです。

解答例

	Foods（食べ物）
名称・定義	*Natto* is a traditional Japanese food. It is made from soybeans. （納豆は日本の伝統的な食べ物です。それは大豆からできています。）
詳しい説明	It is loved by Japanese people, but it has a unique smell. We usually eat it with rice and soy sauce. （それは日本人に愛されていますが，独特なにおいがします。私たちはたいていそれをごはんとしょうゆといっしょに食べます。）
自分の考えやおすすめポイント	I want more people around the world to know about *natto*. （私はもっとたくさんの世界中の人々に納豆のことを知ってもらいたいです。）

STEP 3

ヒント 英文の意味は左ページの通りです。

解答例

A: Why is *natto* loved by Japanese people?
（なぜ納豆は日本人に愛されているのですか。）

B: If you eat *natto* every day, you may become healthy.
（もし毎日納豆を食べたら，あなたは健康になるかもしれません。）

A: Really? I'll try it.（本当に？ 食べてみます。）
Where can we get *natto*?（どこで納豆を手に入れることができますか。）

B: You can buy it at supermarkets, convenience stores and other stores that sell food. It's not expensive.
（あなたはそれをスーパーマーケットやコンビニや食料を売るその他の店で買うことができます。それは高価ではありません。）

A: Oh, I see. I'll look for it.（わかりました。さがしてみます。）

New Words

discover	[diskʌ́vər ディスカヴァ]	動…を発見する
pretty	[príti プリティ]	形かわいい，きれいな
character(s)	[kǽriktər(z) キャラクタ(ズ)]	名登場人物
behavior	[bihéivjər ビヘイヴィア]	名ふるまい
cloth	[klɔ́:θ クろーす]	名布，服地
instead	[instéd インステッド]	副そのかわりに
a piece of		1つ[1個，1本，1枚]の～
fold ... up		…を折りたたむ
a kind of		一種の…
instead of		…のかわりに
*wrap	[rǽp ラぁップ]	動…を包む
*up	[ʌ́p アップ]	副しっかりと，きちんと
*plastic bag		ビニールぶくろ

小学校の単語 小

wrestling	[résliŋ レスリング]	名レスリング

STEP 4 パンフレットを完成しよう

教科書 ➔ p.86

1 STEP 3の質問やコメントを参考に内容を追加して，パンフレットの原稿を書きましょう。

Furoshiki	□Food	☑Goods	□Events	□Ideas	□Sports / Games

Ramen is a kind of noodle, and is loved by many Japanese.
First of all, it is delicious and inexpensive. Second, almost every ramen restaurant has its own original soup and toppings, so you can never get tired of eating ramen.
Don't miss trying ramen when you come to Japan!
A *furoshiki* is a piece of cloth that is used to wrap and carry things. It is wide and square, but you can fold it up and keep it in your pocket.

Furoshiki are not only convenient (コンヴィーニャント), but good for the environment. If you use *furoshiki* instead of plastic bags, you won't waste (ウェイスト) resources (リーソースィズ).

You can buy *furoshiki* at many shops around you. I want more people to use *furoshiki*.

[70 words]

New Words

☐ convenient [kənvíːnjənt]　☐ waste [wéist]　☐ resource(s) [ríːsɔːrs(iz)]

2 写真と原稿を集めて日本文化を紹介するパンフレットを完成しましょう。

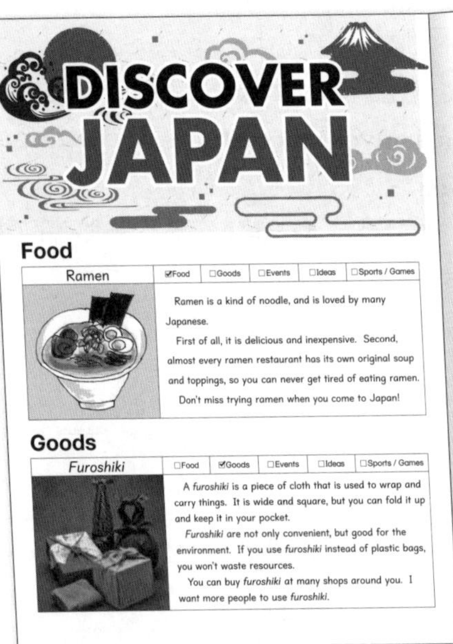

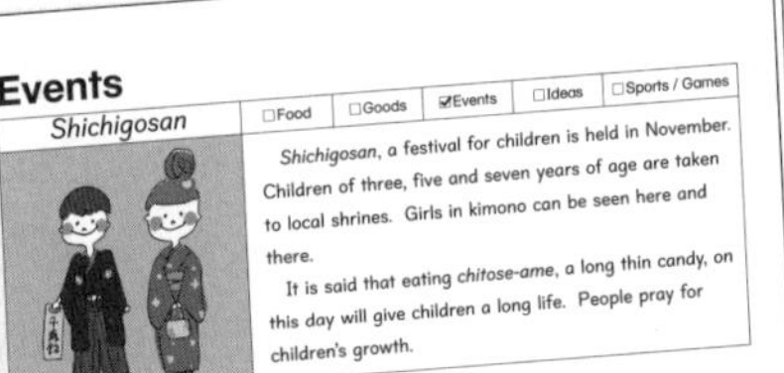

Events
Shichigosan
□Food □Goods □Events □Ideas □Sports / Games
Shichigosan, a festival for children is held in November. Children of three, five and seven years of age are taken to local shrines. Girls in kimono can be seen here and there.
It is said that eating chitose-ame, a long thin candy, on this day will give children a long life. People pray for children's growth.

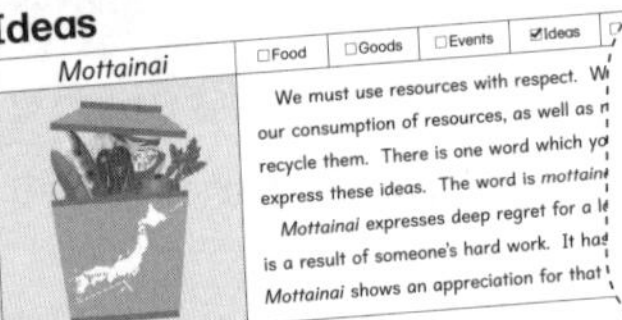

Ideas
Mottainai
□Food □Goods □Events □Ideas
We must use resources with respect.
our consumption of resources, as well as
recycle them. There is one word which
express these ideas. The word is
Mottainai expresses deep regret for a
is a result of someone's hard work. It has
Mottainai shows an appreciation for that

Sports / Games
Sumo
□Food □Goods □Events □Ideas □Sports / Games
Sumo is the national sport of Japan. It's a kind of wrestling. Many people enjoy watching it on TV.
I think sumo is interesting because each match is short and simple. A contestant loses if he is forced out of the ring, or if any part of his body except the soles of his feet touches the ground.

見る人に魅力が伝わるように，
こんな工夫もできるよ。
・目をひくタイトルをつける。
・原稿をジャンル別にわける。
・写真やイラストを活用する。

3 完成したパンフレットを使って，ALTの先生や外国から来た人に日本文化を紹介し，感想もたずねてみましょう。

CHECK 日本文化の魅力が伝わるパンフレットになっているかをふり返ろう。

CAN-DO CHECK

Stage 2 〉 これまでの学習をふり返ろう

Stage Cleared!

1

ヒント 英文の意味は次の通りです。

ふろしき	□食べ物	☑品物	□行事	□考え方	□スポーツ／ゲーム
	ふろしきはものを包んで持ち運ぶために使われる1枚の布です。大きくて正方形をしていますが，折りたたんでポケットに入れることができます。 ふろしきは便利なだけでなく環境にもいいのです。もしビニールぶくろのかわりにふろしきを使えば，資源のむだづかいになりません。 ふろしきは身近にある多くの店で買うことができます。私はもっと多くの人にふろしきを使ってもらいたいです。				

2

解答例

natto	☑Food	□Goods	□Events	□Ideas	□Sports / Games
	Natto is a traditional Japanese food that is usually eaten with rice and soy sauce. It is made from soybeans and has a unique smell. *Natto* is loved by Japanese people because it is a healthy food. If you eat *natto* every day, you may become healthy. You can get *natto* easily. It is sold at supermarkets, convenience stores and other stores that sell food. It's not expensive. I want more people around the world to know about *natto*. (納豆はたいていご飯としょうゆといっしょに食べられる日本の伝統的な食べ物です。それは大豆からできていて，独特なにおいがあります。 納豆は健康によい食べ物なので，日本人に愛されています。もしあなたが納豆を毎日食べたなら，あなたは健康になるかもしれません。 あなたは納豆を簡単に手に入れることができます。それはスーパーマーケットやコンビニや食料を売るその他の店で買うことができます。高価ではありません。私はもっと世界中の多くの人々に納豆について知ってもらいたいです。)				

New Words

convenient	[kənví:njənt コンヴィーニャント]	形 便利な
waste	[wéist ウェイスト]	動 …をむだに使う
resource(s)	[rí:sɔ:rs(iz) リーソース(ィズ)]	名 資源
*around	[əráund アラウンド]	前 …のまわりに，周囲に

定期テスト対策 ⑤ （Unit 5）

1　次の日本語は英語に，英語は日本語にしなさい。

(1) ニュース　＿＿＿＿＿＿　　(2) たたかう　＿＿＿＿＿＿

(3) 高価な　＿＿＿＿＿＿　　(4) 人，個人　＿＿＿＿＿＿

(5) lead　（　　　　）　　(6) almost　（　　　　）

(7) reach　（　　　　）　　(8) angry　（　　　　）

2　次の日本文に合う英文になるように，＿＿に適する語を書きなさい。

(1) 私たちが人権を守ることは重要なことです。
It is important for us to protect ＿＿＿＿ ＿＿＿＿.

(2) たとえ疲れていたとしても，何か食べなさい。
Eat something, ＿＿＿＿ ＿＿＿＿ you are tired.

(3) トマトは野菜の一種ですか。
Is tomato a ＿＿＿＿ ＿＿＿＿ vegetable?

(4) 私はメグのかわりにここに来ました。
I came here ＿＿＿＿ ＿＿＿＿ Meg.

3　次の文を，(　　)内の関係代名詞を使って１文にしなさい。

(1) I have a friend. She speaks Spanish. (who)
＿＿＿＿＿＿＿＿＿＿＿＿＿＿＿＿

(2) Look at that cat. It has blue eyes. (which)
＿＿＿＿＿＿＿＿＿＿＿＿＿＿＿＿

(3) This is the train. It goes to the Minami Park. (that)
＿＿＿＿＿＿＿＿＿＿＿＿＿＿＿＿

(4) This is the picture. Emiko took it last month. (which)
＿＿＿＿＿＿＿＿＿＿＿＿＿＿＿＿

(5) I like the book. Mika is reading it now. (that)
＿＿＿＿＿＿＿＿＿＿＿＿＿＿＿＿

4　次の英文を日本文になおしなさい。

(1) This is the dictionary I bought yesterday.
（　　　　　　　　　　　　　　　　）

(2) Do you know the girls who are playing the guitar over there?
（　　　　　　　　　　　　　　　　）

(3) I have a letter which was written by Ken.
（　　　　　　　　　　　　　　　　）

(4) Saki is the singer I like the best.
（　　　　　　　　　　　　　　　　）

5　日本文に合う英文になるように，(　　)内の語(句)を並べかえなさい。

(1)　サムには野球部員の息子がいます。
(son / is / of / Sam / member / a / who / a / baseball club / has / .)

____

(2)　私は昨年に田中先生が書いたレポートを読んでいます。
(the / reading / I'm / last year / report / wrote / Mr. Tanaka / .)

____

(3)　あれは1100年に建てられた寺です。
(temple / which / built / in / was / 1100 / that / a / is / .)

____

(4)　こちらは私が図書館で会った男性です。
(is / in / man / met / a / I / this / the library / that / .)

____

6　次の英文を読んで，あとの問いに答えなさい。

Gandhi returned to India in 1915. India was also a British colony. In those days, there was a law that the British made for salt. According to the law, only the British could produce or sell salt. They put a heavy tax on ①<u>it</u>. The Indians were very poor, but they had to buy expensive salt. The money went to the British. Gandhi thought it was unfair.

In 1930, Gandhi decided to walk to the sea and make salt himself. He started with 78 followers. Thousands of people joined him on the way. After walking almost 400 kilometers, he reached the sea. This non-violent march was called the Salt March. News of the march spread around the world. It showed people a new way to fight against discrimination.

(1)　下線部①のitは何を指していますか。英語で答えなさい。______________

(2)　本文の内容に合うものを次の**ア**～**エ**から2つ選び，記号で答えなさい。(　　)(　　)

ア　1915年にインドはイギリス領でした。

イ　インド人たちは貧乏だったので，イギリス人から安い塩を買いました。

ウ　ガンディーが海まで歩いて行く途中で78人が彼に加わりました。

エ　塩の行進は人々に差別とたたかう新しい方法を示しました。

(3)　本文の内容に合うように，次の問いに英語で答えなさい。
When did Gandhi return to India? ______________

教科書 → p.89

Unit 6

Beyond Borders

ビヤンド　ボーダズ

題材 国をこえて助け合う大切さを知り，自分に何ができるのかを考える。

活動 架空の状況について説明したり，感想や意見を述べたりすることができる。

1 What are these people doing?

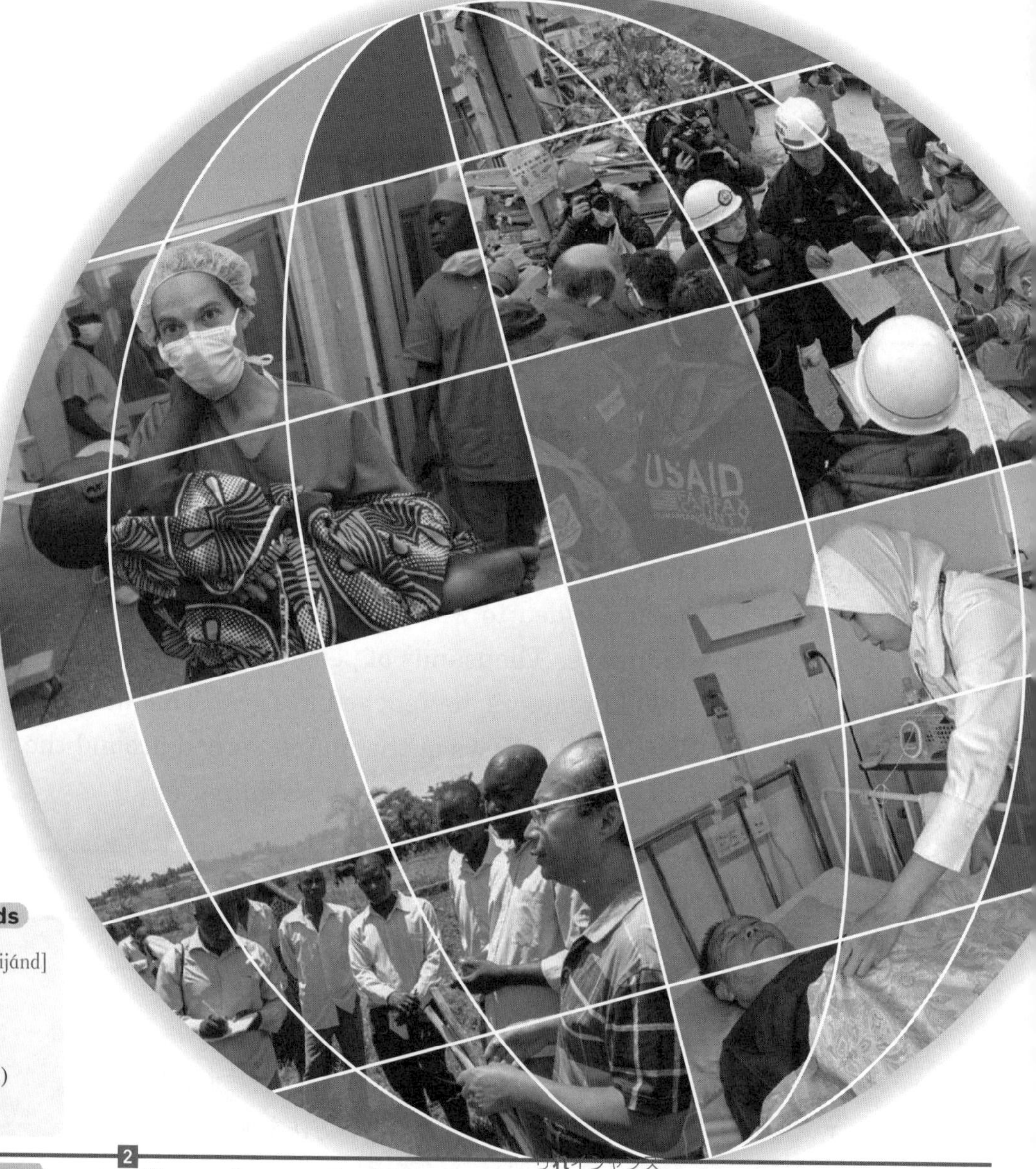

New Words

- beyond [bijάnd]
- border(s) [bɔ́ːrdər(z)]
- relation(s) [riléiʃn(z)]

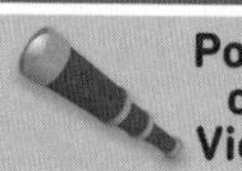

2 **How do we build good relations with foreign countries?**

Preview

教科書 → p.90

目的 場面 状況

休み時間に海斗とメグが話しています。
対話を聞いて，わかったことを伝え合いましょう。

日本のNGOからの支援を受け取るイエメンの難民の少女

わかったこと 解答例

2人はどんなことを想像して話をしているかな。

海斗はもし100万円を持っていたら，

サッカーの試合を見るための新しくて大きなテレビがほしい。

メグはもし100万円を持っていたら，例えば，戦争や災害で家を失った，困っている人々を助けるために寄付をしたい。

本文の内容

1 これらの人々は何をしていますか。

2 私たちはどのように諸外国とよい関係を築きますか。

New Words

beyond	[bijánd ビヤンド]	前 …をこえたところに[へ]
border(s)	[bɔ́ːrdər(z) ボーダ(ズ)]	名 国境
relation(s)	[riléiʃn(z) リれイシャン(ズ)]	名 関係

教科書 ➔ p.91

海斗は興味深い国際協力のキャンペーンについての広告を目にしました。

? What does this campaign do?

1 School backpacks(バぁックパぁックス) travel overseas

2 “I wish I could go to school.” 3 “I wish I had pens and notebooks.” 4 Children in some parts of the world feel this way. 5 We are running a campaign(キぁンペイン) to help them. 6 Send us unused(アンユーズド) school supplies(サプらイズ), and we will give them to those children. 7 You can also donate(ドウネイト) your old school backpack. 8 It can have a new life overseas.

[64 words]

New Words

- backpack(s) [bǽkpæ̀k(s)]
- campaign [kæmpéin]
- unused [ʌnjúːzd]
- supply, supplies [səplái(z)]
- donate [dóuneit]
- *this way*

[ein] main campaign

New Words

backpack(s)	[bǽkpæ̀k(s) バぁックパぁック(ス)]	名 バックパック
campaign	[kæmpéin キぁンペイン]	名 キャンペーン
unused	[ʌnjúːzd アンユーズド]	形 未使用の
supply, supplies	[səplái(z) サプらイ(ズ)]	名 [supplies で] 必需品
donate	[dóuneit ドウネイト]	動 …を寄付する
this way		このように
*overseas	[òuvərsíːz オウヴァスィーズ]	副 外国へ[で]，海外へ[で]
*wish	[wíʃ ウィッシ]	動 …であればよいのだが
*could	[kúd クッド; kəd (クド)]	助 【仮定法】…できるだろうに
*run	[rʌ́n ラン]	動 …を主催する

本文の内容

? このキャンペーンはどのようなことをしますか。

1 ランドセルが海外へ渡る
2 「学校へ行けたらなあ。」
3 「ペンやノートを持っていたらなあ。」
4 世界には子供たちがこのように感じている地域があります。
5 私たちは彼らを助けるためのキャンペーンを行っています。
6 使われていない学校用品を私たちにおくっていただければ，私たちはそれらをこうした子供たちにお渡しします。
7 古いランドセルを寄付していただいても結構です。
8 海外で新たな命が与えられるのです。

スタディ

2 **"I wish I could go to school."**

I wish ... は「…であればいいのになあ」と現実とは異なる願望を表します。後ろに続く節の動詞や助動詞が過去形になることに注意しましょう。ここでは助動詞canが過去形couldになっています。

3 **"I wish I had pens and notebooks."**

前文と同じように，I wishで「…であればいいのになあ」を表しています。後ろに続く節の動詞がhadと過去形になっています。

4 **Children in some parts of the world feel this way.**

this wayは「このように」という意味の表現です。前の文までに出てきた「学校へ行けたらなあ」，「ペンやノートを持っていたらなあ」という内容を指しています。

教科書 ➔ p.91

I can't go to school.
I wish I **could** go to school.
I don't have pens and notebooks.
I wish I **had** pens and notebooks.

仮定法(I wish ...)
「…であればよいのに」と現実とは異なる願望を表すときは〈wish (that) ＋主語＋動詞〉の文を使う。wish (that) のあとの動詞や助動詞は過去形になる。be動詞は主語に関係なく，多くの場合wereが使われる。

Practice 例 I wish I could go to school.

インターネットの掲示板に，世界の子供たちの願い事が書かれています。

① I can speak many languages

② I have more time to play

③ there are no hungry children

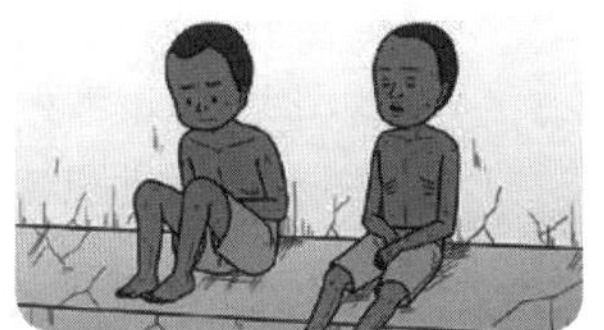

現実とは異なる「こうであればいいな」というあなたの願い事を言い，ノートに書きましょう。

書いて覚えよう

2 「学校へ行けたらなあ。」

3 「ペンやノートを持っていたらなあ。」

5 私たちは彼らを助けるためのキャンペーンを行っています。

ビジュアルスタディ

I can't go to school. （学校へ行けません。）

I wish I **could** go to school. （学校へ行くことができればいいのになあ。）

助動詞の過去形

I don't have pens and notebooks. （ペンやノートを持っていません。）

I wish I **had** pens and notebooks. （ペンやノートを持っていればいいのになあ。）

動詞の過去形

●現実とは異なる願望→「wish (+that) + 主語＋動詞［助動詞］ …」

「…であればよいのに」と現実とは異なる願望を表すには，**「wish (+ that) ＋主語＋動詞［助動詞］」**の形を使います。wish (that) のあとの動詞や助動詞は**過去形**になります。またbe動詞は主語が何であっても**were**が使われます。これを仮定法と言います。wishは「…であればよいのだが，…を望む」という意味の動詞です。

Practice

ヒント　例は「学校へ行くことができればいいのになあ」という意味です。

解答例　① I wish I could speak many languages.
（たくさんの言語を話せればいいのになあ。）

② I wish I had more time to play.
（もっと遊ぶ時間があればいいのになあ。）

③ I wish there were no hungry children.
（お腹がすいている子どもたちがいなければいいのになあ。）

ヒント　I wishのあとに（助）動詞の過去の文を続けます。

解答例　I wish there were no homework. （宿題がなければいいのになあ。）

Scene 2

教科書 ➔ p.92

海斗(かいと)はメグに海を渡るランドセルの話をしています。

[?] What would Meg do if she were a Japanese student?

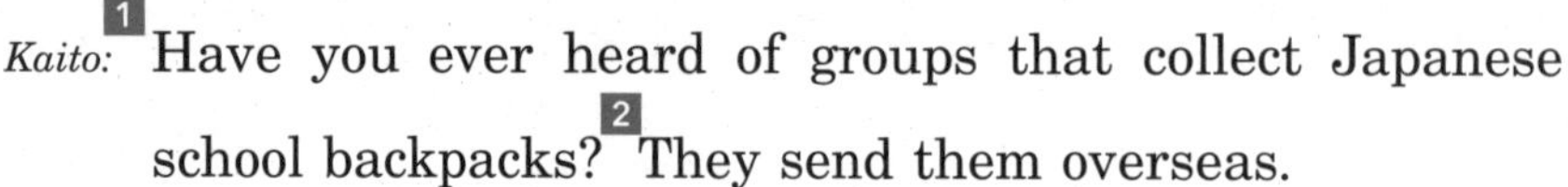

Kaito: [1] Have you ever heard of groups that collect Japanese school backpacks? [2] They send them overseas.

Meg: [3] I've never heard of them, but it's a great idea. [4] Japanese school backpacks are cool.

Kaito: [5] They send them to children in Afghanistan(あふギぁニスタぁン). [6] So far, more than 200,000 backpacks have been sent. [7] I've already sent mine.

Meg: [8] Wow. [9] If I were a Japanese student, I would send my old backpack.

Kaito: [10] Actually, you can help them by donating other things, like pencils and notebooks.

Meg: [11] Really? [12] That's great. [13] I'll definitely(デふィニットり) do that. [83 words]

New Words

- definitely [défənitli]
- Afghanistan [æfgǽnəstæ̀n] アフガニスタン[国名]
- *so far*

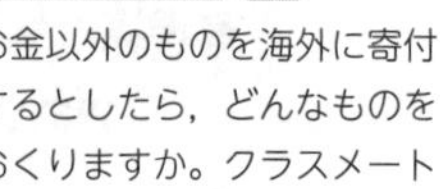

Plus One

お金以外のものを海外に寄付するとしたら，どんなものをおくりますか。クラスメートと話し合いましょう。

New Words

definitely	[défənitli デふィニットり]	副 もちろん，確かに
so far		今まで(は)，これまで(は)
*if	[íf イふ]	接【仮定法過去】(あり得ないことだが)もし…ならば
*would	[wúd ウッド；(弱く言うとき)，d ドゥ]	助【仮定法】…だろうに

本文の内容

? もしもメグが日本の生徒であれば何をするでしょうか。

海斗：1 日本のランドセルを集めている団体についてこれまでに聞いたことある？
2 彼らはランドセルを海外におくっているんだ。
メグ：3 一度も聞いたことないけど，それはすばらしい考えね。
4 日本のランドセルってかっこいいもの。
海斗：5 彼らはランドセルをアフガニスタンの子供たちにおくっているんだ。
6 今までに20万個以上のランドセルがおくられたんだ。
7 ぼくはすでに自分のをおくったよ。
メグ：8 わあ。
9 もし私が日本の生徒であれば，古くなった自分のランドセルをおくるだろうな。
海斗：10 実は，鉛筆とかノートのようなほかのものを寄付することで，彼らを助けることができるよ。
メグ：11 本当に？
12 すごい。
13 もちろんそうするわ。

スタディ

6 So far, more than 200,000 backpacks have been sent.

so farは「今まで(は)，これまで(は)」と，過去に何かをして，それが今でも続いていることを表す語句です。現在完了形といっしょに使われることが多いです。have been sentは「have + be動詞の過去分詞 + 過去分詞」で，現在完了形の受け身の文です。「(これまでに)おくられている」という意味になります。

9 If I were a Japanese student, I would send my old backpack.

「If + 主語 + were ..., 〜.」は「もし…であれば，〜だろうに」という意味で，現実と異なることを仮定して言うときに使われます。主語が何であってもbe動詞はwereを使います。また，後半の動詞[助動詞]は過去形になります。ここでは助動詞willが過去形wouldとなっています。

10 Actually, you can help them by donating other things, like pencils and notebooks.

by donating ...は「…を寄付することによって」という意味です。前置詞byの後ろに動名詞を続けることができます。

13 I'll definitely do that.

ここでのthatはdonating other things, like pencils and notebooksを指します。メグは会話の流れから，「これから…しよう」とそのときに決めたことを言っているので，〈will + 動詞の原形〉が使われています。

教科書 ➔ p.92

If I **were** you, I **would** ask my friends for help.

仮定法(If＋主語＋were ..., ～.)
「…であれば～だろう(に)」と現実と異なることを仮定して言うときは〈If＋主語＋be動詞の過去形(were)〉を使う。後半の文は〈主語＋助動詞の過去形＋動詞の原形〉となる。

Practice 例 If I were you, I would ask my friends for help.
（ask ... for ～：…に～をたのむ）

ある日曜日，ボランティア活動に興味のあるメグは，自分にできることを調べたり考えたりしています。

① I / rich / I will donate more money

② it / sunny today / we will clean the park

③ tomorrow / Sunday / I can keep reading this book

もしお金がたくさんあれば何を買うか，If I were rich, ... という形で言い，ノートに書きましょう。

書いて覚えよう

6 今までに20万個以上のランドセルがおくられたんだ。

______

______

9 もし私が日本の生徒であれば，古くなった自分のランドセルをおくるだろうな。

______

______

13 もちろんそうするわ。

______

______

ビジュアルスタディ

If I **were** you, I **would** ask my friends for help.

主語が何であっても were となる　**助動詞の過去形**

（もし私があなたなら，友達に助けを求めるでしょう。）

●現実と異なることを想定して言う　→　If＋主語＋were ..., 〜.

「もし…であれば，〜だろうに」と現実とは異なることを想定して言うときには，**「If＋主語＋were ..., 〜.」**の形にします。前半のif節内のbe動詞は，主語が何であっても**were**となります。また，後半の文の動詞や助動詞は**過去形**になります。

Practice

ヒント　例は「もし私があなたなら，友達に助けを求めるでしょう」という意味です。

解答例　① If I were rich, I would donate more money.
（もし私にお金がたくさんあるなら，もっと多くのお金を寄付するでしょう。）

② If it were sunny today, we would clean the park.
（もし今日晴れなら，私たちは公園をそうじするのに。）

③ If tomorrow were Sunday, I could keep reading this book.
（もし明日が日曜日なら，私はこの本を読み続けることができるのに。）

ヒント　If I were rich, I would buy .... の文を書きましょう。

解答例　If I were rich, I would buy a new house.
（もし私にお金がたくさんあれば，私は新しい家を買うのに。）

Mini Activity

Listen

教科書 ➔ p.93

駅前を通りかかったメグと海斗が話しています。対話の内容に合うように，正しいほうを選びましょう。

① 今，駅前にあるのは　[▢ 公園　▢ 駐輪場]
② メグは自転車を　[▢ 使っている　▢ 使っていない]
③ もしメグが市長なら　[▢ 公園を選ぶ　▢ 駐輪場を選ぶ]

Speak & Write

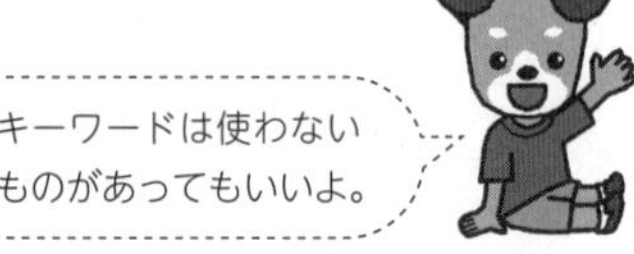

キーワードは使わない
ものがあってもいいよ。

1 次の①と②の場面の「現実」の状況をふまえて，下のキーワードも参考に，I wish .... という形の文を考えて完成しましょう。

①

I wish ______________________________
______________________________.

キーワード：umbrella

②

I wish ______________________________
______________________________.

キーワード：concert，test（試験）

2 ①もし，今，自分がどこでも好きな場所にいられるとしたら，どこにいたいか，そしてそこで何をしたいか，Tool Boxを参考に自由に想像しましょう。そして，例 にならって書きましょう。

1. be at home in bed

2. be on the beach

3. be in Italy

4. be in the Edo period

例 I wish I were at home in bed now. If I were there, I would sleep for 12 hours.

____

____

②ペアになって①で書いた文を伝え合い，相手の話した内容を発表しましょう。

例 If Aki were at home in bed now, she would sleep for 12 hours.

Speak & Write

1 ヒント ①は，雨が降ってみんな傘をさしている中，1人だけ傘を持っていない男性が雨にぬれている「現実」の状況を示しています。②は，12月3日に行きたいコンサートがあるが，その日は模試の日であるという「現実」の状況を示しています。現実とは異なる願望を表すときは，〈wish (that) + 主語 + 動詞〉の文を使います。キーワードの意味は次の通りです。

① 傘　② コンサート，試験

解答例 ① I wish I had an umbrella.
（傘を持っていればいいのになあ。）

② I wish I could go to the concert.
（コンサートに行ければいいのになあ。）

I wish there were no tests on that day.
（その日に試験がなければいいのになあ。）

2 ① ヒント Tool Boxを参考にしましょう。「…であれば～だろう（に）」と現実と異なることを仮定して言うときは，〈If + 主語 + be動詞の過去形(were)〉を使います。

Tool Boxと例の意味は次の通りです。

Tool Box　1　家で寝る　　2　ビーチにいる
　　　　　3　イタリアにいる　　4　江戸時代にいる

例　私は今家で寝られればいいのになあ。もしそこにいたら，12時間眠るでしょう。

解答例 I wish I were on the beach. If I were there, I would swim in the sea.
（ビーチにいればいいのになあ。もし私がそこにいたら，私は海で泳ぐだろう。）

I wish I were in Italy. If I were there, I would eat Italian foods.
（イタリアにいればいいのになあ。もし私がそこにいたら，私はイタリア料理を食べるだろう。）

I wish I were in the Edo period. If I were there, I would shake hands with *bushi*.
（江戸時代にいればいいのになあ。もし私がそこにいたら，私は武士と握手するだろう。）

② ヒント 例は「もしアキが今家でベッドの中にいたら，彼女は12時間眠るだろう」という意味です。

解答例 If Ken were on the beach, he would swim in the sea.
（もしケンがビーチにいたら，彼は海で泳ぐだろう。）

If Aki were in Italy, she would eat Italian foods.
（もしアキがイタリアにいたら，彼女はイタリア料理を食べるだろう。）

If Ken were in Edo period, he would shake hands with *bushi*.
（もしケンが江戸時代にいたら，彼は武士と握手するだろう。）

教科書 → p.94

海斗はキャンペーンについて調べたことをスピーチしています。

? What is the main point Kaito is trying to tell us?

[1] Imagine your life without school. [2] If you didn't study, you couldn't read or write. [3] If you were illiterate, you couldn't get information through books or websites. [4] In some parts of the world, there are children living like this.

[5] Children like these in Afghanistan receive school backpacks from Japan. [6] It makes them happy. [7] It also encourages their parents to send their sons and daughters to school.

[8] Most of the backpacks come with pens and notebooks. [9] So students will be ready for school. [10] In areas with no school buildings, children can use the backpacks as desks in the open air. [11] In these ways, school backpacks from Japan have been changing children's lives.

[12] School backpacks from Japan travel to Afghanistan. [13] They help the school children there. [14] Other goods and services travel from one country to another all around the globe. [15] These exchanges connect and help us all. [16] Our borders are only lines on a map.

[152 words]

New Words

- ☐ **imagine** [imǽdʒin] …を想像する
- ☐ **illiterate** [ilítərit] 読み書きのできない
- ☐ **receive** [risíːv] …を受け取る
- ☐ **encourage(s)** [inkə́ːridʒ(iz)] …を励ます
- ☐ **son(s)** [sʌ́n(z)] 息子 ⇔ ☐ **daughter(s)** [dɔ́ːtər(z)] 娘
- ☐ **ready** [rédi] 用意ができて
- ☐ **building(s)** [bíldiŋ(z)] 建物
- ☐ air [éər] 空気
- ☐ service(s) [sə́ːrvis(iz)] サービス
- ☐ globe [glóub] 地球
- ☐ exchange(s) [ikstʃéindʒ(iz)] 交流

- ☐ *encourage ... to ～* …に～するよう促す
- ☐ *most of* …の大部分
- ☐ *be ready for* …の用意ができている
- ☐ *in the open air* 屋外で

New Words

imagine	[imǽdʒin イマぁヂン]	動…を想像する
illiterate	[ilítərit イりテレット]	形読み書きのできない
receive	[risíːv リスィーヴ]	動…を受け取る
encourage(s)	[inkə́ːridʒ(iz) インカ～リッヂ(ズ)]	動…を勇気づける，励ます
son(s)	[sʌ́n(z) サン(ズ)]	名息子
daughter(s)	[dɔ́ːtər(z) ドータ(ズ)]	名娘
ready	[rédi レディ]	形用意ができて
building(s)	[bíldiŋ(z) ビるディンヶ(ズ)]	名建物，ビル
air	[éər エア]	名空気，空中
service(s)	[sə́ːrvis(iz) サ～ヴィス(ィズ)]	名サービス，公的事業
globe	[glóub グろウブ]	名[the globe で]地球
exchange(s)	[ikstʃéindʒ(iz) イクスチェインヂ(ズ)]	名交流，やりとり

本文の内容

? 海斗が私たちに伝えようとしている主な点は何ですか。

1 学校のない生活を想像してみてください。**2** もし勉強をしなければ，読み書きができないでしょう。**3** 読み書きができなければ，本やウェブサイトを通して情報を得ることができないでしょう。**4** 世界の一部の地域には，このようにして生活している子供たちがいます。

5 アフガニスタンのこうした子供たちは日本からランドセルを受け取ります。**6** そのことが彼らを幸せにします。**7** それはまた，親たちに息子や娘たちを学校に通わせるよう促してもいます。

8 ランドセルの大部分はペンやノートといっしょに来ます。**9** それで，生徒たちは学校の準備ができるのです。**10** 校舎がない地域では，子供たちは屋外でランドセルを机として使うことができます。**11** このような方法で日本からのランドセルは子供たちの生活を変えてきているのです。

12 日本からのランドセルはアフガニスタンに渡っています。**13** ランドセルはそこの子供たちの役に立っています。**14** そのほかの品物やサービスが，世界中である国からほかの国へと渡っています。**15** このような交流が私たちみんなをつなげ，助けてくれるのです。**16** 私たちの国境とは単に地図上の線にすぎないのです。

スタディ

2 If you didn't study, you couldn't read or write.

「If＋主語＋動詞の過去形...，主語＋動詞［助動詞］の過去形～.」は，「もし…なら，～なのに」と現実とは異なる想定を表す仮定法の形です。if節の中の動詞がdidn't studyと過去形に，後半の節の中で助動詞がcouldn'tと過去形になっていることに注目しましょう。

3 If you were illiterate, you couldn't get information through books or websites.

「If＋主語＋were ...，～.」は「もし…だったなら，～なのに」という仮定法の文です。if節の中のwereと，後半の節の中の助動詞がcouldn'tと過去形になっていることに注目しましょう。

7 It also encourages their parents to send their sons and daughters to school.

encourage ... to ～は「…に～するよう促す」という意味の表現です。「彼らの両親に彼らの息子や娘を学校におくり出すように促す」となります。文頭のitは**5**の文の「アフガニスタンに住むこうした子供たちは日本からランドセルを受け取っています」という内容を指しています。

10 In areas with no school buildings, children can use the backpacks as desks in the open air.

in the open airは「屋外で」という意味になります。openには「広々とした，屋根のない」という意味があります。

encourage ... to ～		…に～するよう促す
most of		[most of＋名詞で] …の大部分，ほとんど
be ready for		…の用意ができている
in the open air		屋外で
*most	[móust モウスト]	代 [most of＋名詞で] …の大部分，ほとんど
*with	[wíð ウィず，wíθ ウィす]	前【携帯・所有】…を身につけて，…のある
*open	[óupn オウプン]	形 開いている，屋根のない

教科書 → p.95

[17] Like most countries, Japan depends on foreign trade for its survival. [18] Many things that we see every day come from overseas, such as food and clothes. [19] For example, one-third of the chicken that we eat comes from other countries, like Brazil and Thailand. [20] If we didn't import chicken from these countries, fried chicken would be quite expensive in Japan. [21] We depend on foreign countries even more for beef and pork.

[22] Also, about 90 percent of our clothes, shirts, pants, and coats, for example, are imported from China and other Asian countries. [23] Actually, many products that are sold by Japanese companies are made in other countries. [24] Electronic devices are no exception. [25] We're surrounded by imported products in our daily lives.

[26] Our relationships with foreign countries are becoming more and more interdependent. [27] It's necessary for us to continue helping each other — beyond our borders.

[142 words / 294 words]

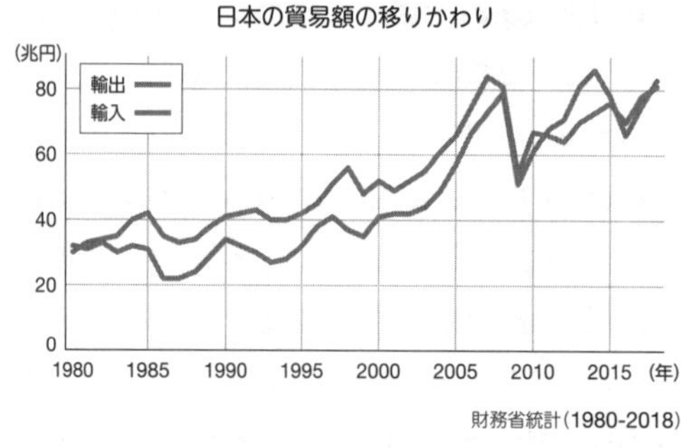

New Words

- depend(s) [dipénd(z)] 頼る
- trade [tréid] 貿易
- survival [sərváivl] 存続
- import [impɔ́:rt] …を輸入する
- pork [pɔ́:rk] 豚肉
- **coat(s)** [kóut(s)] コート
- sold [sóuld] (⇐ sell)
- exception [iksépʃn] 例外
- surround(ed) [səráund(id)] …を囲む
- daily [déili] 日常の
- interdependent [ìntərdipéndənt] 相互に依存している
- Brazil [brəzíl] ブラジル[国名]
- Thailand [táilænd] タイ[国名]
- *depend on* …に頼る

小学校の単語

beef [bí:f]

New Words

depend(s)	[dipénd(z) ディペンド(ディペンヅ)]	動 頼る
trade	[tréid トゥレイド]	名 貿易
survival	[sərváivl サヴァイヴる]	名 存続，生き残ること
import	[impɔ́:rt インポート]	動 …を輸入する
pork	[pɔ́:rk ポーク]	名 豚肉
coat(s)	[kóut(s) コウト(コウツ)]	名 上着，コート
sold	[sóuld ソウるド]	動 [sellの過去分詞]
exception	[iksépʃn イクセプシャン]	名 例外
surround(ed)	[səráund(id) サラウンド(サラウンディド)]	動 …を囲む
daily	[déili デイリ]	形 日常の
interdependent	[ìntərdipéndənt インタディペンデント]	形 相互に依存している

本文の内容

17 ほとんどの国と同様，日本はその存続を外国との貿易に頼っています。18 食料品や衣服など，私たちが毎日目にする多くのものは海外から来ています。19 例えば，私たちが食べているとり肉の3分の1が，ブラジルやタイといったほかの国から来ています。20 もし私たちがこうした国々からとり肉を輸入しなければ，日本ではフライドチキンはかなり高額になるでしょう。21 牛肉や豚肉についてはよりいっそう外国に頼っているのです。

22 また，私たちの衣服，例えばシャツ，ズボン，コートなどの約90パーセントは中国やその他のアジアの国々から輸入されています。23 実際のところ，日本の企業により販売されている多くの製品が他国で作られているのです。24 電子機器も例外ではありません。25 私たちは日常生活の中で輸入品に囲まれているのです。

26 私たちと海外の国々との関係は，ますます相互に依存するようになっていっています。27 国境を越え，おたがい助け合い続けることが私たちにとって必要なのです。

スタディ

18 **Many things that we see every day come from overseas, such as food and clothes.**

thatは関係代名詞でthat we see every dayが先行詞thingsを修飾する関係代名詞の目的格の文です。「私たちが毎日見ているたくさんのもの」という意味です。文全体の主語が先行詞となっており，主語と動詞の間に関係代名詞節が入っていることに注意しましょう。

19 **For example, one-third of the chicken that we eat comes from other countries, like Brazil and Thailand.**

thatは関係代名詞でthat we eatが先行詞chickenを修飾する関係代名詞の目的格の文です。「私たちが食べているとり肉」という意味になります。one-thirdは「3分の1」を表します。

20 **If we didn't import chicken from these countries, fried chicken would be quite expensive in Japan.**

「If＋主語＋動詞の過去形...., 主語＋助動詞の過去形～.」は，現実とは異なる想定を表す仮定法の文です。「もし…なら，～なのに」という意味です。if節の中の助動詞didn'tと，後半の文の中の助動詞wouldが過去形になっていることに注目しましょう。

23 **Actually, many products that are sold by Japanese companies are made in other countries.**

thatは関係代名詞でthat are sold by Japanese companiesが先行詞productsを修飾する関係代名詞の主格の文です。「日本の企業によって売られている製品」という意味になります。

depend on		…に頼る
*third	[θə́ːrd さ～ド]	名 形 3分の1(の)
*more	[mɔ́ːr モーア]	副 [動詞を修飾して]もっと

小学校の単語 小

beef	[bíːf ビーふ]	名 牛肉

教科書 ➔ p.96

Round 1 Get the Gist

次は，スピーチ原稿の構成を考えるために海斗が書いたメモです。(　　)に適切な日本語を入れましょう。

解答

導入 世界には(　学校がなく，読み書きできない　)子供たちがいる。
⇒(アフガニスタン)では，日本がおくった(　ランドセル　)が子供たちの生活を変えている。

展開 日本のものがほかの国々に渡っているように，(　日本は外国貿易に頼っている　)。
例1：食べ物　例2：(　衣類　)　例3：(　電子機器　)

結論 私たちが(　国境を越えておたがい助け合い続ける　)ことが必要である。

Round 2 Focus on the Details

1 本文の内容に合うように，以下を線で結びましょう。

解答

① If you did not study, — Ⓑ you couldn't read or write.
② If we look around, — Ⓒ we'll find many products made in foreign countries.
③ If we didn't import food, — Ⓐ we would have to spend more money on food.

2 本文の内容から，日本の「とり肉」の食料自給率を表すグラフをⒶ～Ⓒから選びましょう。

解答

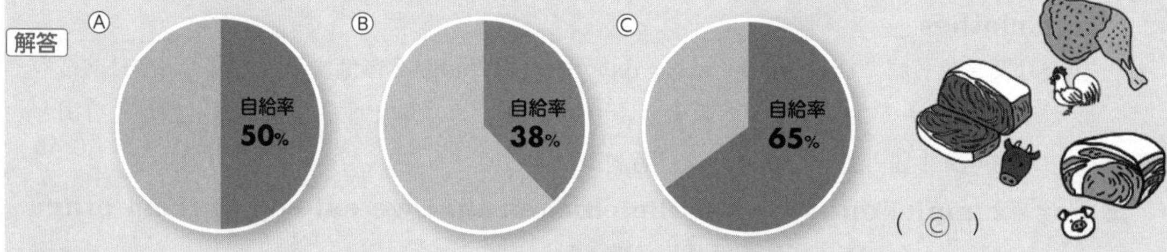

(Ⓒ)

Round 3 Think and Express Yourself

1 例 にならって，①②の質問の答えを【　】のキーワードを使って説明しましょう。

例 What is one of the problems that children in the world are facing? 【 school 】
(世界中の子供たちが直面している問題の1つは何ですか。【学校】)
⇒ Some of them can't go to school. (彼らの中には学校に行けない子がいる。)

① Can the school backpacks be used in other ways? 【 desks 】
(ランドセルはほかの方法で使われますか。【机】)

② Why is foreign trade important for Japan's survival? 【 import, foreign countries 】
(なぜ日本の存続のために貿易が重要なのですか。【輸入，外国】)

2 最後のパラグラフのOur relationships with foreign countries are becoming more and more interdependent. という1文について，自分の身のまわりの例やニュースなどで見た事例を考えて，クラスメートと話し合いましょう。そして，話し合った内容を自分の感想もつけ加えて発表しましょう。

例 When big earthquakes happen in Japan, many people come from abroad to help us. I hope I can go to help them when they need it.
(日本に大きな地震が起こると，海外からたくさんの人々が私たちを助けにやってきます。私は彼らに助けが必要なときに彼らを助けに行けるとよいと思います。)

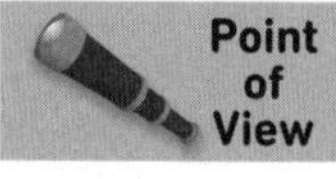

How do we build good relations with foreign countries?
What can you do to help?

例 We can talk to and understand each other. / We can learn more about foreign countries.

Round 1

ヒント 「導入」の1つ目の空欄は，本書p.210 1 から 4 の文，2つ目の空欄は，5 の文，3つ目の空欄は 8 から 11 の文を参考にしましょう。「展開」の最初の空欄は本書p.212 17 の文，例2 の空欄は 22 の文，例3 の空欄は 24 の文を参考にしましょう。「結論」の空欄は 27 の文を参考にしましょう。

Round 2

1 **ヒント** ①は本書p.210 2 の文，②は本書p.212 18 の文，③は 20 の文を参考にしましょう。英語の意味は次の通りです。

① あなたがもし勉強しないなら　Ⓐ 私たちは食べ物にたくさんのお金をかけなければならないだろう。

② もし私たちが見まわせば　Ⓑ あなたたちは読み書きができないだろう。

③ もし私たちが食べ物を輸入しないなら　Ⓒ 私たちは外国製のたくさんの製品を見つけるでしょう。

2 **ヒント** とり肉の食料自給率については，本書p.212 19 の文を参考にしましょう。「私たちが食べているとり肉の3分の1が，ブラジルやタイといったほかの国から来ています」とあるので，自給率は3分の2と考えます。

Round 3

1 **ヒント** ①は本書p.210 10 の文，②は本書p.212 17，18 の文を参考にしましょう。英文の意味は左ページの通りです。

解答例 ① Yes, they can. They are used as desks in the open air.
(はい。屋外でそれらは机として使われます。)

② Because many things that we see every day are imported from foreign countries.
(私たちが毎日目にしている多くのものが海外から輸入されているからです。)

2 **ヒント** 最後のパラグラフの1文は「私たちと海外の国々との関係は，ますます相互に依存するようになっていっています」という意味です。例 の意味は左ページの通りです。

解答例 I eat a banana every day, but I have never eaten bananas made in Japan. They are imported from Taiwan, the Philippines, Ecuador, Brazil, and other countries. If bananas disappeared from Japan, many people would feel unhappy.
(私は毎日バナナを食べますが，日本産のバナナを食べたことがありません。それらは台湾，フィリピン，エクアドル，ブラジルほかの国々から輸入されています。もしバナナが日本から消えたら，多くの人々が不幸せに感じるでしょう。)

Point of View

ヒント 質問は「私たちはどのように諸外国とよい関係を築きますか。あなたは助けるために何ができますか」という意味です。例 は「私たちはおたがいに話し合い，理解し合うことができます。／私たちは諸外国についてもっと学ぶことができます」という意味です。

解答例 We can share our knowledge and technologies and make the world better.
(私たちは私たちの知識や技術を共有し，世界をよりよくすることができます。)

教科書 ➔ p.97

If I had a school backpack, I would donate it.

仮定法（If＋主語＋動詞の過去形，....）
if節内で一般動詞や助動詞が使われる場合も過去形になる。

Practice 例 I don't have a school backpack. If I (have) a school backpack, I (will) donate it.
⇒ I don't have a school backpack. If I had a school backpack, I would donate it.

冬休み，オーストラリアに帰国中のメグについて，みんなが話しています。
例 にならって，文の意味が通るように（　　）内の語を正しい形にしましょう。

① Meg is in Australia now. If I (live) there, we (can) play badminton together.
② I want to know her phone number. If I (know) her number, I (will) call her.
③ She's busy during winter vacation. If she (have) time, she (will) send me a letter.

 タイムマシンがあればどんなことをしてみたいか，例 にならって言い，ノートに書きましょう。

例 If I had a time machine, I would go back to the Heian period.
タイムマシン

Key Sentence 21

ビジュアルスタディ

If I **had** a school backpack, I **would** donate it.
一般動詞の過去形　助動詞の過去形

（もし私がランドセルを持っていれば，寄付するでしょう。）

●仮定法の文のif節内の動詞や助動詞　→　過去形にする

これまでに仮定法の文でif節内がbe動詞の場合はwereにすると学びましたが，一般動詞や助動詞の場合は過去形にします。「If＋主語＋動詞［助動詞］の過去形，....」という語順になります。後半の文の動詞や助動詞も過去形となります。

Practice

ヒント　英文の意味は次の通りです。
① メグは今オーストラリアにいます。もし私がそこに住んでいれば，私たちはいっしょにバトミントンをすることができるでしょう。
② 私は彼女の電話番号を知りたいです。もし私が彼女の番号を知っていれば，彼女に電話するでしょう。
③ 彼女は冬休みの間忙しいです。もし彼女に時間があれば，彼女は私に手紙をおくるでしょう。

解答　① lived, could　② knew, would　③ had, would

ヒント　例 の英文の意味は次の通りです。
もし私がタイムマシンを持っていれば，私は平安時代に戻るでしょう。

解答例　If I had a time machine, I would go to the future.
（もし私がタイムマシンを持っていれば，私は未来へ行くでしょう。）

教科書 → p.97

Many things **that we see every day** come from overseas.

主語を説明する関係代名詞
主語に説明を加える場合，主語と動詞の間に関係代名詞の節が入り込む形になります。

Practice 例 Many things that we see every day come from overseas.

日本に戻ってきたメグが話しています。例 にならって文を作りましょう。

① the gifts / I brought from Japan / made my friends happy
② the park / I often visited / hasn't changed
③ the new zoo / opened last month / is popular

 おすすめの店やレストランについて，「私がよく行く店[レストラン]は…です」と紹介する文を言い，ノートに書きましょう。

Key Sentence 22

ビジュアルスタディ

Many things **that we see every day** come from overseas.

主語(＝先行詞)　関係代名詞節　動詞

（私たちが毎日目にする多くのものは海外から来ています。）

●主語が先行詞の関係代名詞 → 主語と動詞の間に関係代名詞の節が入り込む

主語を先行詞として説明を加える場合，「主語(先行詞)＋関係代名詞節＋動詞 ....」の語順になります。どの語(句)が文全体の主語，動詞…なのかに注意して読みましょう。

Practice

ヒント 英文の意味は次の通りです。
① その贈り物 ／ 私が日本から持ってきた ／ 私の友達を幸せにした
② その公園 ／ 私がよく訪れた ／ 変わっていない
③ その新しい動物園 ／ 先月開園した ／ 人気がある

解答例 ① The gifts that I brought from Japan made my friends happy.
（私が日本から持ってきたその贈り物は私の友達を幸せにしました。）
② The park that I often visited hasn't changed.
（私がよく訪れていたその公園は変わっていません。）
③ The new zoo that opened last month is popular.
（先月開園したその新しい動物園は人気があります。）

ヒント 「私がよく行く店[レストラン]は…です」はThe shop [restaurant] that I often go to is .... で表します。

解答例 The restaurant that I often go to is very famous.
（私がよく行くレストランはとても有名です。）

Unit Activity

教科書 ➔ p.98

100人の村の世界

世界には今，約80億人が暮らしています。その中にはどんな人たちがどれくらいいるのでしょうか。実感しやすいように，世界を人口100人の村だと仮定して，その現状について考えてみましょう。

STEP 1 世界の現状について聞こう

世界の現状について説明する文を聞きましょう。
そして聞き取れた内容をもとに，次のグラフや図の(　　)には数字を，＿＿には語句を入れましょう。

If the world were a village of 100 people, ...

1. 出身地

CIA (2018)

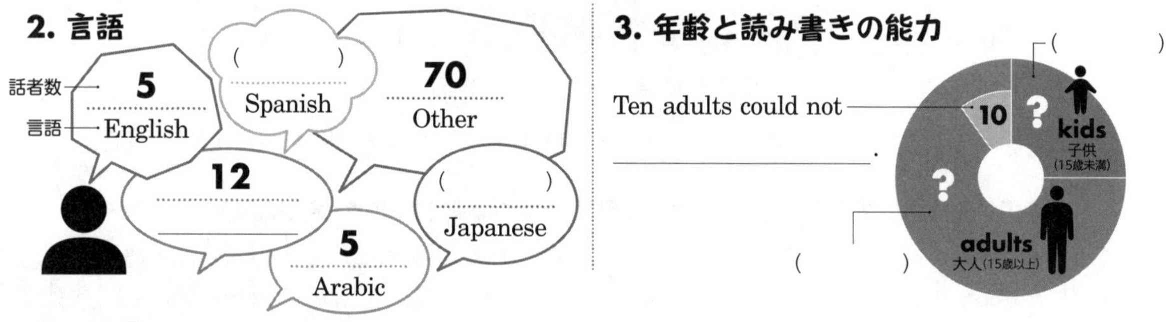

2. 言語

3. 年齢と読み書きの能力

STEP 2 聞いた内容を説明しよう

STEP 1で聞いた内容のうち，特にほかの人に伝えたいことを，例にならって書きましょう。

例 If the world were a village of 100 people, five people would speak English.

＿＿＿＿＿＿＿＿＿＿＿＿＿＿＿＿＿＿＿＿＿＿＿＿＿＿＿＿＿＿

＿＿＿＿＿＿＿＿＿＿＿＿＿＿＿＿＿＿＿＿＿＿＿＿＿＿＿＿＿＿

STEP 3 自分の感想や考えを伝えよう

1 STEP 2の文に，自分の感想や考えを加えて発表しましょう。

例 I thought English was spoken by more people as their first language.

2 世界の現状をふまえて，自分たちはどのようなことをすべきか，また，どのようなことができるか，クラスメートと話し合ってみましょう。

CHECK

Unit 6

題材 国をこえて助け合う大切さを知り，自分に何ができるのかを考える。

活動 架空の状況について説明したり，感想や意見を述べたりすることができる。

STEP 2

ヒント　英文の意味は次の通りです。

例「もし世界が100人の村であれば，5人が英語を話すでしょう」

解答例　If the world were a village of 100 people, sixty of those people would be from Asia.

(もし世界が100人の村であれば，60人の人々がアジア出身でしょう。)

STEP 3

1 ヒント　英文の意味は次の通りです。

例「私は英語が第1言語として，もっと多くの人々に話されていると思っていました」

解答例　I am surprised that so many people are from Asia.

(私はとてもたくさんの人々がアジア出身であることに驚いています。)

2 解答例　There are many people in the world and they have different ways of life. It is important that we respect their ways of life. Then, if they are in trouble, we need to think about what to do.

(世界中にはたくさんの人々がいて，異なる暮らし方をしています。私たちは彼らの暮らし方を尊重することが重要です。それから，もし彼らが困っていたら，私たちは何をすべきか考えることが必要です。)

Let's Talk 3

食品の選択 —賛成する・反対する—

CAN-DO 相手の意見を受けて自分の主張を述べることができる。☐

STEP 1

海斗たちは，国産(domestic)野菜と輸入(imported)野菜のどちらを買うのがよいか，授業で議論することになりました。他教科で学んだ内容や，教科書p.34のfood miles，教科書p.95の本文などを思い出しながら考えてみましょう。

¥98.-
¥158.-
¥158.-
¥178.-
1個 100円
国産
1個 60円
外国産

●野菜の輸入量ランキング

順位	野菜名	輸入量(トン)
1位	たまねぎ	29万1,054
2位	かぼちゃ	9万6,058
3位	にんじん・かぶ	8万7,950
4位	ねぎ	6万0,076
5位	ごぼう	4万8,486

農林水産省(2017)

STEP 2

次の表のReasonの文が，国産野菜と輸入野菜のどちらを選ぶ理由に当たるか，グループで話し合いましょう。さらに，ほかの理由も考えて書きましょう。

(国産) Domestic	(輸入) Imported	(理由) Reason
☐	☑	They are often cheaper. (それらはしばしばより安いです。)
☑	☐	We can support domestic farmers by choosing them. (私たちは国産野菜を選ぶことで国内の農家を応援できます。)
☐	☑	We can buy vegetables that are not in season in Japan. (私たちは日本で旬ではない野菜を買うことができます。)
☑	☐	They seem safer. (それらはより安全のように思われます。)
☑	☐	Transporting vegetables is not good for the environment. (野菜の輸送は環境によくありません。)
☐	☐	

解答例

☐ domestic [dəméstik]
☐ cheap(er) [tʃíːp(ər)]
☐ seem [síːm]
☐ transport(ing) [trænspɔ́ːrt(iŋ)]
☐ **point** [pɔ́int]
☐ **agree** [əgríː]
⇔ ☐ disagree [dìsəgríː]
☐ besides [bisáidz]
food mile(s) [fúːd màil(z)] フードマイル

☐ *in season*
☐ *agree with*

STEP 3

STEP 2の文やTool Boxを参考にして，グループで議論をしましょう。

例 *Asami:* I think it's better to buy domestic vegetables because of food miles. We need to protect the environment.

Meg: I see your point, but we need to save money, too. Imported vegetables are often cheaper.

Kaito: I agree with Meg. Besides, we can enjoy a wider variety of vegetables.

Josh: I'm not sure about that. The variety of domestic vegetables is growing.

Tool Box

●賛成する　I agree with .... / I think so, too. / I also think that ....

●反対する　I see what you mean, but .... / I see your point, but .... / You may be right, but ....
I disagree with .... / I don't think so. / I don't think that .... / I'm not sure about that.

●理由を述べる　I think it's better to buy ... because ～.

一方的に自分の意見を言うだけでなく，
相手の主張を受けて話すことが大切だよ。

STEP 2

ヒント 英文の意味は左ページの通りです。

STEP 3

ヒント Tool Boxを参考にしましょう。例の英文の意味は次の通りです。

朝美　：私はフードマイルのために，国産野菜を買うほうがいいと思います。私たちは環境を守る必要があります。

メグ　：あなたの論点はわかりますが，私たちはお金を節約する必要もあります。輸入野菜はしばしばより安いです。

海斗　：僕はメグに賛成です。さらに，私たちはより幅広い種類の野菜を楽しむことができます。

ジョシュ：それはわかりませんよ。国産野菜の種類は増えています。

解答例 *A:* I think it's better to buy imported vegetables because it's cheaper.
(私はより安いので輸入野菜を買うほうがいいと思います。)

B: You may be right, but they're not good for the environment.
(あなたは正しいかもしれませんが，それらは環境によくありません。)

C: I agree with B. Besides, I've heard that a lot of food is thrown away every day in Japan.
(私はBに賛成です。さらに，日本では毎日たくさんの食べ物が捨てられていると聞いたことがあります。)

D: Really? It means that we don't need to import so many vegetables, right?
(本当ですか。私たちはそんなにたくさんの野菜を輸入する必要がないことを意味していますよね。)

E: I see what you mean, but if we choose fair trade vegetables, we can support farmers in developing countries.
(あなたの意味することはわかりますが，もし私たちがフェアトレードの野菜を選べば，発展途上国の農家たちを応援することができます。)

New Words

domestic	[dəméstik ドメスティック]	形 国内の
cheap(er)	[tʃíːp(ər) チープ (チーパ)]	形 (品物・料金が)安い
seem	[síːm スィーム]	動 …のように見える，思われる
transport(ing)	[trænspɔ́ːrt(iŋ) トゥラぁンスポート(トゥラぁンスポーティング)]	動 …を輸送する
point	[pɔ́int ポイント]	名 特徴，論点，ポイント
agree	[əgríː アグリー]	動 賛成する，意見が一致する
disagree	[dìsəgríː ディスアグリー]	動 意見が合わない
besides	[bisáidz ビサイヅ]	副 そのうえ，さらに
in season		(食べ物が)旬で
agree with		…に賛成する
*with	[wíð ウィず，wíθ ウィす]	前【賛成】…に賛成して，味方して
*variety	[vəráiəti ヴァライエティ]	名 変化(に富んでいること)

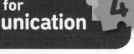

Grammar for Communication

仮定法 ～現実とは異なることを仮定しよう～

教科書 → p.100

Use 使い方

❶ I don't have a computer. 「私はコンピュータを持っていません。」

❷ I wish I **had** a computer. 「私がコンピュータを持っていればなあ。」

❸ I wish I **were** in Australia now. 「私が今，オーストラリアにいればなあ。」

❶が「私はコンピュータを持っていない」という現在の事実を伝えているのに対して，❷は「コンピュータを持っていればいいのに」という現実とは異なる願望を伝えています。
このように，現実とは異なるか，まず実現しないような願望を表すときには，I wishに続く文の動詞は過去形を使い，これを**仮定法**といいます。仮定法では，❸のようにbe動詞は主語に関係なく，多くの場合wereが使われます。

仮定法はIf ... 「もし…なら」という文でも使われます。

❹ If it is sunny tomorrow, I will go fishing.
「もし明日晴れれば，つりに行くよ。」

❺ If it **were** sunny today, I **would** go fishing.
「もし今日晴れていれば，つりに行くのに。」

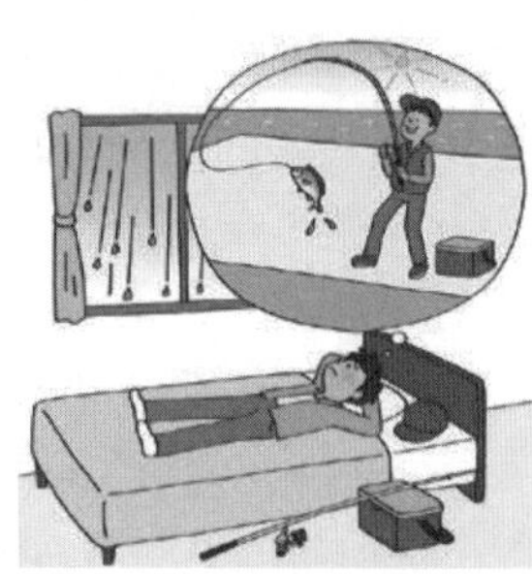

❹は「明日晴れるかどうかわからない」状態ですが，❺は「(今日は雨が降っているのに反して)もし晴れていれば」という現実とは異なる想定を述べています。仮定法では現在のことであっても過去形を用い，**〈If＋主語＋動詞の過去形，主語＋助動詞の過去形(would / could)＋動詞の原形 ....〉**という形になります。

Form 形

あり得るかあり得ないかは，話し手の判断や状況によって変わることがあるよ。
持っているかもしれない → If you **have** one million yen, what **will** you buy?
持っているはずがない → If you **had** one million yen, what **would** you buy?

仮定法 (I wish ...)	現実	I don't have a computer.
	願望	I wish I **had** a computer.
	現実	I am in Japan now.
	願望	I wish I **were** in Australia now.
仮定法 (If ...)	あり得る仮定	If it is sunny tomorrow, I will go fishing.
	あり得ない仮定	If it **were** sunny today, I **would** go fishing.
	あり得る仮定	If you buy a computer, you can surf the internet.
	あり得ない仮定	If you **had** a computer now, you **could** surf the internet.

Let's Try! 使ってみよう

小学校の単語 小
yen [jén]

次の(　　)から適切な語を選び，イラストの場面に合うせりふを完成しましょう。

(1)
I wish I ①(know / knew) my dog's feelings.

(2)

If I ②(am / were) you, ③(I'll / I'd) take an umbrella.

Use 使い方

●仮定法は，現実とは異なる願望や想定を表す用法です。

・現実とは異なる願望を表す

「I wish＋主語＋動詞[助動詞]の過去形....」(…であればいいのになあ)

・現実とは異なる想定を表す

「If 主語＋動詞の過去形 ...，主語＋動詞[助動詞]の過去形＋動詞の原形～.」(もし…なら～なのに)

Form 形

英文の意味は次の通りです。

仮定法 (I wish ...)	現実	私はコンピュータを持っていません。
	願望	私がコンピュータを持っていればなあ。
	現実	私は今日本にいます。
	願望	私が今オーストラリアにいればなあ。
仮定法 (If ...)	あり得る仮定	もし明日晴れれば，私はつりに行くよ。
	あり得ない仮定	もし今日晴れていれば，つりに行くのに。
	あり得る仮定	もしパソコンを買えば，あなたはネットサーフィンができます。
	あり得ない仮定	もし今パソコンを持っていれば，あなたはネットサーフィンができるのになあ。

Let's Try! 使ってみよう

ヒント　仮定法の形をよく確認しましょう。英文の意味は次の通りです。

(1)　私の犬の感情がわかればいいのになあ。

(2)　もし私があなたなら，傘を持って行くでしょう。

解答例　(1)　① knew　(2)　② were　③ I'd

小学校の単語 小

yen　[jén イエン]　名円(日本の貨幣単位)

Stage Activity 3 Let's Have a Mini Debate

教科書 ➔ p.102

GOAL 主張とその理由を明確にしながら，ディベートをすることができる。

目的 場面 状況 ディベートとは，ある論題について賛成側と反対側にわかれ，ルールに従って議論を行い，審判(judge)が判定を行うゲームです。物事を論理的・多面的に考え，説得力のある主張をできるようになるために，ディベートに挑戦しましょう。

Agree
賛成側からの意見を
主張して反対側の
弱点をつく

Disagree
反対側からの意見を
主張して賛成側の
弱点をつく

Judge
両者の意見を聞いて
最終的にどちらが
説得力があるか判定する

STEP 1 論題についての意見を読もう

Japan is a good country to live in.「日本は住むのによい国である」という論題についてディベートをします。

1 はじめに，論題をイメージしやすくするために，次のアメリカ人留学生の書いた文章を読みましょう。

Living in Japan

[1] I'm a junior high school student from the United States. [2] I have lived in Japan for two years.

[3] There are many great things about Japan that I like very much. [4] First, the food here is fantastic. [5] I love sushi, tempura, sukiyaki, and many other dishes. [6] Also, the variety of goods sold in Japan is amazing. [7] Stationery goods are especially colorful.

[8] However, there are negative sides, too. [9] For one thing, I can't stand the crowded trains. [10] Houses are too small, too, especially in big cities.

[11] My school life is great. [12] Many people are very friendly, and they help me with my Japanese. [13] However, I still don't understand why every student has to wear the same uniform. [14] If we could wear different clothes, it would be more interesting. [15] What do you think?

[133 words]

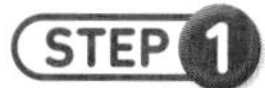

1 **ヒント** 英文の意味は次の通りです。

日本で暮らすこと

1 私はアメリカから来た中学生です。
2 私は日本に2年間住んでいます。
3 私が大好きな，日本についてのすばらしいことがたくさんあります。
4 まず，ここの食べ物はすばらしいです。
5 すし，てんぷら，すき焼き，その他たくさんの料理が私は大好きです。
6 また，日本で販売されている商品が変化に富んでいることは驚くほどです。
7 文房具は特に色彩に富んでいます。
8 しかしながら，よくない面もあります。
9 1つには，こみ合った列車に私はがまんできません。
10 家も，特に大都市では，小さすぎます。
11 私の学校生活はとても楽しいです。
12 多くの人がとても好意的で，私の日本語を手助けしてくれます。
13 しかしながら，なぜどの生徒も同じ制服を着なければならないのか，今でも理解できません。
14 私たちみながちがった服を着ることができれば，もっとおもしろいことでしょう。
15 あなたはどう思いますか。

教科書 → p.103

2 論題に対して「賛成側」の理由になる内容と，「反対側」の理由になる内容とにわけましょう。そして，それぞれの理由に対して考えられる反論を次のⒶ～Ⓕから選びましょう。

"Japan is a good country to live in." に対して…	賛成	反対	考えられる反論
例 The food in Japan is fantastic.	☑	☐	Ⓐ
A great variety of things are sold in Japan.	☐	☐	
I can't stand the crowded trains.	☐	☐	
Houses are too small.	☐	☐	
Many people are friendly.	☐	☐	
Every student has to wear the same uniform.	☐	☐	

Ⓐ It's expensive to eat out in Japan.
Ⓑ Uniforms are cool and pretty.
Ⓒ You can save time when you clean your house.
Ⓓ People buy things that they don't need.
Ⓔ Trains in the countryside (カントゥリサイド) are not crowded at all.
Ⓕ People seem friendly, but they don't show how they really feel.

ほかにも説得力のある理由や反論を考えてみよう。

New Words

- mini debate [míni dibèit]
- **judge** [dʒʌ́dʒ]
- colorful [kʌ́lərfl]
- negative [négətiv]
- **side(s)** [sáid(z)]
- **wear** [wéər]
- uniform(s) [jú:nəfɔ̀:rm(z)]
- countryside [kʌ́ntrisàid]
- *eat out*
- *not ... at all*

小学校の単語

- fantastic [fæntǽstik]
- stationery [stéiʃənèri]

STEP 2 ディベートの準備をしよう

1 ミニディベート（mini debate）の手順を確認しましょう。

「ミニディベート」はディベートの簡略版で，いろいろなやり方があるよ。役割をかえて何ラウンドかできるといいね。

手順	時間	具体的な進め方
1. 準備時間		
2. 主張（賛成側）	1分	「日本は住むのによい国である」主張と理由を述べる。
3. 主張（反対側）	1分	「日本は住むのによい国ではない」主張と理由を述べる。
4. 作戦タイム	3分	相手の主張の弱点をさがす。
5. 質疑応答（反対側から賛成側）	3分	反対側が賛成側の弱点をつき，賛成側はそれに応答する。
6. 質疑応答（賛成側から反対側）	3分	賛成側が反対側の弱点をつき，反対側はそれに応答する。
7. 判定（審判）	2分	どちらの主張のほうが説得力があったかとその理由を述べる。

2 グループになって賛成側，反対側の立場を決め，自分の立場を主張するためのメモを作りましょう。そして，同じ立場の人と相談して説得力のある主張を選び，だれが何を言うか決めましょう。

論題	Japan is a good country to live in.
立場	☐ I agree. ☐ I disagree.
主張	I think [don't think] that Japan is a good country to live in because .... ① ______. ② ______.

2 **ヒント** 英文の意味は次の通りです。

「日本は住むのによい国です」	賛成	反対	考えられる反論
例 日本の食べ物はすばらしいです。	✓		Ⓐ
日本では，非常にたくさんの種類のものが売られています。	✓		Ⓓ
私はこみ合った列車にがまんできません。		✓	Ⓔ
家々が小さすぎます。		✓	Ⓒ
多くの人が好意的です。	✓		Ⓕ
どの生徒も同じ制服を着なければなりません。		✓	Ⓑ

Ⓐ 日本で外食することは費用がかかります。
Ⓑ 制服はかっこいいしかわいいです。
Ⓒ 家のそうじをする際に時間を節約できます。
Ⓓ 人々は自分が必要としていないものを買います。
Ⓔ いなかの列車は全然こみ合っていません。
Ⓕ 人々は好意的に見えますが，本当はどう感じているかを見せません。

解答例 ※表の中に反映しています。

STEP 2

2 **ヒント** 英文の意味は次の通りです。

議題：日本は住むのによい国です。

立場：□私は賛成します。　　□私は反対します。

主張：…なので，私は日本が住むのによい国だと思います[思いません]。

※…に当たる主張はSTEP 1の**2**の表の中から選びましょう。

New Words

mini debate	[míni dibèit ミニ ディベイト]	ミニディベート
judge	[dʒʌ́dʒ チャッヂ]	名 審判員
colorful	[kʌ́lərfl カらふる]	形 色彩に富んだ
negative	[négətiv ネガティヴ]	形 否定的な，よくない
side(s)	[sáid(z) サイド(サイヅ)]	名 側，面
wear	[wéər ウエア]	動 …を着ている，身につけている
uniform(s)	[júːnəfɔ̀ːrm(z) ユーニふォーム(ズ)]	名 制服，ユニフォーム
countryside	[kʌ́ntrisàid カントゥリサイド]	名 いなか
eat out		外食する
not ... at all		少しも…ない
*mini	[míni ミニ]	形 小型の
*debate	[dibéit ディベイト]	名 討論，ディベート
*stand	[stǽnd スタぁンド]	動 …をがまんする
*clean	[klíːn クリーン]	動 …をそうじする

小学校の単語 小

fantastic	[fæntǽstik ふぁンタぁスティック]	形 すばらしい，すてきな
stationery	[stéiʃənèri ステイショネリ]	名 文房具

教科書➔p.104

STEP 3 ディベートをしよう

審判と司会を決めて，例にならって実際にディベートをしましょう。

New Words
- announce [ənáuns]
- *move on*

例

司会 Let's start a mini debate. Today's topic is "Japan is a good country to live in." First, we'll hear from people who agree.

主張

賛成側 We think that Japan is a good country to live in. We have two reasons. First, ... Second, ...

司会 Thank you. Next, we'll hear from people who disagree.

反対側 We don't think that Japan is a good country to live in because ....

司会 Thank you.

作戦タイム

Let's move on to questions and answers.

People who disagree, please ask your questions first.

質疑応答

反対側 They said that ..., but don't you think ～?

賛成側 You may be right, but we think ....

司会 Thank you. Then, people who agree, please.

賛成側 The things they said are .... How about ...?

反対側 I see what you mean, but ....

司会 Thank you very much. Now, judges, please announce(アナウンス) the decision.

判定

審判 People who agree made better points. So, they're the winners of this debate.

メモを取りながら聞いて，質問や反論につなげよう。

相手の主張を受けとめてから話すようにしよう。

CHECK 勝敗に関係なく，相手の主張を受けとめ，自分の主張を伝えられたかをふり返ろう。

STEP 4 自分の意見をまとめよう

ディベートの内容をふまえて，自分の意見を書きましょう。

ディベートで出てきた理由や反論をふまえて書いて，説得力のある意見文にしよう。

Stage 3 これまでの学習をふり返ろう

Stage Cleared!

STEP 3

ヒント 英文の意味は次の通りです。①～⑩は解答例の部分です。

司会　ミニディベートを始めましょう。今日のトピックは「日本は住むのによい国である」です。まずは賛成側のみなさんから聞きましょう。

賛成側　私たちは，日本は住むのによい国だと思います。
理由は2つあります。まず，①日本の食べ物はすばらしいです。次に，②多くの人が好意的です。

司会　ありがとうございます。次に反対側のみなさんに聞きましょう。

反対側　私たちは，日本は住むのによい国だと思いません。なぜなら③こみ合った列車にがまんできないからです。
司会　ありがとうございます。
（作戦タイム）
質疑応答に移りましょう。
反対側のみなさん，最初に質問をしてください。
反対側　賛成側のみなさんは④多くの人が好意的と言いましたが，⑤人々は好意的に見えますが，本当はどう感じているかを見せないとは思いませんか。
賛成側　そうかもしれませんが，私たちは⑥それは悪いことではないと考えます。
司会　ありがとうございます。それでは，賛成側のみなさん，どうぞ。
賛成側　反対側のみなさんが言ったのは，⑦こみ合った列車にがまんできないということです。⑧いなかの列車についてはどうですか。⑨それらは全然こみ合っていません。
反対側　あなたの言いたいことはわかりますが，⑩こみ合った列車を利用する人が多いのは事実です。
司会　どうもありがとうございました。それでは審判員のみなさん，決定を発表してください。
審判　賛成側のみなさんがよりよい主張をしました。
したがって，彼らがこのディベートの勝者です。

解答例　① the food in Japan is fantastic　② many people are friendly
③ we can't stand the crowded trains　④ many people are friendly
⑤ people seem friendly, but they don't show how they really feel
⑥ that is not bad　⑦ they can't stand the crowded trains
⑧ trains in the countryside　⑨ They are not crowded at all.
⑩ it is true that there are a lot of people who use the crowded trains

STEP 4

解答例　Japan is a good country to live in. Japanese people don't show how they really feel because they respect other people's feelings. I think that is even their good point. Also, trains are not always crowded. I think that it's difficult to say Japan isn't a good country to live in.
（日本は住むのによい国です。日本の人たちはほかの人の気持ちを尊重するから，本当はどう感じているかを表しません。それは彼らのよい点とさえ私は思います。また，列車はいつもこみ合っているわけではありません。日本は住むにはよい国でないと言うのは難しいと私は思います。）

New Words

announce	[ənáuns アナウンス]	動…を発表する
move on		(次の話題などへ)移る，進む
*hear from		…の意見を聞く
*next	[nékst ネクスト]	副次に，今度は

Power Your Future

教科書 → p.106

CAN-DO エネルギー問題に関する説明文を読んで，概要を理解し，自分の考えや意見を述べることができる。

Pre-reading What does "power" in this title mean?
(この題名にあるpowerとはどういう意味ですか。)

1 [1] If the electricity were cut for one week, what would happen to our lives? [2] The lights would be off. [3] Trains would stop. [4] We could not charge our smartphones. [5] We depend on electricity to power most of our daily activities. [6] How can we make the electricity we need for our future?

2 [7] Japan uses a lot of oil, coal, and natural gas to make electricity. [8] These resources are called "fossil fuels." [9] Fossil fuels have some good points. [10] They are relatively cheap, and they can be used for many things. [11] However, scientists say that we may run out of fossil fuels in 100 years. [12] There are other problems, too. [13] Fossil fuels release carbon dioxide and other dangerous chemicals. [14] They increase global warming and damage our health.

[123 words]

In-reading
(私たちは日々の活動の動力源として何に頼っていますか。)
1 What do we depend on to power our daily activities?
2 What do fossil fuels release?
(化石燃料は何を放出しますか。)

New Words

- electricity [ilèktrísəti] 電力
- cut [kʌ́t]
  ⇐ cut [kʌ́t] …を切る，…の供給をとめる
- charge [tʃɑ́ːrdʒ] …を充電する
- smartphone(s) [smɑ́ːrtfòun(z)] スマートフォン
- oil [ɔ́il] 石油
- coal [kóul] 石炭
- natural gas [nǽtʃərəl gǽs] 天然ガス
- relatively [rélətivli] 比較的
- release [rilíːs] …を放出する
- dangerous [déindʒərəs] 危険な
- chemical(s) [kémikəl(z)] 化学物質
- health [hélθ] 健康
- fossil fuel(s) [fɑ́sl fjùːəl(z)] 化石燃料
- carbon dioxide [kɑ́ːrbən daiɑ́ksaid] 二酸化炭素
- *run out of* …を使い果たす

●日本の一次エネルギー国内供給の割合

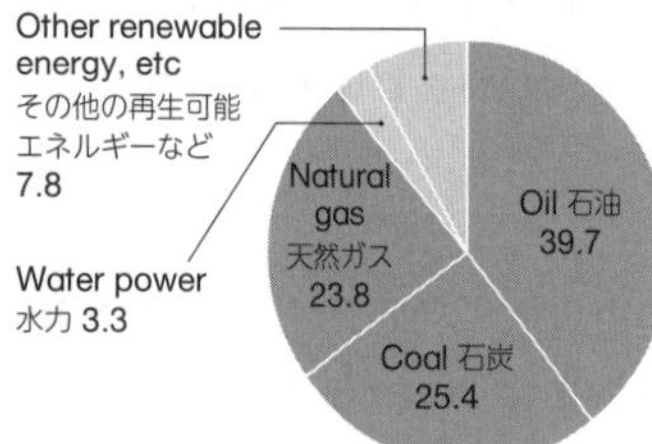

資源エネルギー庁(2016)

●世界のエネルギー資源の可採年数と確認可採埋蔵量

石油 51年　天然ガス 53年　石炭 153年

1兆7,067億バーレル　187兆m³

日本原子力文化財団(2016)

New Words

electricity	[ilèktrísəti イれクトゥリスィティ]	名 電気，電力
cut	[kʌ́t カット]	動 [cutの過去分詞]
cut	[kʌ́t カット]	動 …を切る，…の供給をとめる
charge	[tʃɑ́ːrdʒ チャーヂ]	動 …を充電する
smartphone(s)	[smɑ́ːrtfòun(z) スマートふォウン(ズ)]	名 スマートフォン
oil	[ɔ́il オイる]	名 油，石油
coal	[kóul コウる]	名 石炭
natural gas	[nǽtʃərəl gǽs ナぁチュラる ギぁス]	名 天然ガス
relatively	[rélətivli レらティヴリ]	副 比較的
release	[rilíːs リりース]	動 …を放出する
dangerous	[déindʒərəs デインヂャラス]	形 危険な

Pre-reading

解答例 It means "supply energy."（「エネルギーを供給する」という意味です。）

本文の内容

未来に動力を供給せよ

1 ■1 もし1週間，電力の供給がとめられたら，私たちの生活にどのようなことが起きるでしょうか。■2 明かりは消えてしまうでしょう。■3 列車も止まってしまうでしょう。■4 スマートフォンの充電もできません。■5 私たちのほとんどの日常的活動に動力を供給するために，私たちは電力に頼っています。■6 私たちの未来に必要となる電力をどのようにして作ることができるでしょうか。

2 ■7 日本は電力を作り出すために大量の石油，石炭，天然ガスを使っています。■8 こうした資源は「化石燃料」と呼ばれています。■9 化石燃料にはいくつかの利点があります。■10 比較的安く，さまざまなものに使用できるのです。■11 ところが，私たちは100年後には化石燃料を使い果たしてしまうかもしれないと科学者たちは言っています。■12 そのほかにも問題があります。■13 化石燃料は二酸化炭素やその他の危険な化学物質を放出するのです。■14 それらは地球温暖化を促進させ私たちの健康に害を与えます。

スタディ

■1 **If the electricity were cut for one week, what would happen to our lives?**
「If＋主語＋過去形，主語＋would＋動詞」の仮定法の文で，「もし…ならば，～だろうか」といった意味になります。「If＋主語＋過去形」の部分の動詞がbe動詞の場合，主語の単数・複数に関わらずwereを用いることが多いことにも注意しましょう。

■2 **The lights would be off.**
■2～■4の文にはwouldやcouldが用いられていますが，これは■1の文の主節に当てはめて考えましょう。いずれも「もし1週間，電力の供給がとめられたら」を受ける文となっています。

■11 **However, scientists say that we may run out of fossil fuels in 100 years.**
howeverはそれまで述べてきたこととは対照的な内容を述べる際に使います。また，in 100 yearsのinは期間を表す語句の前に用いて「…後には」を表しています。

In-reading

1 ヒント 1の■5を参考にしましょう。
解答例 (We depend on) Electricity.（電力(に頼っています)。）

2 ヒント 2の■13を参考にしましょう。
解答例 They release carbon dioxide and other dangerous chemicals.
（それらは二酸化炭素やその他の危険な化学物質を放出します。）

chemical(s)	[kémikəl(z) ケミクる(ズ)]	名 化学物質
health	[hélθ へるす]	名 健康
run out of		…を使い果たす
*off	[ɔ́:f オーふ]	副 (電気・ガス・水道などが)切れて，とまって
*stop	[stáp スタップ]	動 とまる，停止する

教科書 → p.107

3 [1] Japan also makes electricity from nuclear power. [2] Nuclear power produces a large amount of energy without releasing carbon dioxide. [3] However, it is difficult to control radiation and handle nuclear waste safely all the time.

4 [4] Now many countries are using sunshine, wind, steam, rivers, and even ocean waves to make electricity. [5] These are examples of "renewable energy." [6] Japan has many rivers, and their power is used to produce electricity. [7] Their water is renewable and does not release dangerous chemicals. [8] However, we need dams to use water power, and these dams can damage the environment.

5 [9] Research in other renewable energy technologies is progressing. [10] Already, Denmark gets forty percent of its electricity from wind power. [11] One quarter of the electricity used in Iceland comes from the natural heat in the ground. [12] People around the world are working to solve our energy problems.

[139 words]

New Words

- amount [əmáunt] 量
- energy [énərdʒi] エネルギー
- control [kəntróul] …を管理する
- radiation [rèidiéiʃn] 放射能
- handle [hǽndl] …を処理する
- **sunshine** [sʌ́nʃàin] 日光
- **wind** [wínd] 風
- steam [stíːm] 蒸気
- ocean [óuʃn] 海，大洋
- renewable [rinjúːəbl] 再生可能な
- dam(s) [dǽm(z)] ダム
- **quarter** [kwɔ́ːrtər] 4分の1
- heat [híːt] 熱
- **solve** [sɑ́lv] …を解決する
- Denmark [dénmɑːrk] デンマーク[国名]
- Iceland [áislənd] アイスランド[国名]

- *a ... amount of* ～ …の量の～
- *all the time* 常に

progress 動 [prəgrés] 名 [prɑ́gres]

In-reading

(原子力は，エネルギーを生み出すとき二酸化炭素を放出しますか。)

3 When nuclear power produces energy, does it release carbon dioxide?

4 What are examples of "renewable energy"? (「再生可能エネルギー」の例として何がありますか。)

5 What do Denmark and Iceland use to get their electricity?

(電力を得るためにデンマークとアイスランドは何を利用していますか。)

New Words

amount	[əmáunt アマウント]	名量，額
energy	[énərdʒi エナディ]	名エネルギー
control	[kəntróul コントゥロウる]	動…を管理する
radiation	[rèidiéiʃn レイディエイション]	名放射能
handle	[hǽndl ハぁンドゥる]	動…を処理する
sunshine	[sʌ́nʃàin サンシャイン]	名日光
wind	[wínd ウィンド]	名風
steam	[stíːm スティーム]	名蒸気
ocean	[óuʃn オウシャン]	名大洋，海
renewable	[rinjúːəbl リニューアブる]	形再生可能な
dam(s)	[dǽm(z) ダぁム(ズ)]	名ダム
quarter	[kwɔ́ːrtər クウォータ]	名4分の1

本文の内容

3 **1** 日本はまた，原子力を用いた発電もしています。**2** 原子力は二酸化炭素を放出することなくぼう大なエネルギーを生み出します。**3** しかしながら，放射能を管理し常に安全に核廃棄物を処理するというのは難しいことです。

4 **4** 今では多くの国が発電に太陽光，風，蒸気，河川，さらには海の波まで利用しています。**5** これらは「再生可能エネルギー」の例です。**6** 日本には多くの川があり，その力が発電に使われています。**7** 川の水は再生可能で危険な化学物質を放出しません。**8** しかし水力を利用するにはダムが必要で，こうしたダムが環境にダメージを与える可能性があります。

5 **9** ほかの再生可能エネルギー技術に関する研究が進んでいます。**10** デンマークではすでに，電力の40パーセントを風力から得ています。**11** アイスランドで使用される電力の4分の1は自然の地熱由来です。**12** 世界中の人々がエネルギー問題解決のために努力しています。

スタディ

4 **Now many countries are using sunshine, wind, steam, rivers, and even ocean waves to make electricity.**

sunshineからocean wavesまでがusingの目的語として列挙されています。その後に「…するために」を表す不定詞の副詞的用法が続いています。

11 **One quarter of the electricity used in Iceland comes from the natural heat in the ground.**

one quarter of ... は「…の4分の1」を意味します。また，the electricityをused in Icelandが修飾しており，OneからIcelandまでが主語です。

In-reading

3 ヒント **3**の**2**を参考にしましょう。解答例 No, it doesn't.（いいえ，放出しません。）

4 ヒント **4**の**4**，**5**を参考にしましょう。

解答例 Sunshine, wind, steam, rivers, and ocean waves (are).
（太陽光，風，蒸気，河川，海の波です。）

5 ヒント **5**の**10**，**11**を参考にしましょう。

解答例 Denmark uses wind power and Iceland uses the natural heat in the ground.
（デンマークは風力を，アイスランドは自然の地熱を利用しています。）

---

heat	[hí:t ヒート]	名 熱
solve	[sálv サるヴ]	動 …を解決する
a ... amount of ～		…の量の～
all the time		常に
*power	[páuər パウア]	名 動力，電力
*waste	[wéist ウェイスト]	名 ごみ，廃棄物
*progress	[prəgrés プログレス]	動 進歩する

教科書 ➔ p.108

6 [1] Reyhan(レイハン) Jamalova(ヂャマろウヴァ) is one of those people. [2] Reyhan is a student in Azerbaijan(アーザバイヂャーン). [3] When she was fifteen, Reyhan invented(インヴェンティド) a device to make electricity from rain(レイン). [4] Reyhan's device can power 22 LED lamps(エるイーディーらぁンプス) for 50 seconds(セカンヅ). [5] Each device uses only 7 liters(リータズ) of rainwater(レインワタ). [6] Its battery(バぁテリ) can store power to use later. [7] Reyhan says she created the device to help poor people, especially in rainy countries. [8] Her device is not expensive. [9] It does not even need power lines. [10] It can help many people get electricity.

7 [11] Is there anything you can do for a sustainable(サステイナブる) energy future? [12] As a consumer(コンスーマ), you can decide how much electricity you use. [13] You can also decide what kind of energy you want to use. [14] You may even be an inventor(インヴェンタ), like Reyhan. [15] Your actions are important. [16] What can you do to make your energy future brighter?

[141 words / 403 words]

New Words

- invent(ed) [invént(id)] …を発明する
- **rain** [réin] 雨
- lamp(s) [lǽmp(s)] 明かり
- second(s) [sékənd(z)] 秒
- liter(s) [lí:tə*r*(z)] リットル
- rainwater [réinwɔ̀:tə*r*] 雨水
- battery [bǽtəri] 電池
- sustainable [səstéinəbl] 持続可能な
- consumer [kənsú:mə*r*] 消費者
- inventor [invéntə*r*] 発明家

Reyhan Jamalova [réihən dʒɑ́məlòuvə] レイハン・ジャマロバ[人名]

Azerbaijan [ɑ̀:zə*r*baidʒɑ́:n] アゼルバイジャン[国名]

LED [èli:dí:] 発光ダイオード

[ein] rain / sustainable

In-reading

6 What did Reyhan invent?（レイハンは何を発明しましたか。）

7 What can we decide as consumers?（私たちは消費者として何を決めることができますか。）

●世界の一次エネルギー自給率

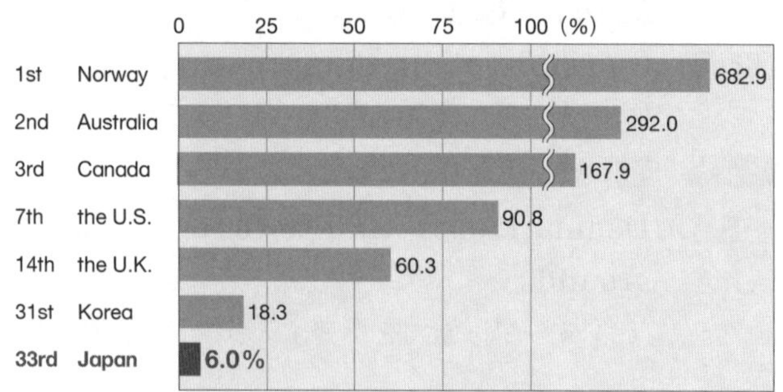

資源エネルギー庁(2016)

New Words

invent(ed)	[invént(id) インヴェント(インヴェンティド)]	動 …を発明する
rain	[réin レイン]	名 雨
lamp(s)	[lǽmp(s) らぁンプ(ス)]	名 明かり，ランプ
second(s)	[sékənd(z) セカンド(セカンヅ)]	名 秒
liter(s)	[lí:tə*r*(z) リータ(ズ)]	名 リットル
rainwater	[réinwɔ̀:tə*r* レインワタ]	名 雨水
battery	[bǽtəri バぁテリ]	名 電池，バッテリー
sustainable	[səstéinəbl サステイナブる]	形 持続可能な

本文の内容

6 **1** レイハン・ジャマロバはそうした人々のうちの一人です。**2** レイハンはアゼルバイジャンの学生です。**3** 15歳のとき，彼女は雨から電力を作り出す装置を発明しました。**4** レイハンの装置は22個の発光ダイオードの明かりに50秒間動力を供給できるのです。**5** 1台の装置で7リットルの雨水しか使いません。**6** その電池は後で使うために動力をためておくことができます。**7** レイハンは，特に雨の多い国に住む貧しい人々を助けるためにその装置を創り出したと言っています。**8** 彼女の装置は高価ではありません。**9** 電線さえ必要ありません。**10** 多くの人々が電力を得るための役に立つことができます。

7 **11** 持続可能エネルギーの将来のためにできることはありますか。**12** 消費者として自分がどれだけ電力を使うかを決めることができます。**13** また，どういうエネルギーを使いたいかを決めることもできます。**14** レイハンのように発明家になることさえあるかもしれません。**15** あなたの行動が大切です。**16** エネルギーの未来をより明るくするために何ができますか。

スタディ

1 **Reyhan Jamalova is one of those people.**

those peopleは本書p.232**12**「エネルギー問題解決のために努力している世界中の人々」を指します。

10 **It can help many people get electricity.**

「help＋目的語＋動詞の原形」は「(人など)が…するのを助ける」という意味で，「この装置のおかげで多くの人々が電気を得ることができる」ということを言っています。

12 **As a consumer, you can decide how much electricity you use.**

how much以降が肯定文と同じ語順であることに注意しましょう。howからuseまでがdecideの目的語です。can以降は「どれほどの量の…を～するかを決められる」という意味です。

13 **You can also decide what kind of energy you want to use.**

12同様，文中のwhat以降に着目しましょう。ここでもwhatからuseまでがdecideの目的語です。「どんな種類の…を～するかを決めることもできる」という意味になります。

16 **What can you do to make your energy future brighter?**

「make＋目的語＋(形容詞などの)補語」は「…を～にする」という意味を表します。ここでは補語がbrighterという比較級になっていることに注目しましょう。

In-reading

6 **ヒント** **6**の**3**を参考にしましょう。

解答例 She invented a device to make electricity from rain.
(彼女は雨から電力を作り出す装置を発明しました。)

7 **ヒント** **7**の**12**，**13**を参考にしましょう。

解答例 We can decide how much electricity we use and what kind of energy we want to use. (私たちはどれだけ電力を使うか，またどういったエネルギーを使いたいかを決めることができます。)

consumer	[kənsúːmər コンスーマ]	名 消費者
inventor	[invéntər インヴェンタ]	名 発明家
*anything	[éniθiŋ エニスィング]	代 [疑問文で]何か

Post-reading **1** 本文の各パラグラフに最も適切な見出しを，下のⒶ～Ⓗから1つずつ選びましょう。使わないものが1つあります。

解答 **1**(Ⓐ) **2**(Ⓕ) **3**(Ⓗ) **4**(Ⓒ) **5**(Ⓔ)
6(Ⓓ) **7**(Ⓑ)

Ⓐ Electricity and our daily lives
Ⓑ Things you can do
Ⓒ Renewable energy: Water power
Ⓓ A young inventor
Ⓔ Other renewable energy technologies
Ⓕ Fossil fuels
Ⓖ People's lives in Azerbaijan
Ⓗ Nuclear power

2 本文の表現を使って，次のそれぞれのエネルギー源の長所と短所について，表を完成しましょう。

Energy resources	Good points	Bad points
Fossil fuels	· ____________ · They can be used for many things.	· We may run out of them in 100 years. · ____________
Nuclear power	· Nuclear power produces a large amount of energy. · ____________	· It is difficult to control radiation. · ____________
Water power	· Water is renewable. · ____________	· ____________

3 パラグラフ**7**の2つめの文に，As a consumer, you can decide how much electricity you use. とありますが，consumerとして電気を節約するために，日常生活であなたができることの例を考えて発表しましょう。

例 We can turn off the lights when we don't need them.

4 教科書p.108の世界の一次エネルギー自給率のグラフを見て，感想を話し合いましょう。

例 I've never thought that Japan depends on foreign countries so much for energy.

Post-reading

1 **ヒント** Ⓐ～Ⓗの意味は次の通りです。

Ⓐ 電気と私たちの日常生活　Ⓑ あなた(たち)にできること
Ⓒ 再生可能エネルギー：水力　Ⓓ 若い発明家
Ⓔ その他の再生可能エネルギー技術　Ⓕ 化石燃料
Ⓖ アゼルバイジャンの人々の暮らし　Ⓗ 原子力

2 **ヒント** 英文の意味は次の通りです。

エネルギー源	長所	短所
化石燃料	・①比較的安い。 ・さまざまなものに使用できる。	・私たちは100年後には化石燃料を使い果たしてしまうかもしれない。 ・②二酸化炭素やその他の危険な化学物質を放出する。
原子力	・原子力はぼう大なエネルギーを生み出す。 ・③二酸化炭素を放出しない。	・放射能を管理することは難しい。 ・④常に安全に核廃棄物を処理することは難しい。
水力	・水は再生可能である。 ・⑤危険な化学物質を放出しない。	・⑥ダムが環境にダメージを与える可能性がある。

解答例 ① They are relatively cheap.
② They release carbon dioxide and other dangerous chemicals.
③ It does not release carbon dioxide.
④ It is difficult to handle nuclear waste safely all the time.
⑤ It does not release dangerous chemicals.
⑥ Dams can damage the environment.

3 **ヒント** 例は「私たちは必要ないときは電気を消すことができます」という意味です。

解答例 We can decide how many hours a day we watch TV.
(私たちは1日につき何時間テレビを見るかを決めることができます。)

4 **ヒント** 例は「私は日本がエネルギーをこんなに大きく海外に依存しているとは思ってもみませんでした」という意味です。

解答例 I am surprised that Japan produces only a small amount of energy. We must do something about that.
(私は日本がほんの少ししかエネルギーを作り出していないことに驚いています。それについて私たちは何かしなければなりません。)

教科書 ➔ pp.110-111

A Graduation Gift from Steve Jobs

※英文著作権の関係により，New Wordsのみ掲載しています。

New Words

- graduation [grædʒuéiʃn] 卒業
- dot(s) [dát(s)] 点
- attend(ed) [əténd(id)] …に通う
- **college** [kálidʒ] (単科)大学
- graduate(d) [grǽdʒuèit(id)] 卒業する
- artistic [ɑːrtístik] 芸術的な
- interest [íntərəst] 興味
- trust [trʌ́st] …だと期待する，…を信頼する
- somehow [sʌ́mhàu] 何らかの形で
- **difference** [dífərəns] ちがい
- Steve Jobs [stíːv dʒábz] スティーブ・ジョブズ[人名]
- Mac [mǽk] マック[コンピュータの名前]
- Apple [ǽpl] アップル[会社名]
- *have no idea* 見当もつかない
- *drop out* 中退する
- *make all the difference* 大きなちがいを生む

New Words

- loss [lɔ́ːs] 失うこと
- **lucky** [lʌ́ki] 幸運な
- garage [gərɑ́ːʒ] ガレージ
- grew [grúː] (⇐ grow)
- employee(s) [implɔ́iiː(z), emplɔiíː(z)] 従業員
- **successful** [səksésfl] 成功した
- focus [fóukəs] 中心
- gone [gɔ́ːn] なくなった
- Woz [wáz] ウォズ[名]
- *run away* 逃げる
- *get fired* 解雇される

New Words

graduation	[grædʒuéiʃn グラぁヂュエイシャン]	名 卒業
dot(s)	[dát(s) ダット(ダッツ)]	名 点
attend(ed)	[əténd(id) アテンド(アテンディド)]	動 …に通う，…に出席する
college	[kálidʒ カれッヂ]	名 (単科)大学
graduate(d)	[grǽdʒuèit(id) グラぁヂュエイト(グラぁヂュエイティド)]	動 卒業する
artistic	[ɑːrtístik アーティスティック]	形 芸術的な，美しい
interest	[íntərəst インタレスト]	名 興味
trust	[trʌ́st トゥラスト]	動 …を信頼する，…だと期待する
somehow	[sʌ́mhàu サムハウ]	副 何らかの形で
difference	[dífərəns ディふァレンス]	名 ちがい
have no idea		見当もつかない
drop out		中退する
make all the difference		大きなちがいを生む
*high school		高校
*connect	[kənékt コネクト]	動 つながる
*drop	[dráp ドゥラップ]	動 落ちる
*into	[íntuː イントゥー；(弱く言うとき) íntə インタ，íntu イントゥ]	前 【運動・方向】…の中へ[に]

loss	[lɔ́ːs ろース]	名 失うこと，喪失
lucky	[lʌ́ki らキ]	形 幸運な
garage	[gərɑ́ːʒ ガラージ]	名 ガレージ，車庫
grew	[grúː グルー]	動 [growの過去形]
employee(s)	[implɔ́iiː(z) インプろイイー(ズ)，emplɔiíː(z) エンプろイイー(ズ)]	名 従業員
successful	[səksésfl サクセスふる]	形 成功した
focus	[fóukəs ふォウカス]	名 中心
gone	[gɔ́ːn ゴーン]	形 なくなった，行ってしまった
run away		逃げる
get fired		解雇される
*get	[gét ゲット]	動 [get＋過去分詞で] …される
*fire	[fáiər ふァイア]	動 …を首にする，解雇する

教科書 ➔ pp.112-113

New Words

- **though** [ðóu] …だけれども
- burden [bə́:rdn] 負担
- beginner [bigínər] 初心者
- creative [kriéitiv] 創造力のある
- animation [æ̀nəméiʃn] アニメーション
- studio(s) [stjú:diòu(z)] スタジオ

Pixar [píksɑ:r] ピクサー[会社名]

it'll [ítl] ⇐ it will

New Words

- mirror [mírər] 鏡
- cancer [kǽnsər] がん
- limited [límitid] 限られた
- **someone** [sʌ́mwʌ̀n] だれか
- **else** [éls] (その)ほかの
- inner [ínər] 内側の
- **magazine** [mǽgəzì:n, mæ̀gəzí:n] 雑誌
- foolish [fú:liʃ] 愚(おろ)かな

New Words

though	[ðóu **ぞ**ウ]	接 …だけれども
burden	[bə́:rdn **バ**～ドゥン]	名 負担，重荷
beginner	[bigínər ビ**ギ**ナ]	名 初心者
creative	[kriéitiv クリ**エ**イティヴ]	形 創造力のある
animation	[æ̀nəméiʃn あニ**メ**イシャン]	名 アニメーション
studio(s)	[stjú:diòu(z) ス**テュ**ーディオウ(ズ)]	名 スタジオ，映画撮影所
it'll	[ítl **イ**トゥる]	短 = it will
*found	[fáund **ふァ**ウンド]	動 [findの過去分詞]
*on	[ɑ́n **ア**ン]	副 (動作を)続けて，進行中で
*go on		(時間が)過ぎ去る，たつ
mirror	[mírər **ミ**ラ]	名 鏡
cancer	[kǽnsər **キぁ**ンサ]	名 (病気の)がん
limited	[límitid **り**ミティッド]	形 限られた
someone	[sʌ́mwʌ̀n **サ**ムワン]	代 だれか，ある人
else	[éls **エ**るス]	副 (その)ほかに[の]
inner	[ínər **イ**ナ]	形 内部の，内側の
magazine	[mǽgəzì:n **マぁ**ガズィーン，mæ̀gəzí:n マぁガ**ズィ**ーン]	名 雑誌
foolish	[fú:liʃ **ふ**ーリッシ]	形 愚かな
*no	[nóu **ノ**ウ]	名「いいえ」という言葉[返事]
*one	[wʌ́n **ワ**ン]	代 (一般に)人，だれでも
*wish	[wíʃ **ウィ**ッシ]	動 …を望む
*same	[séim **セ**イム]	代 同じもの[こと]

学び方コーナー 3 これからの英語学習法

教科書 ➔ p.114

Point of View 英語を通じて気持ちや考えを伝え合ったり，世界の国々について知識を深めたりするのは，とても楽しいことです。これからも，自分に合ったやり方で，楽しく英語を学び続けましょう。

Tip 1 教科書を使いつくそう

中学校で学習した語いや文構造は，これからの英語学習の基礎になります。
いつでもふり返って復習できるように，教科書はとっておきましょう。

ディクテーション

❶教科書から好きな本文を選ぼう。
❷教科書を閉じて，その本文の音声だけを聞いて書き取ろう。
❸教科書を開いて，本文と書いた文が合っているか確かめよう。
❹自分が書き取って確認した文を，意味を考えながら正しく音読しよう。

CDやコードで音声を聞こう。聞き取りや発音の練習だけでなく，語いや文構造の復習にもなるよ。

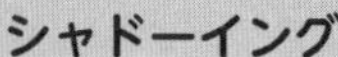

シャドーイング

❶教科書から好きな本文を選ぼう。
❷教科書を見ながら，音声のすぐあとについてまねして発音しよう。
❸慣れてきたら，教科書を閉じてやってみよう。

Tip 2 教科書以外の情報を活用しよう

本や雑誌，テレビやインターネットなど，英語学習の教材は身のまわりにもたくさんあります。
興味に合わせて，どんどん活用していきましょう。

プレジャー・リーディング

自分の楽しみ(pleasure)のために英語を読んでみましょう。好きな物語の原作や，興味のある分野のインターネットの記事などがおすすめです。

Tip 3 英語を使う機会を作ろう

英語を使う人が近くにいなくても，英語を話したり書いたりする機会を作ることができます。

英語で日記をつける

1文日記なら続けやすいね。

好きな英語の歌を覚えて歌う

考えたことを英語で言ってみる

I want something sweet.
(何か甘いものがほしいな。)

(英語であなたの水平線を広げ続けましょう！)

Keep broadening your horizons with English!

Tip 1 教科書を使いつくそう

ディクテーション

英文を聞いて，書き取る練習方法です。教科書の好きな文を選び，あらかじめNew Wordsの語句や表現のつづり，発音，意味などを確認しておくとよいでしょう。音声を何度も聞き，メモ書きからだんだんと英文を完成させていきます。書き取りには時間がかかるので，1パラグラフだけなどと，短い文から始めましょう。

シャドーイング

英文を聞いて，音声のすぐあとからまねして発音する練習方法です。発音を強化したり，音声と意味とを結びつけて覚えたりするための方法です。何回も繰り返す中で，だんだんと英文の意味も意識しながら読むようにしましょう。

Tip 2 教科書以外の情報を活用しよう

図書館には数々の英語で書かれた書籍や雑誌，新聞などが置かれているでしょう。インターネットでは，リアルタイムな英語の情報を入手することができます。自分の興味のあるものを見つけて読んでみましょう。

Tip 3 英語を使う機会を作ろう

・英語で日記をつける

教科書巻末のWord ListやWord Roomを参考にして，英語で日記をつけてみましょう。

例 Date February 10, 2023

I baked cookies with my sister after school. They were very delicious.

日付　2023年2月10日

放課後に妹といっしょにクッキーを焼きました。それらはとてもおいしかったです。

・好きな英語の歌を覚えて歌う

気になる英語の歌を，まずは何度も聞いて耳で覚えて歌ってみましょう。その後，インターネットなどで歌詞を読んで，意味を調べてみましょう。

・考えたことを英語で言ってみる

生活をする中で，「あれは英語で何と言うんだろう」と考えてみましょう。そしてこれまで勉強してきた英語の知識を使って言ってみましょう。最初は単語を，だんだんと文で言えるようにしましょう。

定期テスト対策 ⑥ (Unit 6)

1 次の日本語は英語に，英語は日本語にしなさい。

(1) 息子 ＿＿＿＿＿＿　　(2) 娘 ＿＿＿＿＿＿

(3) コート ＿＿＿＿＿＿　　(4) 特徴，論点，ポイント ＿＿＿＿＿＿

(5) receive (　　　　　)　　(6) judge (　　　　　)

(7) wear (　　　　　)　　(8) building (　　　　　)

2 次の日本文に合う英文になるように，＿＿に適する語を書きなさい。(5)～(6)は(　　)内の語を適する形にかえなさい。

(1) 私はあなたの意見に賛成です。

I ＿＿＿＿ ＿＿＿＿ you.

(2) 彼らは昨日屋外で昼食を楽しみました。

They enjoyed lunch in the ＿＿＿＿ ＿＿＿＿ yesterday.

(3) 学生の大部分はバスで通学しています。

＿＿＿＿ ＿＿＿＿ the students go to school by bus.

(4) あなたは明日の試験の用意ができていますか。

Are you ＿＿＿＿ ＿＿＿＿ the exam tomorrow?

(5) もし私がケイトなら，もっと一生懸命にピアノを練習します。

If I (be) Kate, I (will) practice the piano harder.

＿＿＿＿ ＿＿＿＿

(6) もし私がお金をたくさん持っていれば，私は新しいコンピュータを買えるのに。

If I (have) a lot of money, I (can) buy a new computer.

＿＿＿＿ ＿＿＿＿

3 次の文を下線部の語が先行詞となるように，(　　)内の関係代名詞を使って１文にしなさい。

(1) <u>The dog</u> runs fast. It has long ears. (which)

＿＿＿＿＿＿＿＿＿＿＿＿＿＿＿＿

(2) <u>The girl</u> is Mika. She wears a white T-shirt. (who)

＿＿＿＿＿＿＿＿＿＿＿＿＿＿＿＿

4 次の英文を日本文になおしなさい。

(1) The movie I watched last night was very interesting.

(　　　　　　　　　　　　　　　　)

(2) The new store that opened next to my house is Italian restaurant.

(　　　　　　　　　　　　　　　　)

(3) I wish I could meet him again.

(　　　　　　　　　　　　　　　　)

(4) If it were sunny today, I would go on a picnic.

(　　　　　　　　　　　　　　　　)

5　日本文に合う英文になるように，(　　)内の語(句)を並べかえなさい。

(1) 佐藤先生は生徒たちにもっと一生懸命勉強するように促しました。
(encouraged / the students / study / Mr. Sato / to / harder / .)

____

(2) 今沖縄にいたらなあ。
(I / I / Okinawa / in / wish / now / were / .)

____

(3) もし私がキャンピングカーを持っていたら，日本中を旅するだろうに。
If (had / would / all over / travel / camping car / I / I / a / Japan / , / .)

____

6　次の英文を読んで，あとの問いに答えなさい。

Like most countries, Japan depends on foreign trade for its survival. Many things that we see every day come from overseas, such as food and clothes. For example, one-third of the chicken that we eat comes from other countries, like Brazil and Thailand. If we didn't import chicken from these countries, fried chicken would be quite expensive in Japan. We depend on foreign countries even more for beef and pork.

Also, about 90 percent of our clothes, shirts, pants, and coats, for example, are imported from China and other Asian countries. ①Actually, many products that are sold by Japanese companies are made in other countries. Electronic devices are no exception. We're surrounded by imported products in our daily lives.

Our relationships with foreign countries are becoming more and more interdependent. It's necessary for us to continue helping each other —— beyond our borders.

(1) 下線部①を日本語で書きなさい。

____

(2) 本文の内容に合うものを次の**ア**～**エ**から2つ選び，記号で答えなさい。(　　)(　　)

ア　私たちが食べるとり肉の2分の1がほかの国からやって来ています。

イ　約90パーセントの衣類は，中国やほかのアジアの国々から輸入されています。

ウ　電化製品のほとんどは日本で作られている。

エ　私たちが国境を越えておたがい助け合うことを続けることは必要なことです。

(3) 本文の内容に合うように，次の問いに英語で答えなさい。
What would happen if we didn't import chicken from other countries?

____

解　答

定期テスト対策 ❶

1 (1) fact (2) match (3) internet (4) opinion (5) …を増やす，増大させる
(6) …だと思う，信じる (7) 当てはまる (8) 明るい

2 (1) More, more (2) satisfied with (3) get over (4) on TV

3 (1) was painted (2) have read (3) has never used (4) Has, ever visited
(5) makes Shota sad

4 (1) この出来事はサムを有名にしました。
(2) タロウは私にサッカー選手になりたいと言いました。
(3) 私はイタリアに2度行ったことがあります。

5 (1) We are not invited to the party. (2) Were these cookies made by Keiko?
(3) His songs will make people happy (in the future.)

6 (1) Sometimes people say playing tennis in a wheelchair is amazing.
(2) それらをプレーしたり，見たりすることで人々は幸せに，そして前向きになります
(3) **ウ**，**エ** (4) The power of sports.

定期テスト対策 ❷

1 (1) sleep (2) strict (3) pop (4) goodbye (5) 実は
(6) 詩人 (7) 好奇心の強い (8) …を含む

2 (1) Have, written, yet (2) has lived, since (3) different from (4) feel free

3 (1) either (2) has just read (3) not eaten, yet (4) so, that

4 (1) How long, For (2) yet, I've, yet

5 (1) My brother has been watching movies for three hours.
(2) How long has Mr. Sato worked in this school?
(3) (Becky can speak) not only Japanese but also French.

6 (1) 俳句は江戸時代以降，日本文化の重要な一部となっています。
(2) ㋐ First ㋑ On the other hand
(3) **イ**，**ウ** (4) Rhythm is.

定期テスト対策 ❸

1 (1) peace (2) war (3) drive (4) report (5) 法律，法
(6) 泣く (7) 飛ぶ (8) 道路，道

2 (1) in danger (2) After, while (3) working on (4) one by one
(5) hotter and

3 (1) to sing (2) do (3) know

4 (1) to (2) for, to, to

5 (1) It is easy for Taro to swim in the sea.

(2) The women wanted me to take their pictures.
(3) Takeshi helped the elderly lady cross the road.

6 (1) Let us give you one example (from the Red List.)
(2) ㋐ Up until ㋑ However
(3) トキが生き残るのは難しいことでした。
(4) Because people hunted them for their beautiful feathers, and development destroyed their environment.

定期テスト対策 ❹

1 (1) survey (2) interview (3) finally (4) earthquake (5) 単純な，簡単な
(6) ひどい (7) 緊急事態 (8) 災害

2 (1) in case (2) too, to (3) get out of (4) way back (5) hand out
(6) used (7) sleeping (8) playing (9) written

3 (1) I know what Mike likes. (2) Do you know when Sam's birthday is?
(3) Tell me where the library is.

4 (1) 東京は多くの人々に訪れられている都市です。
(2) ドアの前で立っている少女はサチコです。
(3) どうもご親切にありがとうございます。

5 (1) I want a TV made in Japan. (2) Do you know what Emiko has done?
(3) I would like you to take my picture.
(4) The woman is too busy to cook dinner.

6 (1) 私たちは，日本に住む外国人や日本を訪れる旅行者たちを助ける準備をしておくことが必要です。
(2) ㋐ visiting ㋑ given
(3) They learned how they can protect themselves.

定期テスト対策 ❺

1 (1) news (2) fight (3) expensive (4) person (5) …を導く，…を先導する
(6) ほとんど (7) …に着く，到着する (8) 怒った，腹を立てた

2 (1) human rights (2) even if (3) kind of (4) instead of

3 (1) I have a friend who speaks Spanish.
(2) Look at that cat which has blue eyes.
(3) This is the train that goes to the Minami Park.
(4) This is the picture which Emiko took last month.
(5) I like the book that Mika is reading now.

4 (1) これは私が昨日買った辞書です。
(2) あなたは向こうでギターを弾いている女の子たちを知っていますか。
(3) 私はケンによって書かれた手紙を持っています。

(4) サキは私がいちばん好きな歌手です。

5 (1) Sam has a son who is a member of baseball club.
(2) I'm reading the report Mr. Tanaka wrote last year.
(3) That is a temple which was built in 1100.
(4) This is a man that I met in the library.

6 (1) salt (2) **ア，エ**
(3) In 1915.

定期テスト対策 ❻

1 (1) son (2) daughter (3) coat (4) point (5) …を受け取る
(6) 審判員 (7) …を着ている，身につけている (8) 建物，ビル

2 (1) agree with (2) open air (3) Most of (4) ready for
(5) were, would (6) had, could

3 (1) The dog which has long ears runs fast.
(2) The girl who wears a white T-shirt is Mika.

4 (1) 昨夜私が見た映画はとてもおもしろかったです。
(2) 私の家のとなりにオープンした新しい店はイタリア料理店です。
(3) また彼に会えたらなあ。
(4) 今日晴れなら，私はピクニックに行くのに。

5 (1) Mr. Sato encouraged the students to study harder.
(2) I wish I were in Okinawa now.
(3) (If) I had a camping car, I would travel all over Japan.

6 (1) 実際に，日本の企業によって売られている多くの製品はほかの国で作られています。
(2) **イ，エ** (3) Fried chicken would be quite expensive in Japan.

MEMO

MEMO